编委会

编辑部

北京广播影视发展研究文集

BEIJING GUANGBO YINGSHI FAZHAN YANJIU WENJI

（2012年）上册

北京广播电影电视研究中心 汇编

北京出版集团公司
北 京 出 版 社

图书在版编目（CIP）数据

北京广播影视发展研究文集. 2012年：全2册／北京广播电影电视研究中心汇编. — 北京：北京出版社，2013.2

ISBN 978-7-200-09682-8

Ⅰ. ①北… Ⅱ. ①北… Ⅲ. ①广播事业—发展—北京市—2012—文集②电影事业—发展—北京市—2012—文集③电视事业—发展—北京市—2012—文集 Ⅳ. ①G229.271-53②J992-53

中国版本图书馆CIP数据核字（2013）第019109号

北京广播影视发展研究文集（2012年）

BEIJING GUANGBO YINGSHI FAZHAN YANJIU WENJI（2012 NIAN）

北京广播电影电视研究中心　汇编

*

北京出版集团公司
北　京　出　版　社　出版

（北京北三环中路6号）

邮政编码：100120

网　址：www.bph.com.cn

北京出版集团公司总发行

新华书店经销

北京京华虎彩印刷有限公司印刷

*

787毫米×1092毫米　16开本　41.25印张　629.76千字

2013年2月第1版　2013年2月第1次印刷

ISBN 978-7-200-09682-8

定价：80.00元（全2册）

质量监督电话：010-58572393

前　言

《北京广播影视发展研究文集》，是由北京市广播电影电视局主办、北京广播电影电视研究中心汇编的理论著述。自 2009 年开始，每年出版一部，现在已经是第四部。4 年来，《北京广播影视发展研究文集》适应北京广播影视改革发展的新形势，系统地反映了北京广播影视实践发展和理论创新成果，探讨并回答了北京广播影视发展中的诸多热点和难点问题，对增进社会对广播影视改革发展的了解，扩大行业内外的交流合作，加强广播影视政策和战略研究，推动广播影视科学发展起了积极作用。

本书精选了近两年北京广播影视工作者撰写的优秀论文和调研报告共 74 篇约 63 万字。根据文章内容，全书设置了“重点研究课题篇”“广播篇”“电视篇”“新媒体篇”“影视剧篇”“产业篇”“技术篇”“管理篇”八大板块。这些文章凝聚着北京广电人的思考与探索，闪烁着北京广电人睿智的火花和思想的光芒。这里有激情的演绎，有生命的对话，有智慧的提升，有思想的升华。绝大多数文章结构严谨，思路清晰，多角度多侧面地反映了北京广播影视业的现状和未来发展趋势。

在编辑《北京广播影视发展研究文集》一书时，我们始终遵循的原则是：坚持正确导向，展示实践经验，汇聚业界智慧，洞察行业前沿，分析发展趋势，使其真正成为北京广播影视行业发展的展示平台和交流窗口，成为政府部门决策可供参考的依据。编辑水平有限，《北京广播影视发展研究文集》中如有不当之处，敬请批评指正。

2012 年 12 月

目　　录

重点研究课题篇

广播篇

电视篇

新媒体篇

北京广播影视发展研究
文集
（2012年）上册
重点研究课题篇

适应国家文化中心建设要求 打造北京广播影视航母

主持人：李春良

课题组主要成员：胡智锋　单志忠　李国新　荀　菲
顾海东　杨乘虎等

党的十八大报告指出，要“全面建成小康社会，实现中华民族伟大复兴”，就“必须推动社会主义文化大发展大繁荣，兴起社会主义文化建设新高潮，提高国家文化软实力，发挥文化引领风尚、教育人民、服务社会、推动发展的作用”，而且将“文化实力和竞争力”作为“国家富强、民族振兴的重要标志”。

作为国家文化中心，我们北京市的文化建设与发展对于提升国家文化软实力，加强社会主义文化强国建设具有举足轻重的作用。按照党的十七届六中全会报告中明确提出的“发挥首都全国文化中心示范作用”的发展要求，2011 年 11 月，中共北京市委制定了《关于发挥文化中心作用，加快建设中国特色社会主义先进文化之都的意见》（以下简称《意见》），对北京市未来文化建设与发展作出了战略规划与全面部署，指出要“推动首都文化大发展大繁荣，发挥首都全国文化中心示范作用，建设中国特色社会主义先进文化之都”，并明确提出“打造骨干企业和文化航母”的战略任务。

广播影视是社会主义先进文化的重要组成部分，对于加快建设中国特色社会主义先进文化之都无疑具有扛鼎地位和领航作用。打造北京广播影视航母是贯彻落实国家和市委、市政府的各项方针政策，进一步推动北京广播影视发展，发挥好广播影视在国家文化中心建设中的重要作用的途径和手段。

一、打造北京广播影视航母的重要意义

适应国家文化中心建设要求，打造北京广播影视航母，有利于大力推动北京广播影视又好又快地发展，为首都经济社会发展营造良好舆论氛围，满足人民群众不断增长的精神文化生活需求，有力地促进广播影视产业发展，提高首都文化软实力，为建设中国特色社会主义先进文化之都发挥重要作用。

（一）打造北京广播影视航母的目标

党的十七届六中全会《决定》提出发挥首都全国文化中心示范作用的要求。认真贯彻落实中央精神，打造中国特色社会主义先进文化之都，建设具有世界影响力的文化中心城市，是北京市当前和今后一个时期重要而紧迫的战略任务。为此，北京市在《意见》中制定了到2020年的发展目标，即把首都建设成为在国内发挥示范带动作用、在国际上具有重大影响力的著名文化中心城市，成为全国文化精品创作中心、文化创意培育中心、文化人才集聚教育中心、文化要素配置中心、文化信息传播中心、文化交流展示中心，发挥好首都文化中心的表率引领作用、辐射带动作用、提升驱动作用、桥梁纽带作用、荟萃集聚作用。

打造北京广播影视航母，是北京广播影视为适应国家文化中心建设，在新阶段提出的推进北京广播电影电视事业尤其是影视产业更好、更快发展的重要举措，其实质是要在现有北京广播影视事业发展的基础上，在未来5年乃至2020年之前，以更高质量、更快速度、更优效益推进北京广播影视事业尤其是产业的规模化、市场化、集团化的繁荣发展，从而更快地将北京建设成为全国乃至世界的影视精品创作中心、影视创意培育中心、影视人才集聚教育中心、影视产业要素配置中心、影视文化传播中心、影视交流展示中心，更好地发挥北京作为全国乃至世界影视文化中心的表率引领作用、辐射带动作用、提升驱动作用、桥梁纽带作用、荟萃集聚作用。

基于上述认识，适应国家文化中心建设要求，打造北京广播影视航母，推动北京广播影视事业与产业更好、更快地发展，可以从广义和狭义两个层面理解其实质：

广义的“打造北京广播影视航母”是将北京打造成影视产业规模庞大、实力强大、功能齐全、体系完备的行业核心区域，具有融投资、创意培育、生产创作、发行传播、消费娱乐等完整丰富的产业链；融合广播影视、新媒体、音像出版、数字等多种传媒业态；荟萃全球优质的传媒资源与优秀的影视人才，拥有体制完善、机制灵活、开放包容的运营环境，对全国、全球广播影视生产和传播具有较强吸引力、传播力、竞争力、影响力。

狭义的“打造北京广播影视航母”是北京市集中政策、地理、资金、人才的综合优势，在一段时间内打造一个或多个规模庞大、实力强大、效益突出，集投资创意、生产创作、发行传播、消费娱乐等多项功能为一体的跨国、跨行业、跨媒体的现代化大型传媒企业或集团，承担北京市参与全国市场与国际市场竞争、引领全球行业发展潮流的功能与职责，对于调整国内和国际广播影视行业发展格局具有主导地位和引领作用。

狭义的“打造北京广播影视航母”主要是在近期内推进北京广播影视事业与产业规模化发展、集团化发展的一种政策选择；广义的“打造广播影视航母”是在近 5 年甚至更长一段时间内巩固和提升国家文化中心地位，在全球广播影视领域抢占先机、赢得主动、取得领先的远景目标，是建设中国特色世界城市、打造“东方影视之都”的必然途径。

（二）打造北京广播影视航母的发展阶段及重点任务

总体来说，打造北京广播影视航母是一项长期战略目标，需要有步骤、有重点、有规划逐步实施。

1. 创建期（2013—2015 年）

重点支持 2—3 家知名影视企业，支持组建新的北京影视企业，规划北京广播影视发展特区，扩大影视交易平台、展示平台的国际影响力，制定完善扶持北京广播影视航母发展的一揽子政策，培育和引进一批高端广播影视人才，面向国内外市场，广泛开展竞争合作，展示北京广播影视航母的实力。

2. 发展期（2015—2020 年）

形成 1—2 家全球知名的广播影视传媒集团，集国际文化创意中心、生产制作中心、展示交易中心为一体，全媒体产业体系完备，产业链完整，业态丰富，连续成功推出大批中国原创的影视精品，规模与效益可观，综合实力强大，实现跨行业、跨区域、跨国界的全球化发展。吸引世界影视传媒巨头落户聚集区，成为真正具有产业集聚效应的全球传媒总部基地。

（三）北京广播影视航母的功能构成

1. 投资与融资功能

北京广播影视航母应具备完善的投资融资功能，能够为全国各地和世界各国的广播影视项目与机构落户北京，开展合作，提供资金和信用保障。

2. 创意与生产功能

北京广播影视航母应建有全国领先、世界先进的创意及制作平台，具备完整的内容创意、生产及制作基地和机构，能为各种题材类型、各种形态样式的广播影视作品提供具备创新价值和国际化制作水准的创意支撑和技术保障。

3. 传播与推广功能

北京广播影视航母应拥有全国领先、世界先进的传播平台、交易平台和推广平台，如大型发行公司、电影院线、电视台及其他文化消费场所。

4. 产业与运营功能

北京广播影视航母的产业运营应以经济效益为导向，以产品为载体，占领和扩大国内市场，参与和推进国际竞争，提升集团的产业竞争力，实现文化传播的使命。

5. 国际合作与贸易功能

北京广播影视航母应推动电影、电视剧、纪录片、大型活动的国际合作（合拍、投资、放映、播出），打造国际性大型品牌影视节展与活动，提升“北京制作”和“中国制作”的国际影响力。

6. 支撑与保障功能

北京广播影视航母应积极整合全国人才、资金、技术、交易等多方面资源，搭建多领域、全国性的经纪公司和交易平台，打造全国广播影视业可以依托与信赖的多极支撑体系。

（四）北京广播影视航母的指标构成

1. 拥有以产业链为先导的、在全国名列前茅的规模体量

广播影视航母的企业构成总量，是指资产规模、生产能力，以及纳税

总额在全国名列前茅，不仅囊括了大型骨干影视企业，而且整合了从创意、生产到传播交易产业链的多元机构。这是北京广播影视事业与产业发展的根本与基础。

2. 拥有配置合理、协同创新的结构布局

广播影视航母的组成方式，搭建合理的流程布局和资源配置结构，确立国有大型龙头企业作为“航母”核心的主体地位，发挥社会民营制作机构的创新能动性，推动不同企业之间的协同创新，实现集群作战，提升广播影视的市场竞争力和创意引领力，提升地区广播影视事业与产业发展的活力和实力。

3. 拥有推动中华文化“走出去”的国际竞争实力

广播影视航母的“远程作战能力”，积极整合国内资源（创意、资金、人才等），按照市场规则展开互利共赢的紧密合作，将产品推向国内和国际两个市场，持续不断地提升中华文化走向世界的能力与实力。

4. 拥有符合影视产业发展规律的体制机制

广播影视航母的制度设计，是指建立符合影视产业发展规律的管理体制，构建“以政府为主导，以企业为主体、以行业为依托、以效益为导向、以产品为载体”的运营机制，为区域、全国广播影视行业可持续与健康发展提供源源不断的持久动力。这是北京可持续健康发展的动力。

二、打造北京广播影视航母面临的形势和问题

打造广播影视航母，推进广播影视事业与产业规模化发展、集团化发展、产业化发展，北京具有许多得天独厚的优势，同时也面临着不太乐观的形势与问题。

（一）北京广播影视发展的基本状况

北京作为全国的政治、文化和国际交往中心，影视资源极其丰富。改革开放以来，北京影视屡创辉煌，逐步发展成为全国的影视生产制作中心和交流交易中心，成为全国影视市场的风向标和晴雨表。主要表现在以下六个方面：

一是综合实力全国领先。据2009年的统计，北京市广播影视资产总额347.8亿元，位居全国第一。截止到2012年11月底，北京市广播影视累

计创收总收入为 173.05 亿元，比去年同期增加 37.55 亿元，同比增长 27.7%，全国排名仅次于上海。其中，1—11 月份，北京市广播影视广告累计收入 71.97 亿元，占创收总收入 41.6%；1—11 月份，电影票房累计收入 13.33 亿元，占创收总收入的 7.7%。

二是影视机构集聚京城。北京地区拥有中央电视台、中影集团、中国电视剧制作中心等众多国家级影视企事业单位；截止到 2012 年 11 月底，北京市广播电影电视局批准设立的广播电视节目制作经营机构已经达到了 1579 家。其中持有《电视剧制作许可证（甲种）》的机构 18 家；拥有互联网传播视听节目网站 132 家，为北京影视产业腾飞夯实了基础。随着北京影视市场不断发展，涌现出紫禁城、北京电视艺术中心、中北电视艺术中心、北广传媒影视、华谊兄弟、光线传媒、慈文影视、海润影视、博纳影视、金英马、鑫宝源、京都世纪等一批全国闻名的影视机构，其中华谊兄弟、博纳影视、光线传媒、乐视网、优酷网等先后成功在国内创业板和美国纳斯达克上市。

三是影视产量全国领先。根据 2011 年的统计，“十一五”时期，北京地区共出品电影 1000 多部，同比“十五”增长 60.7%；电视剧 266 部 8380 集，同比增长 69.1%；动画片 71 部 3.24 万分钟，同比增长 368%。2012 年我国电影产量 893 部，其中故事片 745 部，仅北京市出品的电影几乎占据全国电影的半壁江山。北京出品电视剧数量也多年位居全国首位，据业内人士保守估算，全国出品的电视剧 60% 以上出自北京。

四是视听网站全国第一。2012 年北京市网络传播视听节目持证机构 132 家，位居全国首位，拥有搜狐、新浪、百度等全球闻名门户网站和优酷、酷 6、雷霆万钧等视听网站，其中乐视网和优酷网先后成功实现在国内创业板和纳斯达克上市。近年来，视听网站已将播放国产影视剧作为主要业务之一，热播影视剧被视听网站争相抢购，酷 6、乐视等视听网站已与国内不少知名影视企业建立战略合作，影视剧网络版权收入不断提升，视听网站对影视发展的推动不容小觑。

五是电影市场繁荣火暴。2012 年 1—11 月，北京市电影票房收入 13.33 亿元，全国电影票房总收入 143.5 亿元，占全国总票房收入的 9.3%，全年数据基本接近这个数字。截至 2012 年 11 月底，北京市共有电影院线 17 条，比 2011 年年底增加 1 条；电影院 134 家，比 2011 年年底增加 16 家；银幕 719 块，比 2011 年年底增加 102 块；IMAX 巨幕 5 块，座位 12.76 万个，比 2011 年年底增加 1.32 万个。硬件设施和软件服务在全国领先。

六是产业集聚效能初显。位于大兴区的国家新媒体产业基地和中国北京星光电视节目制作基地，怀柔区的中国（怀柔）影视基地，朝阳区的 CBD 国际传媒产业集聚区，以及位于海淀区、石景山区、通州区国家动画产业基地等影视产业集聚区建设已具备良好基础，集聚效应已经显现，有着良好的发展前景。

（二）北京广播影视发展的独特优势

作为亚洲最重要和世界上最有影响力的城市之一，作为全国首都及全国政治、经济与文化中心，北京发展广播影视业具有独特而巨大的优势。

1. 资源与地缘优势

近年来，北京在信息、资本、资源等方面不断释放着强劲的吸引力，不仅拥有数量多、层次高的文化创意和流通展示与消费场所，也汇聚了国内外优质的文化资金、人才等多方面的资源。独特而丰厚的历史文化积淀是打造广播影视航母坚实深厚的资源优势。北京广播影视业还拥有其他省市无法比拟的地缘优势，表现为首都的特殊地位及其影响力、中国文化中心，以及国际性文化活动的中心和全国经济总部等方面。

2. 市场与产业优势

从传媒发展格局来看，北京影视资源丰富、基础雄厚、市场活跃，属地拥有中央和地方两级传媒机构，广播影视制作、流通和展示机构的数量和规模都位居全国第一，影视产业综合实力全国第一，影视作品产量全国第一，成为全国影视产业重镇、国际交流合作的主平台，拥有广泛的影视观众、最具活力的影视市场。一些龙头影视企业成功上市，形成了中央、地方、国营、民营、混合经营的多元投资、多种体制的北京广播影视产业格局。率先成立了首都影视产业联盟与北京电影院线联盟，积极致力于推动传媒文化产业集团化建设，实现强强联合、优势互补。产业总值在首都文化创意产业的总量中占有较高比重，在全国有着很强的示范意义和带动作用。

3. 技术与人才优势

作为“三网融合”首批试点城市，北京市大力推进“三网融合”进程，新媒体业态逐步成熟，媒介融合的产业聚集效应与基地建设成效凸显。在影视摄制技术、计算机和通信等相关技术等方面的优势突出，为高清转播、3D技术应用等技术获得了优先发展机遇，拉动了基于新技术的影视生产、接收设备等上下游相关行业的发展，加速了影视产品和服务向互联网视频、IPTV以及移动通信平台拓展和延伸，带动形成多平台、多渠道、多层次和立体化的流通展示模式。这将进一步完善和延伸广播影视创意产业的价值链，有利于实现多窗口销售、多层次衍生产品与消费品开发，突破和打通传统的行业和地域壁垒。

北京所拥有的影视文化创意产业相关人才无论是在数量和层次上还是在质量上都是其他省市所难以企及的。有关影视文化创意产业的高等院校、研究机构及业界人才的数量和质量居全国首位。打造首都广播影视航母这一战略的确立，无疑将为首都吸引更多、更优秀的人才，凝聚人才、留住人才，带来更好的政策环境、服务体系和体制机制。

（三）北京广播影视发展面临的问题

打造北京广播影视航母任重道远，从区域竞争、产业孵化、市场培育的角度看，北京广播影视发展存在的主要问题有：

1. 对全市经济社会发展贡献率还不高

北京市广播影视业对于全市经济社会发展贡献率还不够高，引领性不强，竞争力不强，与首善之区的经济、政治地位还不相匹配。据官方公布的数据，2011年北京地区生产总值为16251.9亿元，而北京市广播影视业创收为164.2亿元，仅为全市生产总值的百分之一。

2. 发展规模“小、弱、散、差”

北京市广播影视业依然存在着“小、弱、散、差”的发展规模问题，截止到2012年年底，北京拥有影视企业1579家，接近全国影视企业总数的三分之一，但整体规模偏小，竞争力偏弱。影视企业赢利能力普遍较低，低水平循环严重，影响了资本的积聚和集中，多数企业长时间做不大。北京影视企业还基本处于“自然分布”状态，缺乏具有国际竞争力的大型骨干企业，产业链不完整，纵横一体化程度不高；资源配置方面人才、资源流失和企业空巢现象依然很突出；具有巨大国际影响力的影视文化内容与活动还比较缺乏，尚不能领航于国内，2012 年上半年，北京电视台连续多月在全国省级电视台广告创收同比出现下降，全国省级卫视排名一直处于第二梯队，缺乏竞争力。

3. 财税优惠力度偏弱

近年来，外省市不断加大对影视产业的扶持力度，出台了若干优惠政策，与之相比，北京在税收政策、融资政策、用地政策、办公用房政策和奖励政策等方面力度偏弱。以税收为例：北京对文化企业征收的营业税税率 5.6%，企业所得税税率 25%，部分区县制定优惠政策，怀柔区营业税返还 20%（实际税率 4.48%），所得税返还 12%（实际税率为 22%）。而外省市除在税收提供优惠外，还在房租、贷款贴息、项目补贴、土地使用、人员奖励等方面出台有优惠举措，从而产生了较强的诱惑力。

4. 影视企业外流严重

近年来，受浙江杭州、横店，陕西西安曲江，江苏昆山等地区优惠政策的吸引，不少在京发展壮大且初具规模的影视企业，纷纷在外地注册影视公司，同时将影视剧立项、影视拍摄制作和发行销售等重点产业环节放在外地进行，形成了北京影视企业外流现象。据西安曲江管委会有关负责同志介绍，在曲江注册的 83 家影视企业中有一半是北京影视企业，北京影视公司出现的“空壳”“空巢”等外流现象，直接导致影视项目、影视资金和高端影视人才的流失，直接造成北京市税收和就业人数的减少，必须引起我们的高度关注。

5. 影视产业链有待完善

广播影视产业需要各个环节相协调，才能实现又好又快地发展。目前整个产业尚处在培育期，一些环节还存在短板，影响北京文化、人才、科技等资源综合优势的发挥。影视制作企业盈利模式和盈利渠道相对单一，对传统播出平台依赖性强、议价能力低、风险大，新兴的网络传播视听节目领域大多数企业还没有盈利，市场容量不高，受盗版等影响利润缩水，下游产品开发受限，这些都在不同程度上制约着北京影视产业的发展。

未来 5 年至 2020 年，是首都加快建设世界城市、建设国家文化中心的关键时期，也是深化体制改革、加快转变经济发展方式的攻坚时期，更是首都广播影视深化改革创新、建设“东方影视之都”的重要时期。这些建设任务和奋斗目标，都对首都广播影视业发展提出了新的要求，打造北京广播影视航母正是北京广播影视行业加速发展、实现大发展大繁荣的重要体现。

三、打造北京广播影视航母的主要途径和手段

打造北京广播影视航母要以龙头企业打造为点，以平台建设为线，推进北京广播影视产业繁荣发展，增强北京广播影视公共服务能力，提高北京广播影视在全国乃至全球的影响力、竞争力和传播力。

（一）做大做强广播影视龙头企业，发挥其示范带动效应

对于龙头企业发展，建议以构建全产业链为核心，以内容生产为重点，提高运营推广能力，提高国际传播能力，提高科技创新能力。

1. 构建全媒体生产传播平台

支持龙头企业跨媒体发展，充分挖掘已有的影视资源，全面涉足电影、电视剧、电视综艺、动画、纪录片等内容产业；并整合北京市乃至全国广播影视市场的传播平台资源，构建全面的现代的传播体系。打通内容生产和传播渠道。

第一，面向全国打造一流电影院线。探索新建、改建、收购、入股等方式，利用城镇化发展机遇，抢占院线发展先机，巩固并逐步扩大其在一线、二线城市的占有率和影响力，以及支持其在三线、四线城市的布局与占位。

第二，扩展新媒体传播平台。积极运用手机媒体、网络媒体、移动媒体等新兴传播手段；提高电视购物、电子商务、网络视频等新兴业务开发能力。

2. 延伸产业开发链条

支持龙头企业实现跨行业发展。加大影视内容的衍生产品开发，例如影视碟片、工艺产品设计、艺术品设计等文化娱乐消费品设计开发；加强文化娱乐消费品的衍生开发，加大影视产业园、基地、游乐场、主题餐厅、主题酒吧、主题公园等的规划与开发。

3. 增强国际文化竞争力

支持龙头企业代表北京广播影视产业实施“走出去”战略，加大对首

都影视产业“走出去”重点项目及重点企业的奖励力度，尤其对获得国际A类影视节大奖的给予重点奖励。吸引社会各界对首都影视文化产品国际推广的投入，扩大首都影视产品的海外市场份额。支持小马奔腾收购美国数字王国、万达收购美国影院、四达时代非洲项目、俏佳人国外收购项目、西京集团收购英国普罗派乐电视台等项目。

4. 加快文化科技双轮驱动

支持龙头企业加大协同创新力度，与高校、研究机构密切合作，重视技术研发和理论研究，促进文化与科技相互融合。

第一，重视科技创新。深入实施高科技带动战略，增强科技创新能力，加快关键核心技术的研发应用，大力推广数字技术在广播影视产品制作、播映、存储及产业融合发展等方面的广泛应用，推进电影全业务、全流程数字化管理，加快高清电视播出平台建设，积极开展立体电影与立体电视技术实验与生产实践。

第二，重视理论创新。支持龙头企业与相关高校、研究机构合作建立研发基地，有条件的时候还可以成立自己的影视研究院，始终立于理论高地和战略高地。

5. 打造广播影视龙头企业的主要方式

一是加大对已有的知名影视企业扶持力度，使其快速成为规模体量巨大、产业链齐全的龙头企业。支持企业采取多种方式融资，继续支持已有的上市企业，同时支持一批有潜质的影视企业成功上市。

二是整合国有影视企业、机构的经营性资源，组建新的影视集团。这个影视集团与以往的广电集团不同，它在功能价值、目标定位、体制机制、内容生产等方面有自己的创新之处。

功能价值上，建议组建后的影视集团积极承担社会主义核心价值体系的建构与传播，引领风尚，教育人民，丰富生活，促进发展，不断增强北京文化的竞争力和软实力，为北京建设国家文化中心、建设世界城市作出重要贡献。

目标定位上，建议组建后的影视集团立足首都，放眼世界。所谓立足首都，即植根中华优秀传统文化，突出北京文化特色；所谓放眼世界，即占领全国高端影视产品市场，瞄准海外影视市场，扩大“走出去”的步伐，提高北京文化软实力和国际影响力。

体制机制上，建议组建后的影视集团建立现代企业制度，构建符合现代企业制度要求的公司体制和法人治理结构，内部实行党委领导下的董事会负责制，设置办公室、电影创作部、电视剧创作部、动画创作部、投融资部、市场发行部、艺人经纪部等部门，实现跨媒体、跨行业内容生产。在投资融资上，以资本为重要联结纽带，通过吸纳社会资本、金融资本，进一步拓宽融资渠道。在建设过程中，发挥政府的推动作用和市场的主导作用，以企业为主体，以改革为动力，区别于完全行政化的集团化发展思路，充分尊重市场规律，尊重产业发展规律。

内容生产上，建议组建后的影视集团逐步扩大企业规模和经营实力，形成影视创作生产、影视发行放映、院线经营管理、影视园区建设、影视衍生品研发等影视主业突出、首都特点鲜明、产业门类齐全、统筹协调发展的格局。

通过龙头企业的做大做强，进一步发挥其示范带动效应，聚集一批中小企业，最终形成以专业化分工与社会化协作为基础，大中小企业并存共荣、共生互补的北京广播影视企业生态群体。

（二）大力支持影视专业平台建设，发挥其规模聚集效应

龙头企业的发展壮大需要以平台建设作为支撑，对于北京广播影视航母企业来讲，这些平台主要包括园区、行业联盟和大型的国际会展等，建设好这些平台将为北京广播影视航母建设的投资融资、生产创作、传播推广等能力的提升提供基础和条件。

1．科学规划产业园区发展

对于园区发展，关键是做好布局优化、管理细化、服务强化和新园区建设规划工作。完善北京影视产业园区的建设工作，发挥产业集群优势，带动北京影视产业发展。

第一，进一步提高优化能力。从目前的情况看，可将怀柔影视基地、CBD—定福庄国际传媒产业集聚区、国家新媒体产业基地（包括“星光影视园”）、海淀动漫产业基地作为建设重点，并对其功能定位进一步明确，特别是将市级扶持政策与上述集聚区建设挂钩，加大引导力度，切实促进产业的聚集。

第二，进一步提高服务能力。特别是对怀柔影视基地、大兴星光影视园等新建区域的交通、公共设施、公共服务平台和环境等的建设，应尽快形成体系、形成规模，增强集聚区的服务保障功能，打好各类企业入驻的基础。

第三，进一步提高管理能力。按照“提供综合性、一体化服务”的建设理念，采取股份制的方式（可由区内企业、市、区共同出资），鼓励民营资本介入集聚区管理，成立集聚区运营管理公司，统一进行集聚区的建设和管理，提高实效。

第四，进一步提高建设能力。建议由市里统一规划建设国家级电视剧产业园区、视听网络产业园区，吸引高端影视企业和视听网站入驻，园区内对入驻企业给予一定的财税优惠政策、土地优惠政策，选址以在较为成熟区县或市区近郊，交通方便、周边设施配套齐全为宜，切实聚起“人气”，实现名副其实的聚集。

2. 大力支持行业联盟建设

第一，大力加强影视产业联盟各项建设。做好首都影视产业联盟的调研工作，精准把握首都影视产业发展方向。从剧本源头抓起，支持和鼓励联盟单位创作和生产精品影视剧。贯彻落实国家金融支持文化产业发展的要求，细化完善金融支持首都影视产业发展的政策依据，深化联盟单位与金融企业的对接，确保企业借贷、融资渠道畅通。以精品影视剧的创作和生产为依托，建立健全联盟精品影视剧创作、生产的评选、奖励机制，实施首都影视产业人才储备战略，加大人才引进和培养的投入力度，通过建立高端人才数据库，重奖影视产业领军人物，帮助名编剧、名导演、名演员推介其艺术成就。

第二，大力加强影院联盟各项建设。通过资金支持等手段，在春节、六一、国庆等重要节假日在联盟内开展国产影片观影活动，保护和支持国产影片的发展。在继续采取支持、保护国产电影的同时，开展星级影院评定、联盟影院一卡通等活动，促进影院发展。鼓励影院联盟开展主题放映、特色放映等不同活动，形成优势互补、共同发展的良好局面。

3. 大力支持相关行业展会建设

充分利用北京国际文化创意产业博览会、北京国际电影节等平台，推动首都影视产业的创作、生产、交易和对外交流。

第一，扩大北京国际电影节的影响力。瞄准国际一流电影节展目标，紧密围绕“共享资源，共赢未来”主旨，紧密结合“国际性、专业性、创新性和高端化、市场化的大型电影活动，中国电影走向世界和中外电影交流合作的重要平台，北京建设世界城市和影视之都的重要文化活动”定位，通过精心策划、认真筹备、周密组织，努力打造成为具有“国际水平、中国特色、北京风格”的世界文化交流品牌。

第二，打造北京电视节目交易专业平台。将首都电视节目推介会更名为北京电视节目交易会，由每年春秋两届变更为每年一届，于春季举办。借助北京国际电影节等活动，将北京电视节目交易会打造成为融影视为一体的影视活动盛宴。建立“北京电视节目交易会”官方网站，完善电视节目市场电子信息自主发布机制，提高交易会运作效率，为建立电视节目常态化电子商务平台创造条件。逐步将交易会办成我国最重要的电视节目交易平台。

第三，充分利用北京国际文化产业博览会。学习借鉴其他展会的成功经验，加强文博会影视展览和论坛的创新，发挥好这一平台的重要作用。加强文博会影视和展览形式、内容等方面的创新，扩大传播范围，发挥好这一平台在推进北京广播影视发展中的重要作用。

第四、完善北京国际影视交流促进中心运行机制。在完成北京国际电影节举办的有关工作的同时，对中心成立后的情况进行梳理、总结，研究确立中心内部的机构设置和职能分工，构建科学合理的工作机制，重点考虑建立运营公司，实行市场化运作，完善法人治理结构，逐步成为具有生机活力的市场竞争实体。

（三）加大政策支持，全面促进产业繁荣发展

1．实施优惠的财税政策

第一，健全与国内其他影视园区相匹配的税收服务体系。参照浙江横店影视城、东阳影视城，安徽铜陵影视城、陕西西安曲江影视城等地的税收优惠政策，结合北京市的实际情况，在税收上给予入广播影视企业以最大程度的优惠，为这些企业的生产创作、产品推广、经营宣传提供便利。

第二，健全与国际接轨的金融服务体系。大力引进和聚集各类投资机

构，推动天使投资者、股权投资机构和股权投资管理公司，健全完善吸引境内外风险投资的工作体系，着力加强对各类国际资本的开发和利用，建立健全以股权投资为核心，投保贷联动、分阶段连续支持的新机制，形成政府资金与社会资金、股权融资与债权融资、直接融资与间接融资有机结合的文化金融合作体系，建立创业企业改制、代办股份转让、在境内外上市的扶持体系，推动银行信贷专营机构和小额信贷机构的设立和发展，加快金融产品和服务的创新。

建议由市委、市政府制定出台相应政策，规定凡被评为重点扶持的北京影视企业可参照享受中关村科技园区优惠税收政策，对业绩良好、吸收北京人员就业、税收贡献大的影视企业，建议实行更优惠的累进税收政策，企业的业绩和贡献越大，税收越优惠，以增强企业发展的动力，提升在京企业质量。参照相关省市的优惠政策，结合北京的实际，初步考虑，营业额在1000万元以下，按实际税率5%征收，1000万~1亿元按3%征收（低于到相关省市入驻5年以上的税率），1亿元以上按1.5%征收（相当于到相关省市入驻2~5年内的税率）；企业利润在2000万元以下，所得税按实际税率20%征收，1000万—1亿元按18%征收，1亿元以上按15%征收；优惠期限10年。这一设定，优惠力度总体上高于相关省市，对大、中型企业的优惠力度较为明显，并且优惠时间较长，可产生较强的吸引力，同时避免企业数量增长过快。

2. 实施长效的奖励政策

第一，设立北京影视发展专项资金。建议借鉴北京旅游发展专项资金、体育发展专项资金等成功经验，协调发改、财政、税收等部门，在我市设立北京影视发展专项资金，资金额度建议为每年5亿—10亿元，资金来源可从影视产业税收中提取部分资金为主，财政及其他资金来源为辅，专门用于扶持北京影视重点项目开发建设和优秀作品，重点支持以弘扬社会主义核心价值观为主题，体现“原创、当代、北京”要求的优秀影视作品的创作生产；重点支持影视企业以北京的名义走出国门，走向世界，开拓亚洲市场，面向全球市场，做大做强以北京为核心的东方影视产业体系，在更广意义上、更高层次上打造独具东方神韵、中国气派、北京特质的影视产业体系。

第二，完善北京影视奖励政策。根据中央和北京市支持文化创意产业发展的扶持政策，进一步加大对北京影视产业的扶持力度，针对北京影视产业制定出台奖励政策。在坚持公开、公平、公正的原则基础上，根据影视企业项目申报情况、纳税情况、影视剧获奖情况、拉动就业等情况，设定评选标准，每年评选一批重点扶持的影视企业，评选出一批领军企业人物，由政府予以褒奖，同时可享受北京市相关优惠财税政策；制定奖励政策，对本市上市影视企业予以奖励；对外地来京高端影视人才予以奖励。

3．实施人才培育政策

第一，加快人才评价与激励保障机制改革。进一步完善人才招聘引进的配套服务工作；进一步提高广播影视行业员工的收入水平、福利待遇，改善工作环境，提高员工的职业荣誉感；进一步改革收入分配制度，激发员工的工作热情和创造性。

第二，加快人才培养与流通配置机制改革。采用国际通行的签约方式，成立艺人经纪公司，对知名导演、演员、歌手、主持人、编剧等高端人才进行重点培育和开发，做到人才体系化。进一步加大人才资源开放力度，促进北京广播影视人才队伍合理流动；进一步做好人才信息服务基础工作，提高人才资源配置效率。

第三，吸引高端影视人才。按照市委宣传部“百人工程”计划要求，拟通过专项引才、相应的政策倾斜等措施，着力发现和吸引海外、京外高端优秀广播影视人才，以聚集更多名家、名师、名导服务于首都广播影视业发展。

第四，研究新人培养计划。努力与国外高等学府联系洽商，研究探索选送优秀广播影视人才出国学习深造、获取相应学位的可行性政策和方案。

四、打造北京广播影视航母的保障措施

（一）深入推进文化体制改革，着力构建有利于北京广播影视航母建设的制度保障

进一步理顺广播影视事业与产业关系，处理好局与广播影视航母、局与台的关系，明确界定职责任务。通过政府主导、增加投入、增强活力、

改善服务、创新体制、转换机制、面向市场、壮大实力，推动广播影视经营性文化产业从现有事业体制内合理剥离，着力构建充满活力、更有效率、更加开放的有利于北京广播影视航母科学发展的体制机制。

（二）深入推进管理体制改革，不断提升依法指导与管理北京广播影视航母的能力

提升对广播影视航母生产与传播的宏观指导和行业管理能力，完善广播影视节目审查与播出的各项管理机制，加强电影属地管理，完善影视剧本备案与影片审查制度，加强对广播影视航母发展新媒体的监管，建立健全生产和发行机构的准入、监管与退出制度。进一步转变政府职能，加强行业管理能力建设，进一步完善电子政务建设，综合运用经济、法律、行政、科技等管理手段，确保投入到位、建设到位、服务到位、扶持到位、引导到位、监管到位，为北京广播影视航母科学发展提供有力的制度保障和组织协调。

（三）创新政策扶持方式，积极完善促进北京广播影视航母科学发展的政策制定

认真落实好中央和北京市支持文化创意产业发展的政策措施，依托国家九部委《关于金融支持文化产业振兴和发展繁荣的指导意见》，保证文化创意产业专项资金落实到位和效能作用的真正发挥；在《支持北京市广播电影电视产业发展全面战略合作协议》基础上，研究确立符合广播影视行业特点的投融资政策，积极寻求多种融资办法，采取合作合资等方式加大投入，为北京广播影视航母的快速发展提供有力的政策保障与支持。

深化体制改革
充分发挥首都影视产业联盟作用

主持人：李春良　丁百之

课题组主要成员：张京成　单志忠　李国新　荀　菲

顾海东　刘利永等

当今世界，文化与经济、政治相互交融、相互渗透，文化产业越来越多地成为综合国力和国际竞争力的重要组成部分。党的十七届六中全会和第十八次全国代表大会明确提出了建设社会主义文化强国的目标，中共北京市委也出台了《关于发挥文化中心作用　加快建设中国特色社会主义先进文化之都的意见》，要将北京建设成为具有世界影响力的文化产品原创中心、展示中心和国家优秀文化产品生产中心，这些都为首都文化产业的发展提出了新的要求。影视产业是文化产业的重要组成部分，加快影视产业发展是贯彻落实市委要求的一项紧迫任务，在社会经济与科技都有了飞速发展的现代，影视行业也正经历着一场深刻的技术变革、体制机制转换和结构调整，既面临着重大历史发展机遇，也面临着严峻的挑战。2011 年 12 月 17 日，首都影视产业联盟正式成立，标志着一种新型影视产业合作模式的形成，对于整合北京地区影视资源、畅通播出渠道、促进投融资服务、增强交流合作等都具有积极意义。首都影视产业发展，应抓住首都影视产业联盟成立的契机，针对当前首都影视产业发展存在的问题，充分发挥联盟在资源调动方面的优势，发挥好联盟的各项功能。

一、首都影视产业联盟的运行情况

（一）首都影视产业联盟成立的背景

北京影视产业整体发展形势良好，保持了较快的增长态势。作为我国的政治、文化中心，北京发展影视产业具有独特的区位、资源和人才优势，近年来在广播影视创收、电影票房、电视剧产量等方面取得了令人瞩目的成就。据快报统计，2012 年北京市广播影视（不包含央企）实现创收 206. 21 亿元，比 2011 年增加 20. 31 亿元，同比增长 10. 93% 。其中（不完全统计），广告收入 88. 74 亿元，占总收入的 43% ，比 2011 年增加 9. 13 亿元，同比增长 11. 47% ；电影票房收入 16. 12 亿元，占总收入的 7. 8% ，比 2011 年增加 2. 62 亿元，同比增长 19. 4% 。2012 年，累计审查电视剧 90 部 3146 集（含总局终审的 11 部 341 集）、电视动画片 23 部 735 集 9952. 5 分钟，审查国产影片 243 部。

尽管北京影视产业已经具备了良好的发展基础，但也存在着一系列制约产业发展的问题。一是财税优惠政策力度不够，影视企业及资金外流现象凸显。与上海、陕西西安、浙江东阳等地区的影视产业财税优惠政策相比，北京的支持力度明显偏弱。因此，不少在京发展壮大且初具规模的影视企业，纷纷在外地注册影视公司，将影视剧立项、影视拍摄制作和发行销售等重点产业环节放在外地进行，造成北京影视产业出现“空巢”和资金“外流”现象，严重影响了北京影视产业的发展壮大。二是影视企业遭遇融资瓶颈，影视行业资金仍然短缺。与传统的工业企业相比，影视企业大多具有以知识产权、版权和收费权等无形资产为主的资产结构，且企业的资本金较少，影响了企业的经营和偿债能力。再者，影视企业前期投入大、生产周期长、市场需求难以预测等因素直接影响影视企业的融资。三是领军型影视产业人才缺乏，影视创新能力亟待加强。目前虽然有大批的优秀的艺术家，但是就首都整个影视产业的未来发展来说，优秀的编剧、导演、演员、摄影师等的人数远远不够，这在一定程度上限制了影视产业的发展，影视产业需要能够带动新人、活跃首都影视市场的领军型人才。四是影视市场的运行仍欠规范，亟须加大管理力度。当前影视产业市场还欠规范，在影片的发行、放映等方面存在盗版、偷票房等问题，影视产业整体上具有“碎片型”特征，整个影视产业处于无序状态；影视剧跟风现象严重、明星演员片酬过高也是当前影视市场的常有问题。五是影视产业“走出去”面临挑战，国际市场的竞争力不强。北京影视业的国际交流、流通水平仍然很低，影视产业具有较大影响力的影视文化品牌和产品还比较缺乏，在塑造和展现北京现代文明的城市形象、文化魅力与人文特色方面，距离全国文化中心所应具备的文化软实力、竞争力、影响力还有着较大差距。

首都影视产业联盟的成立，为解决首都影视产业发展面临的共性问题提供了新的思路。首都影视产业发展面临的诸多问题，属于行业共性问题，非政府或单个企业的一己之力能够解决，需要探索新的促进产业发展的模式。在此背景下，2011 年 12 月 17 日，由北京市委宣传部组织领导，北京地区百余家影视机构和相关人士成立了首都影视产业联盟，旨在凝聚北京地区影视资源，形成发展合力，提升首都影视产业核心竞争力，促进首都影视产业繁荣发展。同时成立的还有首都剧院联盟、首都博物馆联盟、首都出版发行联盟和首都影院联盟，这是首都文化创意产业首次集体抱团，以产业联合体的方式谋求发展。首都影视产业联盟的成立，是学习贯彻党的十七届六中全会精神，学习实践科学发展观的具体要求，践行“爱国、创新、包容、厚德”的北京精神，落实中央、市委市政府决策部署，推进首都影视产业科学发展的重要举措，对于整合北京地区影视资源、畅通播出渠道、促进投融资服务、增强交流合作等都具有积极意义。

（二）首都影视产业联盟的总体概况

首都影视产业联盟是在政府主导下，由北京行政区域内的百余家电影、电视剧、影视动画制作生产机构，网络视听机构，播出机构和从事相关产业发展的企事业单位和人士，按照平等自愿的原则发起成立的行业自治组织。2011 年 12 月 16 日，联盟已经取得由北京市社会团体登记管理机关颁发的行政许可决定书，核准登记成为非营利性社会团体法人单位。

联盟成员的业务领域多元化，覆盖了影视产业的整个产业链。联盟目前聚集了包括中国电影股份有限公司、北京华谊兄弟娱乐投资有限公司、北京光线影业有限公司、北京金英马影视文化有限责任公司、北京小马奔腾影业有限公司、星美（北京）影业有限公司、北京电视台、优酷网、乐视网、北京青青树动漫科技有限公司、怀柔影视基地管理服务中心等知名影视企业在内的 146 家影视机构，覆盖了影视节目投资、制作发行、影视节目播出放映、互联网视听、动漫网游制作、数字内容制作、新媒体技术等产业领域。联盟成员类型的多元化，使联盟能够充分发挥资源聚集优势，衔接影视产业链上下游，开展面向全产业链的资源整合与服务，从而提升北京影视产业的核心竞争力。

联盟成员多种属性相结合，实现不同类型影视资源的优势互补。联盟将具有较强市场竞争力、文化传播力、效益创造力的北京地区影视机构集结起来，实现资源集中、优势互补。按照联盟成员属性，入会的146家企业中，中央属3家，约占成员总数的2.06%；市属7家，占成员总数的4.79%；区属15家，占成员总数的10.27%；军队系统1家，约占成员总数的0.69%；院校及校企2家，占成员总数的1.37%；民企118家，占成员总数的80.82%，民营企业发展势头强劲（如图1所示）。2012年1—11月，北京社会影视节目制作单位创收收入86.94亿元，同比增长76.38%，占总创收收入的50.24%，所占比重提高了13.86个百分点。由此可见，民营影视企业已成为北京广播影视行业的生力军和骨干力量，对广播影视行业整体发展有着巨大影响，在推动北京广播影视产业大发展大繁荣中将会发挥越来越重要的作用。

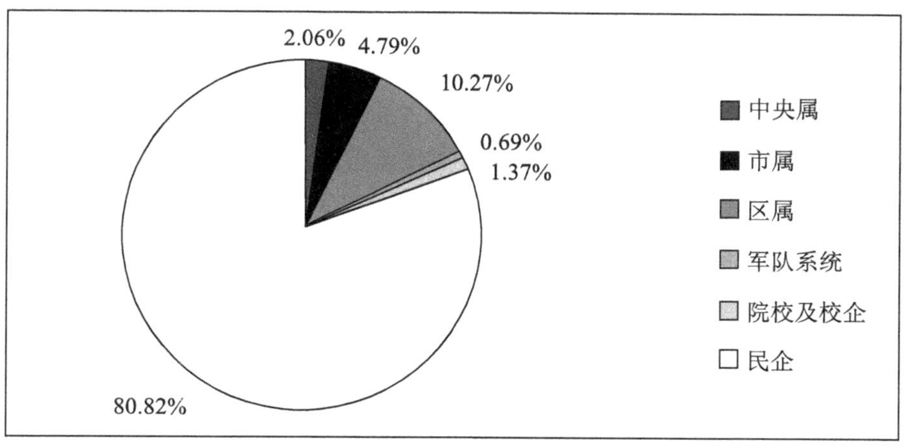

图　首都影视产业联盟成员单位属性构成

联盟集聚的龙头企业实力强劲，影视精品力作不断涌现。2012年，联盟成员狠抓精品创作，出现了不少影视佳作。纪录电影《无与伦比的辉煌——北京奥运记忆》，在人民大会堂隆重举行了首映式；紫禁城影业等出品的《飞越老人院》等影片，社会反响良好；光线影业出品的电影《人在囧途之泰囧》刷新国产电影票房最高纪录；北京电视台制作的《笔墨春秋》荣获优秀国产纪录片；《北京青年》《正者无敌》《媳妇的美好宣言》等联盟成员制作的电视剧播出后，收视和口碑俱佳；恒大动漫产业有限公司制作的动画片《生日梦精灵》等优秀动画片，参评广电总局2012年度第二批推荐播出动画片。第十二届“五个一”获奖的4部影视作品中，有3部是联盟成员单位参与了创作生产。

（三）联盟成立以来开展的主要工作

自2011年12月成立以来，联盟切实履行自身的职责和任务，充分发挥桥梁和纽带作用，积极组织文化活动，落实工作规划，为联盟成员做好服务工作的同时，将文化精品送到老百姓身边。

积极推进“文化惠民工程”，让首都影视产业发展惠及百姓。2012年1月15日，北京市广电局按照市委宣传部统一部署，联合首都影视产业联盟组织北京电视艺术中心、北广传媒影视公司、中影集团、慈文影视、鑫宝源、金英马、小马奔腾、光线传媒、国立常升、华录百纳、海润影视、大唐辉煌、东方风行等联盟成员单位和众多影视界知名人士到京郊顺义区赵全营镇开展首都影视界春节大拜年活动，积极落实北京市“文化惠民工程”，为京郊老百姓送上丰富多彩的文艺节目、特色浓厚的新年贺礼、最新的贺岁大片和龙年新春祝福。这是首都影视产业联盟成立后组织的第一项重大惠民活动，以提升首都广播影视传播力、影响力，促进首都影视产业大发展大繁荣，进一步提高北京作为全国文化中心和影视产业主导力量的影响。2012年1月16日，首都影视产业联盟与理事单位中国（怀柔）影视基地举办了“迎龙年新春，赠光盘影集”惠民活动，向怀柔区近400个村、社区、学校及驻军赠送了500余套光盘影集。通过赠送活动，让广大人民群众了解影视艺术，关注首都影视产业的发展，与此同时，也让首都影视文化融入社会生活，让首都影视产业发展惠及人民群众。

制定2012年联盟工作规划，落实联盟服务职能。2012年2月25日，为落实联盟各项宗旨，促进首都影视产业繁荣发展，首都影视产业联盟召开第一届理事会第二次会议暨联盟工作座谈会，介绍首都影视产业联盟2012年工作思路，听取理事单位及成员单位对联盟组织架构、工作重心等重要问题的意见建议。在充分征求意见的基础上，形成首都影视产业联盟2012年工作规划。2012年，联盟积极落实规划内容，加大人才引进，扶持精品剧本，推动影视作品走出去，在境外开办电视频道，推进影视与金融机构对接，为首都影视产业发展贡献力量。

支持联盟成员单位“走出去”，扩大首都影视产业影响力。首都影视产业联盟成员单位积极响应推动中国文化走出去，提高国家文化软实力的号召，通过收购、租买等形式积极拓展海外广播影视市场，取得显著成绩。有18家企业7个项目被评为2011—2012年度国家文化出口重点企业和重点项目。海润传媒娱乐集团与香港最大有线电视运营商NOW TV联合成立合资公司，推出24小时全天候播出的NOW海润电视台正式落户香港，并于2012年1月16日起正式开播；北京华韵尚德国际文化传播有限公司与德国北威州6家电视台达成租买电视频道时段的合作意向，承租德国北威州6家电视台每天30分钟的时段，开办了反映中国题材的电视栏目《中国时间——来看吧》；俏佳人传媒股份有限公司于2011年4月与美国侨声广播电台公司正式签署了并购协议，2012年得到批准，并开通ICN手机移动台，与早前收购成立的ICN电视联播网，共同组成了集电视电台播出、演艺策划、广告代理、影视专题拍摄及海外文化交流于一体的多元化集团公司；北京小马奔腾联合印度信实集团，于2012年9月25日以3020万美元成功收购了美国数字王国，小马奔腾持有70%股份，占主导地位。

积极组织联盟成员申报各种政府扶持项目，获取专项资金支持。组织联盟成员申报2011—2012年度国家文化出口重点企业和2011—2012年度国家文化出口重点项目，在市广电局上报的18家被列为国家文化出口重点企业的企业中，有10家是联盟成员；7个被列为国家文化出口重点项目中，3个是联盟项目。2012年，北京市有3个广播影视项目获得了2011年中央文化产业发展专项资金3050万元支持，其中联盟成员有两个项目1050万元（俏佳人传媒1000万元，中北电视艺术中心50万元）；我市广播影视系统获得北京市文化创意产业专项资金9000余万元，其中相当一部分为联盟成员所获得。

编制《首都影视快报》，为有关部门提供决策参考。《首都影视快报》于2012年3月12日正式刊发，坚持每天编制一期，向有关领导和部门报送，及时反映联盟工作动态和首都影视制作机构创作、生产情况，以及首都影视界的新闻资讯、数据发布等信息，现已刊发近200期，刊载最新影视动态信息近千条。同时，还完成了试刊的策划、编辑样刊工作。

组织联盟成员参加各种节庆会展，促进影视信息共享和对外交流。第七届北京国际文化创意产业博览会于2012年12月19—23日在京举办，作为党的十八大胜利召开后首都广播影视行业全面参与的第一个大型国际文化盛会，深受社会各界关注。为在第七届文博会中展示首都影视产业联盟的发展成果，组织联盟成员参加北京文博会广播影视展览，并在开设影视产业联盟专区，大力推介联盟成员单位和优秀影视项目，共有25家联盟成员参展（其中6家在联盟专区内），约占参展单位的50%。同时还组织联盟成员参加了第七届北京文博会广播影视论坛。另外，联盟成员还积极参加了第二届北京国际电影节和春秋两季首都电视节目推介会，集结多种类的优秀作品参展，签约了多个交易项目。

（四）首都影视产业联盟运行中存在的问题

影视产业联盟职能定位不明确，发展主线不清晰。影视产业联盟是在政府主导下成立的，但它既不能是政府行政监管的简单延续，也不能是单纯会员自身利益的维护者，而是联系会员利益和政府监管的重要纽带，是市场监管的重要组成部分和基础，应有其自身的工作规律和特点。但联盟成立时间较短，联盟的职能定位还不清晰，对自身应该履行的职责和将要发挥的功能缺少认识，导致联盟整合行业资源优势的促进作用不明显。

联盟的长效运作机制缺失，可持续发展动力不足。联盟成立时间较短，联盟成员利益协调和内部管理等工作尚不成熟，主要面临以下几个方面的问题：一是联盟成员分散，任务分散，造成管理困难，需要建立良好的沟通机制、协作机制、创新机制等。二是会员单位准入标准宽松，目前联盟会员单位中不乏实力雄厚的大企业、大公司，但也有一些规模和实力相对弱小的公司，需要建立一套会员准入评估办法，优中选优，确保联盟会员保持高标准、高质量、高产出的发展目标。三是联盟内部管理还需进一步规范，联盟成立时间短，会员单位之间还未形成有效的合作，技术和资源的共享还不充分，需要联盟引导和协调。

联盟运行缺少专项经费支持，联盟开展工作举步维艰。目前，联盟还没有形成稳定的工作经费来源渠道，由于没有资金支持，联盟开展日常管理和服务工作都十分困难，能够为企业提供的服务更有限。今后，联盟还将开展影视精品的投资制作、影视剧本的创作扶持、影视人才的培训等各项工作，将需要投入大量的人力、物力、财力，同时联盟为了支持成员的影视创新，联盟还需要设立影视产业发展的专项资金，这些都需要充足的经费保障。缺少专项经费的支持，已经成为制约联盟工作有效开展的最大障碍。

联盟办公部门机构设置和人员配备没有落实，联盟服务能力较弱。联盟目前还没有独立的办公场所，缺乏专职工作人员，开办经费也没有落实。目前联盟工作人员都是广电局各处室的兼职人员，无法全身心投入工作，另外联盟作为服务机构，一些工作需要业务分工明确、专业知识突出的工作团队完成，但目前专业人员的数量和专业素养都不匹配，导致联盟开展行业交流、人才培训、行业自律等工作受到很大限制。

联盟解决企业实际困难的能力不强，影响影视企业的抱团发展。目前，首都影视产业发展在领军型人才、投融资、技术创新等方面存在诸多障碍，很多问题不是单一企业能够解决的行业共性难题，需要通过联盟利用政府主导优势，联合各成员单位协同解决。但是，目前联盟由于在资金、专业人员、公共服务平台建设等方面都严重滞后，导致联盟解决影视企业现实问题的能力仍很欠缺，联盟成员单位很难形成优势互补、抱团发展的局面。

二、首都影视产业联盟的功能与作用

产业联盟是某一行业内的企业或是同一产业链上下游的企业，为了确保合作各方的市场优势，寻求新的规模、标准、机能或定位，应对共同的竞争者或将业务推向新领域等目的，企业间结成的互相协作和资源整合的一种合作模式。由于企业的联合，产业联盟能在某一领域形成较大的合力和影响力，不但能为成员企业带来新的客户、市场和信息，也有助于行业资源整合、解决单个企业难以解决的行业共性问题，成为企业优势互补、扩展发展空间、提高产业或行业竞争力、实现超常规发展的重要手段。

首都影视产业联盟是由北京地区影视机构自愿联合发起成立的非营利性社会团体法人，联盟以解决首都影视产业发展面临的共性问题为目的，以为联盟成员提供优质服务为宗旨，以推动首都影视产业繁荣发展为愿景，不断发挥自身的功能与作用。联盟将围绕整合北京地区影视资源、促进产业上下游合作、提供投融资服务、加强影视人才培养、增强交流合作等几个方面的工作，开展面向联盟成员的全产业链服务。

（一）在影视作品创意环节，着力培养人才和扶持优秀剧本

建设影视人才培训中心，为影视市场输送专业人才。根据当前联盟成员对于人才的需求，与北京电影学院、中央戏剧学院、中国戏曲学院等高等院校合作，发挥其在科研、教学、人才和影视实践等方面的优势，建立一个基于联盟成员需求的影视人才培训中心，开展影视创意、执导、表演、剧本创作、摄影艺术、影视动画、影视后期编辑与制作、市场营销等方面的专业培训，每年为影视市场输送各类专业人才。

打造影视信息服务平台，促进影视信息资源共享和人才对接。利用现代网络新媒体技术，整合北京地区现有的信息、人才等优势资源，建设国内权威的影视信息服务平台，为北京为数众多的经纪公司、中小型节目制作公司和30万人左右的影视工作者提供影视信息发布、影视人才对接、影视作品交易、影视剧投放、影视投融资等综合性公共信息服务，实现影视资源的网络集聚。

打造首都优秀影视剧本创作扶持平台，吸引优秀影视剧本向北京集聚。以首都影视产业联盟为依托，拟在联盟成员单位中进行剧本项目征集，对确定要投拍的剧本进行专家评审，选出优秀剧本，进行奖励性扶持，同时，一对一给出剧本修改意见，全程跟踪指导剧本的完善工作。计划每年重点扶持优秀电影剧本10部、电视剧剧本10部、影视动画3部，力争通过文化创新发展专项资金，加大对优秀影视剧本支持力度，吸引更多的优秀影视剧本向北京集聚。

（二）在影视投资制作和发行环节，为企业提供投融资和技术服务

打造影视企业融资服务平台，解决影视产业融资难问题。由联盟牵头，组建第三方机构平台，构建影视作品投资的风险评估体系，通过对预期效益相关的真实数据进行量化分析，构建具有前瞻性的估值模型，并兼容商业银行、保险公司等融资服务机构的价值评估模块，提升影视版权的资产价值，协助企业拓宽融资渠道、改善融资环境，同时帮助金融及投资

机构，寻找优质的项目资源；在此基础上，联盟专家顾问团将对影视剧项目从早期的定位包装、风险评估及后期制发调研提供全面服务，为金融投资机构和影视剧项目方提供专业的代理顾问服务，促进双方的对接，形成影视产业融资的一站式整体解决方案，促进企业、投融资机构、中介服务机构、政府相关部门的有效互动，为影视企业吸引风险投资搭建一个完善的服务平台。

建设影视精品投资创作平台，推出系列影视精品。发挥联盟资源和组织优势，加强创作引导，把握正确导向，创新精品创作生产体制机制；弘扬主旋律，精心遴选题材，由联盟投资，每年重点策划 1 部电影和 2 部电视剧作为年度重点剧目，通过招投标等市场化运作方式，选择联盟成员机构中的优秀团队进行制作；支持联盟成员创作生产反映北京题材的优秀影视作品，由联盟组织专家对作品进行综合评估，评选出来的优秀作品通过协调金融机构贷款并予以后期贴息、支付前期部分拍摄费用等方式予以资金支持，对列入重点的影视作品，由联盟协调新闻媒体进行新闻宣传，畅通发行和放映渠道。

打造公共技术服务平台，突破影视产业发展关键技术。针对当前中小型影视企业在关键技术研发、大型设备使用、高端技术应用等方面面临的困难，组织研发影视产业的共性关键技术，配置专业机房、演播室、影棚等基础设施，购置影视拍摄、制作等环节的大型专用设备，搭建一个面向影视产业的公共技术服务平台，为北京乃至全国中小型影视企业提供技术条件支撑。

（三）在市场运行和推广环节，营造影视产业发展良好环境

加强影视行业自律，规范市场行为。联盟有规范行业发展的功能，将通过宣传执行相关的法律法规和政策，承担政府部门委托的行业管理事项，开展业务指导和行业自律，反映会员诉求等工作，规范影视产业市场发展。对于电影票房的“偷、漏、瞒、虚”报、电视剧题材雷同扎堆等问题，联盟将组织成员单位联合抵制，并从播出渠道上加以限制；对于违规操作、有悖公平竞争、干扰市场秩序的影院和院线，实行红、黄牌警告制度，严重者取消执业资格；针对明星演员片酬居高不下的问题，由联盟组织影视龙头企业联合制定影视从业标准，对演员薪酬占总制作费用的比例

进行明确规定，对不符合规定的影视剧，在播出渠道上进行限制。

搭建影视知识产权保护平台，保障影视投资者利益。针对当前影视产业版权保护不力、盗版问题严重的局面，充分利用联盟的规模优势和组织优势，改变当前单个企业或个人维权的艰难局面，以行业组织进行影视版权保护和组织侵权诉讼。同时，通过建立联盟信息共享互助机制，依托电子公证和版权保险箱等先进技术，打造信息网络环境下便捷的作品授权使用新体系，搭建国际影视沟通交流平台等途径，为影视作品及权利人在版权保护、引进、交易等领域提供有力支持。

建立海外影视市场对接平台，引领影视作品走出去。充分发挥中国北京国际文化创意产业博览会综合性宣传推广平台、促进产业项目落地交易和文化投资与贸易的服务平台、引领文化体验和文化消费的示范推广平台、推动文化创意产业学术交流和资讯传播的重要发布平台、深化文化创意产业境内外合作的文化交流平台的功能和作用，办好广播电影电视展览、广播电影电视论坛、2012 春秋首都电视节目推介会，吸引更多的国内外知名影视机构参与，促成更多的影视合作项目的签约落地。组织会员机构携带优秀影视作品参加国际 A 类影视节展，扩大国际影视交流与合作，提升中华影视作品的国际影响力，推动更多的优秀影视作品进入国际一流院线和在国际主流媒体播出。

三、构建首都影视产业联盟运行的长效机制

运行机制是产业联盟发展的关键，关乎联盟有效运转和兴衰成败。与一般性的产业联盟相比，首都影视产业联盟更加注重产业链不同环节的合作和同一环节资源的整合，政府机构在其中发挥着重要的主导作用。如何在政府主导下，既利用行政力量和政策诱导大力推动联盟超常规发展，又避免因政府作用过度发挥而导致联盟失去市场活力；如何最大限度地调动联盟成员的积极性，形成内部发展合力，并让参与各方切实受益；如何面向市场形成发展共识，群策群力不断争取和利用外部资源，赢得联盟及成员发展的持续动力。这些都是摆在首都影视产业联盟发展进程中的重大难题，没有体制机制的灵活创新，难以有效应对。因而，必须建立一套合乎首都影视产业联盟发展运行实际的长效机制。

（一）构建政府主导下的管理与服务机制

首都影视产业联盟是在政府主导下组建成立的，作为行业主管机构的北京市广播电影电视局相关领导担任联盟法人，成员涉及央企、事业单位、市属企业、民营企业等多种性质，必然造成管理上的困难。从这一困难入手，理顺参与各方的权责，建立管理与服务机制，强化政府的引导和服务职能，保障联盟决策的有效生成和顺利执行，应当成为联盟的首要运行机制。

建立政府引导和调控机制。引导成员单位将自身发展与国家文化产业导向相结合，围绕影视产业链各环节的不同需求，通过制定联盟宏观发展目标和行动计划，促使成员与联盟发展步调一致。例如，在影视题材的选择上，要有计划地通过联盟力量进行协调和约束，把准影视作品作为社会主义核心价值观培育着力点这一要求。

建立健全联盟重大事项决策机制。巩固和完善联盟现有决策机制，在联盟全体大会的基础上，每年不定期召开理事会两次以上，对联盟重大事项进行审议，全过程参与联盟重大决策。进一步完善联盟议事机制，鼓励联盟成员中具有相似或相关属性的单位按需发起议题，并在条件符合时召开理事会，使联盟在面对产业发展和市场变化需要时能够更加灵活自如地进行决策。

建立联盟成员的遴选与淘汰机制。实行联盟成员准入制，通过限定准入规模、资质等条件，控制联盟成员数量的增长；通过有意识的定向吸收一些在北京影视界具有重要影响或具有创新和发展潜质的机构和企业，使联盟成员在影视产业链不同环节均有较大数量的分布，促进联盟成员结构的持续优化；通过积分制或定期复审，淘汰与联盟发展方向不符的成员，不断优化联盟成员质量。

建立专兼结合的联盟团队运作机制。以专职人员为主，以兼职人员为辅，形成联盟相对稳定的运行团队，将该团队挂靠在北京市广播电影电视局，更好地行使垂直管理职能，持续推进联盟各项具体工作。在专职人员方面，应当定人定编制，严格考核考评；在兼职人员方面，实行轮换制，从广电局各部门和联盟理事单位抽调人员，定期轮换，在服务与被服务的过程中，密切联盟成员单位与运行团队，以及联盟成员单位之间的联系。

建立高效的日常工作和服务机制。在日常工作方面，形成与联盟发展相适应的项目评审、评选表彰、财务、人事等内部配套制度，确保联盟工作高效便捷、规范有序，规避联盟经费、专项资金使用等各类风险。在服务方面，切实树立服务意识，围绕影响影视产业发展的产业链关键要素，主动收集成员单位需求信息，通过资源整合、资金项目扶持、合作交流等方式全面为联盟成员提供优质服务。

（二）构建联盟内部的利益共享与交流机制

联盟发展对内表现为联盟成员间相互合作，共同打造影视精品，促进北京影视产业发展。在合作过程中，进行的多是共享性或竞争性资源的运作，牵涉知识产权、利益分成等诸多竞合问题。要维持联盟成员间持续稳定的合作，就要加强沟通交流，建立利益共享与分配机制，不断拓展合作的广度和深度，并确立相应的利益保障，从而凝聚联盟内部资源和能量，形成推动联盟发展的巨大内部推动力。

建立联盟内部资源流动与调配机制。通过联盟运行团队及其信息发布渠道，及时收集和公开联盟成员在影视产业链不同环节的分工及需求，优先对接联盟成员间的合作意向，实现联盟内部各类资源的优化承接和有效调度，使联盟成员以自由绑定的方式，形成整体规模优势，通过强强联合或者优化组合，促成联盟成员间高度关联、高效运营的良好态势。

建立联盟成员间的信任机制。信任是保证联盟内部正常沟通、充分合作的前提，凡涉及竞合的事项，均以合同契约方式，明确联盟参与各方的责、权、利，运用市场经济规则建立持续稳固、有法律约束和保护的合作关系。通过规则建立信任，通过信任促进合作，避免成员单位间由于分歧、误会甚至不愉快，产生联盟内部矛盾或派系对立等问题。

建立联盟成员间利益共享的合作机制。联盟成立的重要诉求之一就是相互合作，无论是产业链上下游的合作，还是产业链某一环节的横向联合，都应当在利益共享的分配机制下，尽可能地降低风险、摊销成本，各取所得，谋求利益的最大化。例如，联合投资影视作品化解投资风险；或者多个参与方从创作、摄制、发行各环节无缝衔接，缩短作品形成周期，共同打造影视精品。

建立联盟成员间的优势互补机制。发现和利用联盟各成员的不同优势，在联盟统一的大平台上，各展所长，相互提供便利，形成优势互补的效应。例如，在宣传方面，可利用《北京日报》《北京晚报》等媒体建立联盟信息发布平台，统筹发布演艺、展览、出版发行、电影放映等文化资讯；在后期制作阶段，吸收和借鉴电影、电视和动画的不同制作技巧，相互融合，不断创造和提升影视作品的视觉效果。

建立联盟成员间有效的学习和交流机制。发挥联盟整体优势，有效统筹协调，组织开展能使成员单位广泛受益的集体活动，通过集体的学习和交流活动，降低单独组织活动的难度，节省活动开销和时间成本，增进成员单位间的联系和友谊。例如，联合开展员工技能培训，联合举办大型会展，联合承租场地设备，联合邀请高规格讲座等。

（三）构建联盟对外的战略协同与开拓机制

除了促进联盟内部合作外，联盟成立的初衷主要是拓展北京影视产业发展的外部空间，尽可能多地争取和利用各种外部资源，获取联盟及成员持续稳定发展的外部推动力。在面向市场时，联盟的存在能够更好地将一个个孤立的企业团结起来，拧成一股绳，以产业联合体的形象亮相，集体抱团获取更多的资源和政策扶持。

建立与政府机构的有效互动机制。增强联盟成员间的战略共识，共同争取政策扶持。除了在设施改造、公益惠民等方面继续享受北京市各项政策及奖励资金外，积极促成北京影视产业政策在人才、税收等方面的突破，联合促使相关政策的早日出台。例如，争取将影视产品和服务列入政府采购范围并形成稳定的采购制度；争取北京在影视税收优惠政策有较大突破等。

建立投融资促进机制。充分发挥联盟作为影视产业共同体的整体身份，广泛接触投融资机构，签订战略合作框架协议，争取大额授信，缓解融资抵押担保等难题，不断就具体业务深化与金融机构对接，合力创造金融支持影视产业发展的新方式和新工具，全力畅通联盟成员的信贷渠道，为联盟成员赢得更多的资金融通渠道和支持措施。

建立重大项目的合作申报机制。引导联盟成员关注影视技术发展和应用，组织联盟成员共同申报和实施知识产权保护、公共技术研发与服务、信息平台建设等重大项目，推动联盟内外的产学研合作，以重大项目的技术研发和应用为导向，促进北京影视产业技术的革新和进步，引领中国影视技术的发展。

建立维护联盟及成员权益的协同机制。强化联盟成员的维权意识，利用联盟的整体身份，协同一致，加强与首都院线联盟、影视行业各类同业协会等团体组织的协商，争取谈判的主动权和话语权，赢得谈判空间，共同抵制演员薪酬过高、偷票房等影视行业不合理现象，在优化影视产业发展环境的同时，有效保护联盟及成员的正当利益。

建立面向市场的合作开拓机制。遴选联盟内优质企业，通过合纵连横的组合机制，强势向地方乃至海外渗透，争取更大的市场份额和市场空间。例如，与发行、放映机构形成利益共同体，开发地方院线；通过档期调整等方式，联合应对进口影片的冲击；分析研究海外市场，联合制作符合海外市场需求的影视作品等。

四、促进首都影视产业联盟发展的对策建议

（一）制定联盟发展的中长期规划

加强顶层设计，研究制定首都影视产业联盟的中长期发展规划，明确联盟在近期、中期、远期3个阶段的发展愿景，理清联盟今后的发展思路、承担的主要功能、面临的主要任务、具体工作的推进路径等，使联盟运行能够始终保持明确的目标。同时，通过制定规划，结合国家和北京市宏观政策，把握影视产业发展目标导向，为联盟成员提供政策指引，合理化布局联盟成员的产业分工，调整产业结构，优化产业链条，增强首都影视产业的核心竞争力。

（二）建立健全联盟机构和专职队伍

当前联盟队伍组织不健全，应建立专门的组织机构和人才队伍负责联盟日常运行和管理工作。健全联盟机构，提供专门办公场所，建立秘书处、策划创作部、项目评审部、投融资部、宣传推广部等内设机构，分别负责落实联盟各项职能；通过各部门抽调、社会招聘等方式，加快构建一支门类齐全、结构合理、梯次分明、素质优良的专业联盟工作者队伍，抓紧培养善于开拓市场的拔尖创新人才、懂经营善管理的复合型人才、适应影视文化走出去需要的国际化人才，更好地承担起联盟顶层设计、围绕发

展目标的督促引导、内部协调组织，以及外部的资源拓展等工作任务。

（三）设立支持联盟发展的专项资金

资金保障是首都影视产业联盟发展的基础，应选择合适渠道，设立“首都影视产业联盟发展专项资金”，由首都影视产业联盟统筹使用，用于培育和扶持影视创新、开展专业培训、培养影视人才、筹拍影视精品、奖励优秀影视作品等。同时，通过联盟引导，吸引金融机构对影视产业进一步投资，逐步建立起符合社会主义市场经济规律、支持影视创新的影视产业投融资体系。

（四）建立一套联盟长效运行的工作制度

加快建设有利于联盟成长的体制机制，制定联盟中长期发展规划，确立有效的制度保障、工作体系和工作方针。包括联盟日常工作制度、联盟管理规章制度、联盟理事会制度、联盟财务管理制度、人才培训规程等，明确联盟各项工作职责，保证联盟内部、联盟与成员之间及成员与成员之间沟通顺畅、合作高效。

（五）出台适合首都影视产业发展的财税政策

借鉴上海、西安、东阳等地的影视产业政策经验，使北京影视产业的财税政策取得新突破，防止企业外流现象，吸引更多企业落户首都。建议按照北京市委宣传部“1＋X”政策精神，借鉴中关村国家自主创新示范区模式，出台类似财税优惠政策，助推北京影视产业的快速提升，吸引外地影视企业和项目落地；制定完善对纳税大户企业的奖励、贴息措施，采取以奖代返的办法，对创收收入超过1亿元、纳税超过1000万元的单位予以奖励，奖励额度为其纳税、营业税、所得税的50%～100%，对重点企业、重点项目予以政策引导和资金扶持，让首都影视企业能够充分享受优惠政策，加大对具有较强市场竞争力、文化传播力、效益创造力的北京影视文化企业的宣传和支持，畅通播出渠道，打造“北京品牌”影视精品。

影视企业与资本市场研究
——北京广播影视上市企业分析

主持人：丁百之

课题组主要成员：陆　地　单志忠　李国新　荀　菲
靳　戈　王文湛　慕　玲等

文化体制改革、促进文化产业大发展大繁荣是中国共产党第十八次全国代表大会报告中突出强调的一点。十八大报告指出，要提高文化产业规模化、集约化和专业化水平，进一步解放和发展文化生产力。在我国的经济结构中，文化产业被寄希望成为未来几十年经济增长的中流砥柱。在文化产品中，影视产品的市场化程度最强、普及度最高。影视企业理应成为文化产业大发展的主力军。纵观世界，时代华纳、二十世纪福克斯、迪士尼和维亚康姆等影视巨头早已成为各国文化产业发展的标杆。再看国内，华谊兄弟、光线传媒和华策影视等影视企业也已在文化市场这片“蓝海”中叱咤风云，收益丰厚。虽然不同企业之间各有差异，但这些榜上有名的影视企业无一例外都是上市公司。影视产业高投入、高风险、高回报的特征使单靠经营性积累进行扩张十分艰难，进入资本市场已成为影视企业快速募集资金以加快发展速度、进行产业整合、降低投资风险的首选。学界和业界已达成共识：上市是影视企业做强做大的必由之路。

北京作为历史文化名城，是全国最有影响力的文化集中地，拥有全国70% 以上的编导演人才，具有发展影视产业的先天有利条件。为更好地落实党的十八大精神，促进北京产业结构优化和文化大发展大繁荣，充分发挥影视企业在文化产业发展中的“排头兵”作用，北京市广播电影电视局于 2012 年开展专项调查研究工作，对全国多家影视企业进行了走访，收集影视企业上市的资料，进行多方比较分析，研究北京影视企业上市的现状和趋势，力求把握规律性，增强针对性，为制定北京影视企业上市政策支持提供切实有效的参考。

一、影视企业上市的意义

（一）影视产业是我国文化产业大发展大繁荣的有力杠杆

经济学研究表明，当一国人均 GDP 超过 3000 美元时，文化消费就进入“快车道”；超过 5000 美元时，文化消费就会奔上“高速公路”。2012 年 8 月，我国人均 GDP 已超过 5000 美元[①]。按照国际标准计算，我国的文化消费支出总量应该在 4 万亿元以上，而目前该数字只有 1 万亿左右，尚有 3 万亿的文化消费市场潜力[②]。

根据国家广电总局的公开资料，2011 年我国广播电视总收入达到 2458 亿元[③]（不包括电影产业收入），而这一数字在 1982 年仅为 8. 8 亿元。30 年间，广播电视总收入年均增长率超过 20% ，远超国民经济年均 9. 8% 的增长率。而以影视内容生产、播出平台运营、基础网络建设和广告信息服

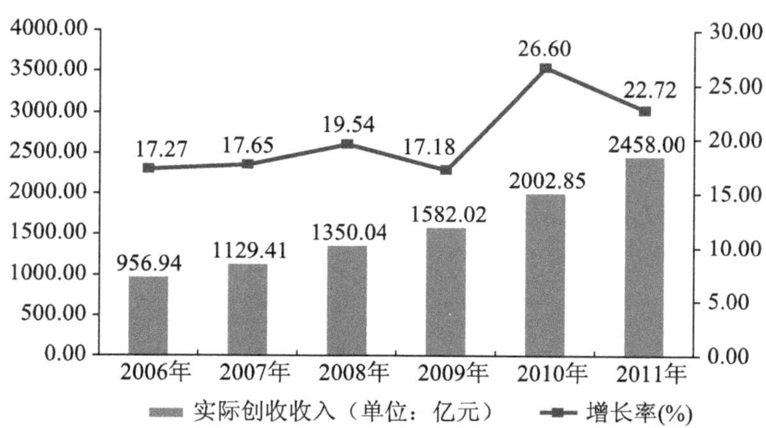

图 1：2006—2011 年中国广播电视产业收入及增长走势

① 国家统计局网站：www. stats. gov. cn/was40/gjtjj _ detail. jsp? searchword = GDP&channelid = 6697&record = 5。

② 中金在线：news. cnfol. com/110314/101，1596，9488589，00. shtml。

③ 广电总局广播影视发展研究中心：www. sarftrc. cn/templates/T_ content/index. aspx? nodeid = 75。

务为主营业务的影视产业，占据了文化产业集团军的半壁江山。振兴影视产业将成为撬动文化产业大繁荣大发展的有力杠杆。

（二）我国影视企业发展的两大掣肘因素

在2008年，时代华纳、迪士尼、新闻集团等排名美国前13位的传媒上市公司的总销售额为1690亿美元。同期我国前13位同类上市公司的总销售额仅为26亿美元，仅相当于美国的1.5%，市值也仅是美国同行的5.5%①。打铁还需自身硬，中国影视产业实现大繁荣大发展需要雄厚的实力。近20年的媒体产业化经营和集团化改革，确使我国影视企业的实力得到有效壮大，但在国际巨头面前依然过于弱小。下面两大掣肘因素是制约影视企业做强做大的主要原因：

1. 管理机制落后，经营规模有限

除了广播电视播出机构外，我国影视企业主要分为两类：一类是由广电单位部分资产改制成立的影视企业，另一类是纯粹的民营影视公司。前者以电广传媒（湖南电视台）、中视传媒（中央电视台）和歌华有线（北京广播电视台）为代表，后者以光线传媒（创始人：王长田）、华策影视（实际控制人：傅梅城、赵依芳）和华谊兄弟（实际控制人：王中军）为代表。

由广电单位改制成立的影视企业虽已实现公司化运作，但有的公司化运营水平依然较低，公司治理结构不健全，人才引进、产权关系、财务运作包括盈利模式都很难达到现代企业要求，人才激励机制也并不成熟。转企改制必然带来人员分流，这些被分流到企业的员工水平、薪资待遇大多不理想，产品质量和员工积极性难以保证。

由民间资本设立的影视企业则显现了市场经济的部分盲目性。一方面，由于创新成本高、模仿成本低，民营影视企业往往对某一类影视产品趋之若鹜，导致产品同质化现象严重。近些年先后兴起的选秀热、谍战热、宫斗热，除了带来影视市场的泡沫，并没有在客观上促进影视行业的发展。另一方面，由于受政策和市场环境的双重限制，民营影视企业的盈利能力依然较弱。即使是号称国内民营影视企业“老大”的光线传媒，其

① 刘明：中国传媒上市实践与探索，中国人民大学出版社，2011年6月版。

2011 年的收入也不过 6.98 亿人民币[①]，还不及一部好莱坞大片的票房收入[②]。

2. 市场浪高企业船小，盈利模式单一保守

影视产品的盈利模式呈现明显的周期性，而且其盈利情况受政策、市场和社会环境影响较大，预估盈利的难度较大。因此，复业经营和多元经营是影视企业规避市场风险、实现持续发展的有效途径。但目前我国影视企业盈利模式单一，产业链较短。以广播电视业为例，据统计，我国广电收入 80% 依靠广告，而这个数字在发达国家的影视企业中不到 20% 。原因虽然是多方面的，但最重要的还是缺少拓展产业链的资金。影视产业不仅是知识密集型产业，更是资金密集型产业。影视企业的“轻资产”经营方式和高风险的投资回报决定了其对资本市场的特殊需求。目前国内大多数影视企业连主营业务资金都长期捉襟见肘，业务拓展更是空谈。

（三）上市——影视企业规范化、规模化、跨越化发展的必由之路

北京市委常委、宣传部部长、副市长鲁炜在介绍 2012 年全市影视工作重点时指出，2012 年北京将建立重点广播影视企业认证机制，积极支持有条件的企业上市融资[③]。上市融资是影视企业获取稳定融资渠道、支撑业务拓展，进而做大做强的重要方式。传媒业界普遍认为，影视企业上市后，能够获得一个长期的低成本融资渠道，并降低负债比例，增强抵御风险的能力，极大地增强传媒企业的资本实力；更重要的是，影视企业上市还能促进其内部规范管理，优化内部产业结构，增强发展动力。

1. 涅槃：借力上市完善企业管理

上市是一股“倒逼”影视企业改善公司治理、打造合格市场主体的力量。无论是 IPO 还是借壳上市，影视企业若想成为上市公司，就必须依据《公司法》《证券法》等相关规定，制定《公司章程》《股东大会议事规则》《董事会议事规则》《监事会议事规则》《独立董事工作制度》《总经

---

① 金融界：istock. jrj. com. cn/article，300251，11632055. html。

② 《变形金刚 III》的票房收入高达 10 亿：www. chinanews. com/yl/2011/07 - 20/3195838. shtml。

③ 北青网：bjyouth. ynet. com/3. 1/1202/24/6821706. html。

理工作细则》《关联交易管理制度》《内部控制管理制度》，以及《信息披露管理办法》，建立起系统的公司治理制度。同时，《公司法》和《证券法》还规定公司上市后必须定期公布业绩报告，以便投资者了解公司经营状态。这一系列的监督机制要求企业在产权结构、治理结构、盈利模式、内部管控和发展战略方面都必须完全按照市场规范来做。

2. 起跳：资本力量拓展业务链条

影视产业不仅是文化创意产业，更是资本密集型产业。制作、院线、经纪、网络、终端，任何一个领域要想获得利润，都需要大量的资金投入。高投入高产出，低投入低产出，这是行业间一般的通行准则，少有例外。“问渠那得清如许，为有源头活水来。”影视企业若想打通产业链的上下游，甚至实现跨业经营，进入地产、旅游、教育等领域，没有大量的资金持续供给，只能是空谈。

作为广电集团上市的试点企业，电广传媒上市两年就从资本市场筹集资金近15亿元，用于收购、整合湖南省内众多广电媒体及有线网络资源。

“国内娱乐第一股”华谊兄弟的董事长王中军曾说：“电视剧行业继续扩大，要找到更好的电视剧制片人，从资本层面看华谊兄弟够了，品牌层面也够了，关键是人。”为了留住人，华谊兄弟上市前直接向签约明星、导演增资扩股，它的上市造就了冯小刚、张纪中、黄晓明等一批“亿万富翁”，使人才与公司成为利益共同体。华谊兄弟是国内实现电影、电视剧和艺人经纪三大业务板块有效整合的标杆，是产业链完整性较为突出的公司，这一切都得益于上市。

3. 勃发：金融平台助力跨越发展

2012年3月12日，优酷网和土豆网宣布合并，一时业界哗然。毕竟从市场竞争的角度看，优酷网和土豆网是水火不容的两大冤家，合并的可能几乎为零。

《北京日报》的评论文章《优酷土豆合并，资本红娘牵线》道出其中玄机。原来，优酷网和土豆网合并是两个公司大股东的策略：优酷和土豆以换股的形式合并，新公司的股票必定“好看”；同时，新公司在平台共享、数据共用方面也将获得巨大的优势。根据易观智库的数据，在2011年第四季度，优酷网和土豆网的市场收入之和占据了全国35.5%的份额。这个数字在2010年还一度达到了40% [①]。一场资本导演的强强联合使中国网络视频行业出现了一个超级巨头，具备与国际一流视频网站Youtube抗衡的能力。

金融平台可以“倒逼”影视企业做强做大，优酷、土豆的合并就是最好的例子。根据优酷土豆集团公布的2012年第三季度财务报告，集团三季度净收入达5.022亿元人民币，折合7990万美元，同比增长84%，大大超出市场预期[②]。

影视企业还可以借助金融平台实现跨区域、跨行业发展。上市后的电广传媒投资控股了湖南金鹰城置业有限公司，并成立了湖南文化旅游产业投资基金；同时通过其下属子公司北京韵洪文化传播有限公司连续投资艺术品市场，三年来至少已经投资了5亿元。

4. 着陆：充分准备规避市场风险

“股市有风险，入市需谨慎。”影视企业也不能盲目上市，不能为上市而上市，要做好充分调研和准备，以达到上市效益的最大化和风险的最小化。

上市不是圈钱，是为了让企业募集更多的资金和获得更强的能力，以实现跨越式发展。上市之后，会有更完善的监督机制“逼”着企业健康成长。对于上市企业的审核通常包括独立性、持续盈利能力、主体资格、募集资金使用情况、信息披露、规范操作、财务审计等方面，对于筹划上市的影视企业，对这些也要作足准备。

上市为影视企业提供了新的发展平台，但作为影视企业，更需要明晰自己的核心利益诉求，知己知彼，充分准备，做到“藏器于身，待时而动”。华谊兄弟的上市是由于其主营业务急需大量资金的供给，它在上市前虽然利润不断增长，但净现金流量始终为负，并且缺口逐年增加；光线传媒为上市整整筹划了10年，它不差钱，并不急于融资，上市对于光线来说是更根本层面的需求：需要一个更迅速扩大和稳固的基础，还有公司管理结构、治理结构的调整，以及知名度的提高。

---

① 易观网：data. eguan. cn/caibaofenxi_ 114265. html? req_ id = a4ba782bcb75572200001df900006b8950c384bcByUser。

② 中国证券网：company. cnstock. com/listed/rdgs/201212/2394071. htm。

有些传媒企业上市后的资本运作效益并不好，这主要是因为这些传媒企业原有业务并不缺资金，而新业务或者是没有，或者是受政策制约一时难以开展。歌华有线在完成对北京地区远郊区县的有线网络整合之后，始终受困于地方保护主义的困扰，除2004年收购涿州网络之外，发行可转债募集的资金在跨地域网络并购中再无用武之地。北青传媒上市后陷入低谷，募资用途设计不合理是重要因素，虽然这是由于市场环境和政策环境的限制，但是也更说明了对上市规划的科学安排的必要性。

二、国内影视企业上市的现状

（一）国企与民企齐飞，业务类型多样

1994年国有媒体控股的东方明珠（600832. SZ）挂牌上市，成为我国文化传媒第一股。之后，各地媒体企业纷纷投身影视企业上市的行列。截至2012年11月底，我国内地已有影视类上市公司19家，其中既有广电单位控股的影视企业，也有民营资本设立的影视公司，业务范围涉及影视剧制作与发行、演艺服务、艺人经纪、广告服务、网络视频服务、影视基地、有线电视基础网络等多个领域。

表1　国内上市影视企业情况一览表（不完全统计）

企业名称	所在地	上市时间	控股方性质	主营业务
东方明珠	上海	1994	国有	电视广告、文化旅游
中视传媒	上海	1997	国有	影视剧制作与发行、影视基地经营、影视设备租赁、广告代理
电广传媒	湖南	1999	国有	有线网络、广告、电视节目制作，创投、地产、旅游、文化基金
歌华有线	北京	2001	国有	有线网络运营服务
广电网络	陕西	2001	国有	广电网运营、广告代理
分众传媒	上海	2005	民营	楼梯间广告
华视传媒	广东	2007	民营	公交广告
航美传媒	北京	2007	民营	飞机电视广告服务
天威视讯	广东	2008	国有	有线网络运营服务
华谊兄弟	浙江	2009	民营	影视剧制作、艺人经纪

续表

企业名称	所在地	上市时间	控股方性质	主营业务
酷6网	北京	2009	民营	网络视频服务
华策影视	浙江	2010	民营	影视剧制作与发行
楚天数字	湖北	2010	国有	有线网络运营服务
博纳影业	北京	2010	民营	电影制作发行
优酷土豆	北京	2010(优酷)	民营	网络视频服务
乐视网	北京	2010	民营	网络视频与手机视频服务
光线传媒	北京	2011	民营	影视产品的制作与发行
凤凰新媒体	北京	2011	民营	网络视频制作、广告、网站
华录百纳	北京	2012	国有	影视剧制作、广告、演艺服务

目前国内还有一大批具有上市能力并正在不断谋求上市的影视公司，如国有影视巨头中影集团和上影集团，民营影视明星小马奔腾、搜狐视频等。迟上市不如早上市，早上市早受益，这已经成为影视企业间的共识。

（二）股势表现良好，总体优于大盘

无论国有企业还是民营公司，都通过上市募集了大量资金，使企业的发展巨幅提速。上市后，由于企业经营表现对股价有直接的影响，也使这些企业大多致力于完善管理体制、提高产品质量、增强企业竞争力和影响力。这批企业的上市使得国内影视产业市场呈现出欣欣向荣之势。

作为民营资本代表的光线传媒，原定上市 IPO 发行价为 52. 5 元，但开盘就超过了 70 元，当日收盘 74 元，净募集资金 13. 8 亿元人民币。充足的资金为光线传媒之后的发展打下了坚实的基础，不仅将大量的资金投入到影视剧制作当中，提高了产品的质量；还拥有了多元化布局的能力，2012 年 8 月底分别以 1 亿元收购网页游戏公司天神互动 10% 股权，8100 万收购欢瑞世纪影视公司 4. 81% 股权。[①] 2012 年年底光线出品的《泰囧》来袭，卷走票房 12. 6 亿元，股价借势大涨，在低迷的大盘中刮起一股强劲的“光线风”。

---

① 光线传媒收购两资产，业务拓展取得阶段性突破：yanbao. stock. hexun. com/dzgg324188. shtml

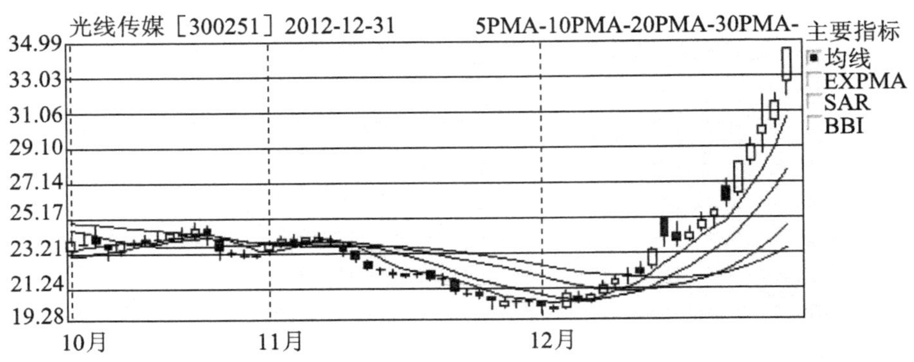

图 2　2012 年 10—12 月光线传媒 K 线图

楚天数字是由湖北广电集团控股的影视企业，2010 年借壳“武汉塑料”在深交所实现整体上市。2010 年 12 月 31 日，武汉塑料的股价为 15. 50 元，相比 3 月 18 日停盘时的股价上涨了 7. 27%，而同期深证指数反而下跌了 0. 29%。即使是经济形势异常不好的 2012 年，武汉塑料的跌幅也小于深证指数的跌幅。

（三）国内影视企业上市的启示

1. 重组或借壳：上市离不开政策扶持

2008 年 10 月，国务院办公厅颁发《关于印发文化体制改革中经营性文化事业单位转制为企业和支持文化企业发展两个规定的通知》（114 号文件），彰显了中央政府加大对文化企业扶持的力度。文件明确强调，通过公司化改造实现投资主体多元化的文化企业，符合条件的可以申请上市；鼓励已上市文化企业通过公开增发、定向增发等再融资方式进行并购和重组；鼓励文化企业进入创业板融资。

在地方，安徽、山东、湖北、河北等省纷纷表示，将积极推动优秀的影视文化企业上市或借壳上市。他们把经营性资产纷纷从事业性质的广播电视台剥离，成立了与省级广播电视台平行的省级广播影视集团或总公司，目的都是尽快上市。武汉市政府开展了一系列的国企改制工作，探索“壳资源”的市场配置机制，在全市范围内对具备融资资格但长期未融资的闲置“壳资源”积极探索多种形式的重组。

2. 多次融资：做强必须靠市场

东方明珠是国内最早上市的影视企业，也是国内融资次数最多的影视公司。在1994年到2007年，东方明珠通过配股和增发的方式融资4次，共募集了资金28.58亿元。

在多轮融资的推动下，东方明珠逐步将业务拓展到文化娱乐业、传媒产业、地产项目和对外投资等领域，分批完成产业链和价值链布局，实现了做强做大的目标。目前东方明珠的总资产超过100亿元，成为上海市50家重点大型企业之一，名列中国最具发展潜力上市公司50强。

3. 同舟共济：股权激励显威力

2009年，湖南电广传媒投资组建了电广传媒文化投资有限公司，首期注册资本4100万元。其中节目分公司管理团队以现金出资100万元，占2.44%的股份。2010年，电广传媒影业投资有限公司成立，影业公司高管团队又占了5%的股份。这种将公司高管与公司利益捆绑的做法，有利于提高公司高管的主人翁意识，助推企业良性发展。

华谊兄弟在上市前直接向员工和签约明星增资扩股，将冯小刚、张纪中、黄晓明等演艺明星升格为股东，将艺人和创作队伍的利益与公司的利益捆绑在一起，不仅赚足了市场的眼球，而且也降低了人才流失的风险。

4. 示范效应：一花引来百花开

华策影视上市当天的强势表现，对于影视行业犹如一声春雷，浙江省广电局也当即作出表态，将来会有更多的影视企业朝着资本市场迈进。随着影视行业持续升温，各方面资金纷纷涌来。据调研结果显示，仅浙江一省，未来5年预计将会有超过100亿的资本砸向影视行业。资本市场如此青睐浙江影视行业，不仅是因为当地有两家企业在创业板成功上市，更重要的是机构投资者普遍看好这一行业的发展前景：将成长性较好的轻资产传媒企业培育至深交所创业板上市，不失为投资的好选择。

5. 水满自溢：跨业经营靠实力

上海东方明珠集团通过增发融资2.2亿元收购了太原有线电视网络公司50%的股权。在产业经营方面，东方明珠横跨文化旅游业、广告业、新媒体产业、地产和通讯行业；在股权投资方面，东方明珠持有海通证券、申银万国证券、浦发银行、广电网络等多家上市公司的股票。股权投资的收益与主业经营的收益相辅相成，扩大公司规模，规避市场风险，实现多元化发展，也是“做强做大”的很好例子。

三、北京影视企业上市的现状

（一）北京上市影视企业概况

截至2012年12月，以北京为注册地的影视上市公司主要有歌华有线、光线传媒、华录百纳、乐视网、优酷土豆、酷6网、博纳影业等。部分公司概况见表2：

表2　北京部分上市影视企业概况一览表

公司名称	上市时间	上市类型	控股方	主营业务
歌华有线	2001	A股	北广传媒投资中心	有线网络运营服务
光线传媒	2011	A股	个人	电视节目和影视剧的制作与发行
华录百纳	2012	A股	华录文化	影视剧制作、广告、演艺服务
乐视网	2010	A股	个人	互联网视频服务、手机电视服务
博纳影业	2010	美股	个人	电影制作发行
优酷土豆	2010（优酷）	美股	个人	网络视频服务
航美传媒	2007	美股		飞机电视广告服务
酷6网	2009	美股	盛大集团	网络视频服务

影视制作类的企业中，北京小马奔腾影视文化发展有限公司、海润影视制作有限公司、慈文影视、大唐辉煌、北京新影联和金英马均在业内浸淫多年，在市场份额和资产规模方面具备一定的上市公开发行的潜力。

（二）北京上市影视企业业绩表现

北京上市影视企业分别从事有线网络运营、影视剧制作、网络视频服务、电影发行和广告服务业务，都是各领域的龙头。其中乐视网是我国网络视频行业唯一实现盈利的企业，优酷土豆是我国市场份额最大的网络视频服务商。总体来看，北京上市影视企业的业绩表现良好，具体经营状况见表3：

表 3　北京部分上市影视企业的业绩表现

公司名称	2011、2012 年业绩	市场份额
歌华有线	2012 年上半年营业收入 9.61 亿元，实现利润总额 1.26 亿元；已连续三年当选全国文化 30 强企业	截至 2012 年 6 月，有线电视用户达到 486 万户，数字电视用户 362 万户，高清交互数字电视用户 290 万户
光线传媒	2012 年上半年实现营业收入 2.78 亿元，实现营业利润 8772 万元，实现利润总额 9997 万元	公司发行的电影票房总额 5.6 亿元，约占全国国产片票房总收入的 8%
华录百纳	2012 年上半年实现营业收入 1.27 亿元，实现营业利润 5469 万元，实现利润总额 5741 万元	《金太狼的幸福生活》播出期间始终保持全国同时段收视率第一，网络点击量现已突破 10 亿。《永不磨灭的番号》获 2012 第十八届上海电视节白玉兰奖最佳电视剧银奖
乐视网	2011 年实现营业收入 5.5 亿元，营业利润 1 亿元，利润总额 1 亿元，净利润为 9067 万元	乐视网 2012 年 5 月份的月度覆盖人数达到 16642.6 万人。在月度浏览时长上，乐视网在整个网络视频行业稳居前三
博纳影业	2011 年净营收 1.26 亿美元，2011 年运营利润 1270 万美元，净利润 1460 万美元	2011 年博纳在国内共发行 15 部电影，票房 12.6 亿元，在国内总票房（131.15 亿元）的市场份额为 9.6%
优酷土豆	2012 年第三季度财务报告，集团三季度净收入达 5.022 亿元人民币，较 2011 年同期增长 84%，超出预期	优酷土豆合并后，版权采购规模行业最大，版权总量行业第一，UGC（用户自制内容上传）方面覆盖近 100% 市场

（三）北京影视企业上市环境存在的问题

1. 国有广电媒体控股的影视企业势单力薄

首都北京具有得天独厚的广电媒体资源优势，中央电视台、中国教育电视台、中央人民广播电台、中国国际广播电台、北京电视台、北京人民广播电台、中国电影集团、中央新影集团、八一电影制片厂等分属中央、地方和部队的影视单位星罗棋布。但这 9 家单位中仅有中央电视台和北京广播电台 2 家拥有影视上市公司，其中中视传媒不在本地注册，歌华有线受区域壁垒严重束缚，市场表现平平。

这种状况与北京国有媒体的实力和资源禀赋很不相称，也造成了在北京的国有广电媒体在跨媒体和跨业、跨市场经营上心有余而力不足。反观湖南电广传媒，依托上市很快形成资本优势和平台优势，整合湖南广电集团旗下的优势资源，仅股权投资项目就超过 70 个，是传媒“湘军”的领军企业。上海东方明珠、深圳天威视讯、湖北楚天数字等众多由当地国有广电媒体控股的影视上市企业在市场上也纵横捭阖，成果斐然。

2. 境内上市的影视企业数量偏少

中国大陆、中国香港、英国、美国、新加坡和日本是可供国内影视企业选择上市的 6 个地区。不同的上市地在行业认同、行业盈利率、上市费用和准入门槛等方面各有差异，具体情况如下：

表 4　上市地点差异一览表

对比项目	中国大陆	中国香港	英国	美国	新加坡	日本
基金数量	多	多	多	多	一般	多
监管力度	最强	强	极强	极强	强	强
对企业的品牌号召力	一般	强	强	极强	一般	一般
变现能力	强	强	强	最强	强	强
媒体推介力度	强	强	一般	一般	一般	一般
对策略基金的吸引	好	好	好	好	好	好
股价上行空间	大	一般	一般	较大	一般	一般
对大陆企业欢迎的程度	好	好	较好	较好	较好	一般
受中国内地政策的影响	强	强	一般	一般	一般	一般
准入门槛	最高	较高	较高	较高	较低	较高
上市费用	一般	较高	较高	较高	较低	较高

通过比较分析，课题组认为，企业在内地上市具有发行风险低、融资额高、发行成本低、广告宣传力度强、文化沟通成本低等优势。因此，北京影视企业应争取在内地上市。此外，相对美国、中国香港等地区，国内文化消费的开发潜力巨大，国内投资者也普遍看好影视企业股，因此国内传媒股的市盈率普遍高于境外股市。美国股市中传媒板块的平均市盈率为 15 倍，香港股市中传媒板块的平均盈利率不到 10 倍，而国内 A 股大多超过 30 倍。

影视企业会选择在美国或者中国香港上市的主要原因，是境外上市的准入门槛较低，对于民营企业来说尤其如此。大部分政府文化发展基金偏向国有广电集团，民营企业始终得不到公民待遇，收益很少。即使对于拥有广电单位背景的企业，也有不少因为政策限制而选择在国外上市。2010年是民营影视企业上市的高峰，当年上市的3家北京影视企业中有两家都选择了在美股上市。北青传媒正是因为政策审核原因而放弃A股，而选择在港股上市，新华文轩的上市地也选择在香港。

3. 部分影视巨头“墙内开花墙外香”

华谊兄弟是目前当之无愧的民营影视巨头，在全国影视企业排行榜中位列第三，仅次于传统巨头中影集团和上影集团。华谊兄弟上市之后，投资1.2亿元拍摄的《唐山大地震》票房高达6.5亿元。仅此一笔就为华谊兄弟带来了7700万的净利润。不少机构认为，华谊兄弟的股票因其电影制作方面的优势，将长期享受估值溢价。2010年，华谊兄弟的营业额约10亿元，在北京公司名下的却只有3亿元左右。虽然华谊80%的员工都在北京工作，但由于其母公司在浙江横店注册，所以浙江是华谊的主要纳税地。中央电视台控股的中视传媒也是一家“注册在别处”的公司，虽然中央电视台控股比例高达57.17%，中视传媒却注册于上海浦东。

北京地区具有上市潜力的影视企业中不少也属于这类情形。2010年海润影视全年销售收入将近3亿元，在北京名下的销售额只有20%～23%，但是其剧本的创意、编剧、制作，导演、演员、拍摄和后期制作队伍的组建，依靠的都是北京的人才和智力资源。慈文影视2010年营业额2.5亿元，在北京名下的销售额只占10%。

这些在北京成长起来的影视企业，为享受外省市的优惠政策，通过在外地注册公司等方式，将立项和销售环节放在外地进行，创作和制作工作留在北京。这无形中造成了北京地区大量生产项目和文化资源的外流，甚至可以说“吃北京的饭，干自己的活，纳外地的税”。关于其中原因，北京市政协委员、导演郑晓龙在2012年北京市“两会”发言中曾说：“北京影视企业上市非常难，和浙江比，北京的政策支持太少。北京的文化产业非常发达，但除了北京市宣传管理部门支持外，政府的其他部门并不怎么关注，也没有提供相应的优惠政策。北京的很多名作家如刘恒、邹静之，名导演如孟京辉都在杭州建个人工作室，因为当地有优惠的土地政策。北京市要把文化创意产业当产业来看，不能光靠宣传部门支持。”

四、关于促进北京影视企业上市的政策建议

北京已有多家影视企业上市，上市的后备力量依然充足。国有广电媒体集团军依然庞大，中国电影集团正在谋求上市，广播产业上市仍是一片处女地，中央电视台、北京电视台依然拥有可上市的资产。民营影视企业对资本市场早已摩拳擦掌、跃跃欲试。小马奔腾收购数字王国，为上市之路铺下一块新砖。海润影视、慈文影视、大唐辉煌、北京新影联和金英马等民营企业也在不断调整，为上市作准备。

保持已上市影视公司的既有优势，推动有潜力的影视公司尽快上市，不仅需要影视公司自己的努力，更需要地方政策的大力支持。

（一）打破行业区域壁垒，实现影视企业跨越式发展

我国广电企业布局具有很强的区域性，这在全国普及广播电视时期发挥了重要作用，但面对市场经济，容易导致恶性竞争和资源浪费的劣势就凸显出来，严重束缚了广电企业的手脚。北京地区应率先鼓励广电企业走出去，不仅要内部并购与合作，更要实现跨媒体、跨平台、跨行业的资源整合，如广电企业与报刊行业、广电企业与新媒体、广电企业与电信企业、广电企业与文化产业等。伴随新一轮文化体制改革的纵深发展，传媒企业跨区域并购合作的步伐明显加快，如湖南广电与青海电视台进行跨区域深度合作，使湖南广电手中拥有三张上星牌照，令其他广电企业望尘莫及。2010 年 8 月，南方广播影视传媒集团与南方报业传媒集团签订协议，双方将充分发挥各自的优势和特色，向着优化电子媒体与平面媒体组合、加强传媒业务协调、构筑区域媒体发展的著名品牌、探索新闻、经营、大型活动和新媒体项目合作等多个方面，进行全方位合作。2012 年 8 月，南方周末报制作的《南方周末 60 分钟》等一系列高清电视节目陆续播出。北京的广播影视媒体至今没有一家和业外机构有实质性的合作。事实上，2004 年上市的北青传媒，至今仍有近 4 亿募集资金找不到出路。按当初的募集资金用途规划，这些资金主要用于发展电视业务，但因平面媒体和广电业间的政策障碍，这部分资金一直闲置。

从整个传媒业的发展趋势来看，媒介融合是全世界不可阻挡的潮流。

为应对新传媒生态的挑战，影视企业的主管部门应着力打破限制跨媒体、跨行业、跨区域、跨所有制、跨行政级别发展的各种政策壁垒，鼓励有条件的影视企业借力资本市场，进行全方位的资源重组，早日打造成为在国内外有影响力的现代影视传媒集团。

（二）落实金融配套，加大财税支持力度

北京按照国家确定的税率，对文化企业征收 5.6% 的营业税和 25% 的企业所得税。即使是税收优惠力度较大的怀柔区，营业税的返还比例也只有 20%，实际税率为 4.48%；所得税返还 12%，实际税率为 22%。虽然我市规定“在中关村科技园区内新办文化创意企业，被认定为高新技术企业的，企业所得税自获利年度起两年内免征，两年后按 15% 税率征收”，但目前极少有广播影视企业被认定为符合这一政策要求。

放眼全国，外省的营业税返还比例一般都在 30%—80%，实际税率最低的只有 1.2%；企业所得税返还比例一般在 20%—30%，最低的只有 17%。例如浙江省企业所得税返回比例为 25%，而北京仅返还 15%。这还不包括贷款贴息、项目补贴、土地使用等方面的优惠。以补贴为例，华谊兄弟 2012 年 1—10 月份受到浙江省政府补贴 3880 万元，而光线在同样的条件下只得到北京政府的几百万补贴，政策差距这么大，北京怎么可能留得住优质文化企业？

北京市企业密度大，土地资源紧张，对影视企业在税收和土地上的支持有限。但北京市拥有全国得天独厚的金融资源，位于西城区的金融街汇聚了众多国有银行总部、地方商业银行、外资银行和券商入驻。金融资源是一种无形资源，只要调控得当，可谓“取之不尽，用之不竭”。影视企业“轻资产”的特征使其在申请银行贷款时没有可抵押的大宗固定资产，而影视投资蕴含的高风险要求资本回报远高于市场平均水平。影视企业发展迫切需要当地金融政策的大力支持。因此，我们建议北京市有关部门授权影视企业管理部门联合金融管理部门，成立北京市影视企业发展基金，为北京市大型影视企业提供更宽口径的融资渠道，为中小型影视企业提供小额融资担保与支持，抵消北京影视企业在税收和土地上的高额支出。目前，北京已经设立了一批影视企业发展支持基金，如 2010 年由北京市广播电影电视局与北京银行合作建立的 3 年授信额度 100 亿元的专业性融资平

台，但相比北京市庞大的影视企业数量，专业性基金的数量不够，融资渠道还不够便利。

（三）利用三大杠杆，激活北京影视人才优势

1. 活用股权杠杆

股权激励是上市公司吸引人才、留住人才的重要方式之一。在民营上市影视企业中，股权激励早已是普遍使用的高管团队薪资制度。但在由广电媒体设立的上市影视企业中，依然罕有企业真正建立或实行了这一机制。

2006 年 9 月，国资委印发了《国有控股上市公司实施股权激励试行办法》，强调实施股权激励应根据“规范起步、循序渐进、总结完善、逐步到位”的原则。该办法破除了国内上市公司推行股权激励的基础性障碍。但从 2008 年 5 月起，证监会连发《股权激励有关事项备忘录 1 号》和《股权激励有关事项备忘录 2 号》，股权激励政策再度缩紧。

目前，国有上市公司实施股权激励仍然面临资本市场不规范、内部法人治理结构不健全、外部监督约束机制不到位等问题。严酷的现实面前，更需要政府管理部门“以帮代管”，尽早出台传媒企业股权激励指导意见，允许给企业高管一定比例的股权激励，员工也可以以现金和技术入股。通过与企业利益捆绑，充分激发广大员工的积极性和创造性，为企业改制上市、做强做大提供持续动力。

2. 善用高校杠杆

影视企业不缺内容创作类人才，金融市场也不缺资本操盘手。但当影视企业与金融市场对接时，既懂传媒规律又拥有金融知识的人才凤毛麟角。复合型人才的稀缺给专业教育带来新的课题，也带来新的机遇，更推动了影视行业产学研一体化进程的加快。

北京市内高校林立，既有综合性的北京大学、中国人民大学、北京师范大学，又有专业性的中国传媒大学、北京电影学院，以及中央财经大学、对外经济贸易大学等，各类人才齐备。因此，北京的影视行业应当放弃自娱自乐的思维模式，与高校尽早对接，把北京的高校变成产业发展的人才库、智囊团和实验室，变成北京市影视企业上市人才和各种专业人才、复合型人才的培训基地。

3. 巧用户籍杠杆

自2008年北京市开始推行严格的落户政策以来，北京户籍已经是一种稀缺资源。从2008年到2012年，北京市人事局每年仅有一万个左右的进京指标。这些指标显然不能满足北京市对各种专业人才的落户需求。于是，北京市人事局为了留住高科技人才，又推行了工作居住证制度，俗称“北京绿卡”。但是，无论是户口指标，还是“北京绿卡”，传统广电企业能够得到的指标数量都很少，而且在逐步缩减，落到民营影视企业手上的指标几乎等于零。因为，按照北京市现行的工作居住证制度，影视企业不属于高科技企业，不在发放工作居住证的行业范围之内。影视企业手中既没有充足的落户指标，也没有申办工作居住证的资格，在招聘需要的人才方面自然就没有吸引力了。

事实上，影视产业是国际公认的高科技、重装备的人才与资金密集型行业。在以影视产业为代表的文化产业已经被中央列为下一阶段社会发展的战略产业的大背景下，北京市有关部门理应将影视企业与其他科技类企业一视同仁，为北京市获得急需的影视人才创造有利的条件。

（四）优化影视企业结构，发展创作类和发行类影视企业

虽然北京建设全国影视企业上市中心需要一定数量的规模企业，但并不能对所有的上市影视企业都来者不拒。北京已经是世界著名的国际化大都市，是资本密集型、人才密集型和交通密集型城市。但在北京设立上市影视公司也面临人口密度大、行业竞争激烈、土地使用成本高等问题。因此，作为北京影视上市企业的主管部门，应分类制定影视上市企业的扶持计划和引入计划。

目前国内影视企业的主营业务包括影视剧制作、节目制作、有线网络运营、艺人经纪、电视剧与节目发行、影视基地运营、广告投放和演艺服务。其中，影视基地占地面积大，单位面积资本回报率低，不适合在土地资源稀缺的北京地区发展。相反，影视剧创作与后期处理、艺人经纪和广告服务是发挥北京人才优势的好平台。因此，扶持政策应区别对待影视基地运营类上市公司和影视剧制作发行公司，优化北京影视企业结构和资源结构，充分利用北京的优势资源。

另外，尤其重要的是，扶持政策应该对国企、民企一视同仁。如果仅

仅将政策倾向于国企，那么仍然无法留住民间资本，这样的市场也将变成一个畸形的市场，无法真正有效调动行业的发展活力。

（五）加强版权保护执法力度，保护企业知识产权成果

影视企业的产品是一种文化产品，是创作者智力成果的凝结。易于复制是文化产品的突出特征，盗版影视作品侵权的成本极低，却能造成巨大的损失。因此，文化产品的知识产权保护是保障影视企业利益的重要一环。2012 年暑期，华谊兄弟电影《画皮Ⅱ》收获过 7 亿票房，但上映后不久便有盗版在网络上流传。最新统计显示，已发现 2000 余条《画皮Ⅱ》盗版视频链接，每条播放过万，根据最低票价估算市场损失约 6.6 亿元。

影视作品市场目前主要的知识产权保护问题包括：互联网环境下影视作品的保护与合理使用的界限，影视作品的保护期限短，作品侵权的赔偿额度小等问题。影视作品的知识产权保护涉及立法和执法两个层面。2012 年新修订的《著作权法》完成了今后一段时间我国版权保护的顶层设计，地方工商行政管理局、知识产权局、文化局、广播电视局需要认真落实《著作权法》的保护要求，制定符合北京市影视企业发展特点的执法细则，严厉打击盗版行为，尤其是网络视频盗版、盗链。盗链是盗版行为在网络时代的变形。《叶问 2》吸金过亿元，却因为网络非法盗链下载，票房损失达千万。盗链行为成为网络视频行业的首害，《著作权法》中规定了互联网非法链接的侵权责任。乐视网、优酷土豆、酷 6 网三大网络视频行业巨头聚首北京，市文化、广电、工商等部门需要在《著作权法》的基础上专门针对盗链行为制定认定细则、审查程序和惩处措施。

北京广播影视发展研究
文集
（2012年）上册
广播篇

台网融合背景下的广播节目评估体系创新研究

汪　良　许秀玲　王春美　崔海丰

台网融合背景下的广播节目评估体系建构基于广播节目与网络融合的不同角度与层次。“网络影响力”是衡量广播节目网络传播效果的总体指标，根据不同的维度，共测量网络视听、网络互动、网络评价、网络创收4方面的情况。网络视听情况主要体现广播节目的网络传播力，具体量化指标是网络视听率。网络互动主要测量网友参与节目的活跃程度，根据节目载体的不同可以具体为不同的量化指标，最主要的是发帖数、浏览量、回复数。网络评价情况通过对网民意见与观点的统计和量化，测量网民对节目的态度倾向，主要包括正面、负面、中立3个角度；网络创收情况体现广播节目通过网络传播创造的经济价值。这几个层面的主体指标和细化指标之间不是孤立的，而是共同联系、彼此交叉，共同勾勒广播节目在网络世界中的传播力和影响力。

一、节目网络影响评估定位

在台网融合的背景下探讨广播节目评估源自客观和主观的迫切需求，顺应广播发展的需要。根本目的主要有二：一是在新的传播环境中，重新审视衡量广播节目的传播效果，站在更为科学客观的立场，对既有的传统节目评估体系做必要的补充修订，以适应转变了的节目传播方式和方法；二是在传统媒体与网络融合的大潮中，通过在评估环节加入网络考核因子，切实促进广播与网络融合的力度，促进和鼓励创新，为适应未来媒体发展的趋势做充足准备。改进节目评估，完善广播工作流程，一方面将有力促进采编播人员增强新媒体、全媒体的意识，加强相关技能的学习，站在全新的角度设计和策划节目，另一方面将全面提升广播管理水平，激发管理人员从台、网两大角度考虑问题，促进广播频率、广播网站的共同发展。

（一）评估对象

该考核体系主要评估广播节目在网络渠道中的传播及影响情况。为了具体地描绘这一体系，本研究提出广播节目的“网络影响力”这一概念。网络影响力是指广播节目通过网络传播形成受众认可、提升节目品牌价值进而塑造广播影响的能力，是节目在网络上的传播效果、社会影响以及经济效益的统称。

（二）评估范畴

广播节目一切载体在所有网络平台上的所有传播行为，包括采编播人员的主动传播、网友的口碑传播以及多种形式的二次传播等。

（三）评估方式

定性与定量。在注重数量统计的基础上，展开更全面的受众意见数据收集、整理、计算，采取多方位的交叉视角，设计细化的、多维的指标，运用内容分析和文本分析等方法，对受众反馈进行深层次解读，将传统数量评估拓展为定性与定量相结合的深度分析。

（四）考核周期

每月考评一次，每半年和一年进行年度考评。另外可根据不同时期需要分别开展季度考核等。

二、评估层面及指标设计

（一）广播节目与网络的融合层面

考评广播节目的网络影响力，需要对节目与网络融合的各个层面进行逐一分解，遍观节目在网络环境中的立体境态。总体来说，根据广播与网络的融合，广播节目在网络上的传播集中表现在以下几个层面。

一是实现网上视听。在收听方面，在线实时收听与点播回放收听是两种主要方式，目前国内大多数电台已实现所有节目的在线收听，部分实现点播收听，实现网上收听是广播节目网络利用最为充分的一种表现形式。北京广播网的在线收听和回放收听功能已经比较完善，所有频率、所有节目均可实时网上收听，而所有节目可以点击回放收听过去 3 个月的音频。收视方面，是针对部分音视频共做的广播节目而言。很多电台都在积极开发视频服务，北京电台已推出视频直播和视频回放两项功能，2010 年的音视频共做节目有 21 个。

二是充分利用网络互动工具，实现与网友的交流互动，最有代表性的 3 种类型：① 节目博客、论坛的使用。论坛是台网互动中最广泛、效果最显著的手段。它不仅是主持人与受众交流的桥梁，也可在节目、话题、活动的引导下成为受众与受众之间沟通的园地。博客也是广播网站适应台网互动需要创建的板块。主持人、编辑、记者可以通过创建博客，向听众、网友展示节目之外的更多信息，拉近与听众的距离。相对论坛而言，博客的展示性更强。② 即时通信、直播互动，如直播聊天室、即时聊天工具的使用。2009 年，北京电台的知名品牌节目《一路畅通》《小 DJ 大不同》等相继开通聊天室功能，在节目直播过程中与网友进行互动，丰富了形式，改变了以往的手机短信互动的单一模式。也有一些年轻主持人利用即时通信工具与网友进行直播互动。③ 网络圈子，延展性互动。节目利用新型网络工具，通过网络社区和网络圈子与听众建立起广泛联系，延伸节目在网络上的影响力，如贴吧、QQ 群、开心网等。

网络互动一方面实现交流，另一方面引发网友对节目的评论，由此产生广播节目与网络融合的第三个层面：网民通过网络发表对节目的评价，形成网络舆论。

三是节目利用网络进行营销推广。除了积极利用电台自身的网站，广播节目还广泛拓展与社会网站的合作，集中表现在 3 个方面：一是节目资源合作，二是品牌宣传，三是听众互动。目前来看，节目与商业网站的合作更多地体现在共做节目上，一方面有专业资源的共享，另一方面可以邀请网站编辑担任嘉宾主持，另外可以发起互动。节目与社会网站的合作更具体、更专业，双方往往在某一领域有共同的关注。

（二）指标设计

根据节目与网络融合的方式，网络影响力主要有 4 个维度体现：网络视听、网络互动、网络评价、网络创收，通过对这 4 方面情况的考察基本能够建构广播节目网络影响力的评估体系。由于不同维度的针对性有所不同，在指标选择上也将有所差异。广播节目网络影响力评估体系如图所示。

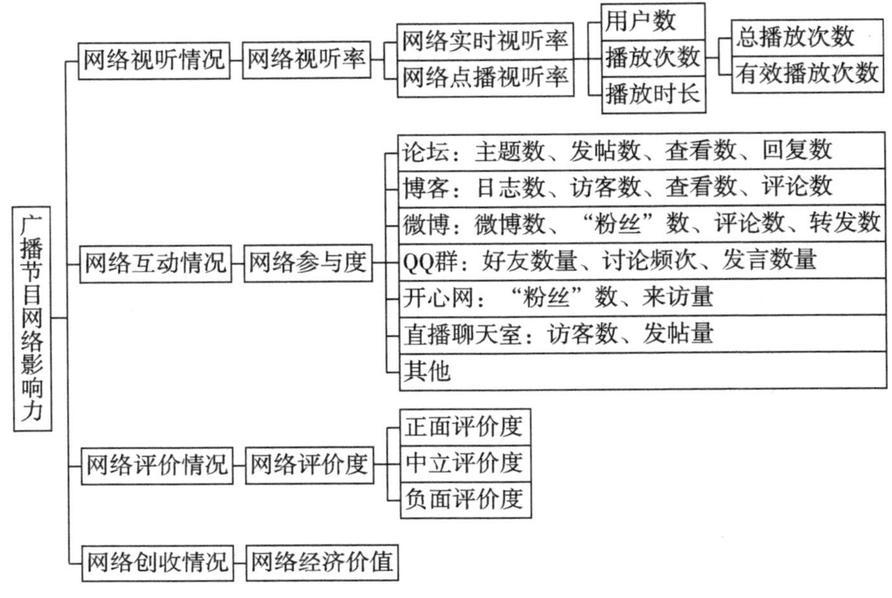

广播节目网络影响力评估体系

1. 网络视听情况——网络视听率

网络视听率是指广播节目在网络上被点击收听（或收看）的有效次数，反映网民的主动收听（或收看）行为，是节目网络传播力的体现。根据收听收看方式的不同，具体又可分为网络实时视听率和网络点播视听率。

体现广播节目网络视听率的具体指标主要有用户数、播放次数、播放时长3个指标，其中播放次数又包括总播放次数和有效播放次数。

用户数指规定时间内点击同一页面收听广播节目的访客数，反映收听节目的独立用户数量。播放时长指的是独立用户在音视频播放页面停留的时间。有效播放次数指的是独立用户在音视频播放页面停留时间达到一定时间以上（如3分钟），其操作被视为一次有效收听，反映单一用户收听节目的次数。总播放次数指的是所有访客所有播放次数的累加。

在这几个指标定义的基础上，在计算某个节目的网络视听率时，我们认为以节目的有效播放次数占全台所有节目有效播放次数总和的比重较为科学。

2. 网络互动情况——网民参与度

即网民关注节目版区、参与节目讨论、转发话题、引发互动的程度，反映节目在网络中的传播深度。根据不同的互动工具，可以设计不同的行为评估指标。

（1）以论坛为例：

主题数：论坛上发起主题的数量，某种程度上体现论坛主题内容的丰富性。

发帖数：论坛上跟帖和回帖的数量，某种程度上反映网民使用论坛的积极性，体现论坛的活跃程度。

查看数：论坛中每个主题被网友点击查看的次数，某种程度上体现每个主题引发关注的程度。

回复数：论坛每个主题被网友回复的次数，某种程度上体现每个主题引发讨论的热度。

（2）以博客为例：

日志数：特定时间内节目博客更新的数量，反映节目博客内容更新的频次。

访客数：特定时间内节目博客被网友访问的数量，反映博客受网友关注的程度。

查看数：指节目博客中特定主题的日志被网友查看的次数，反映日志受网友关注的程度。

评论数：指节目博客中特定主题的日志被网友查看后发表评论的数量，体现网友对日志内容的意见、感想。

（3）以微博为例：

微博数：节目微博在特定时段内更新内容的数量，反映节目微博更新的频次。

“粉丝”数：加为节目微博“粉丝”的网友数量，某种程度上反映节目微博受多少网友关注。

评论数：节目微博中特定内容被网友查看后并发表的意见的数量，是网友对节目微博内容的评论和感想。

转发数：节目微博被网友关注并转发的数量，反映节目微博内容受网友关注的程度，是节目二次传播的体现。

（4）以QQ群为例：

好友数量：一个节目QQ群组中被管理员加为“好友”的网民数量。

讨论频次：特定时间段内某节目QQ群内网友发起讨论的次数，反映QQ群的活跃程度。

发言数量：节目QQ群每次发起讨论后网友留言的数量。

（5）以开心网为例：

“粉丝”数：开心网上申请加为节目“粉丝”的网友数量，反映节目在开心网上的人气。

来访量：开心网上网民主动登录节目页面的数量。

（6）以直播聊天室为例：

访客数：节目直播过程中登录聊天室的网民数量，参与讨论发表留言的为发言访客数。

发帖量：节目直播过程中网友参与节目话题讨论的留言数量，体现节目直播过程中网民参与互动的活跃程度。

一般而言，一个广播节目的上述行为指标与网络影响力之间为正向相关，如论坛主题数、发帖量越多，查看数越大，回复数越高，其网络影响力越大。

3. 网络评价情况——网络评价度

广播与网络融合后，网民对广播节目的意见和观点可以在网络平台上集中表达出来，通过对网民意见与观点的统计和量化，以此评估广播节目的网络影响力，可以弥补传统收听率调查在受众态度评估考量上的不足。

广播节目的网络评价情况即网民通过网络发表的广播节目的评价、看法、建议，通过对这些主观意见的收集、整理、量化，评判节目在网络中的影响力，主要包括正面、中立、负面3个角度。与网络互动情况不同，前者反映网民参与广播节目网络互动的热度，是网民介入节目网络传播流程的主动意识和行为体现，表明节目的网络人气；网络评价则是在此过程中网民流露出来的主观倾向，是网民对节目的主观意见集合。

网络评价度是对网络媒体及网民意见和态度倾向的综合考量，通过对媒体及网民的关注话题、意见倾向两个层次的分类，呈现广播节目在网络上的总体评价状况。话题的评价度由相关话题的媒体和网民态度倾向综合计算得出，包括媒体的新闻发布，网民发布主帖、博客以及相关的网民回复，包含正面、中立、负面的3种态度倾向。

正面评价度：收集网民对节目或相关载体（如主持人、话题等）表达了赞赏、喜爱等正面积极的态度倾向的留言、帖子、话题等，通过数理运算计算出正面态度在网民所有态度中的比例数值。

中立评价度：网民在发表意见时未对节目本身做正面表扬或负面批评，只是表达了一种客观中立的立场，通过数理运算计算出这种态度在网民所有态度中的比例数值。

负面评价度：收集网民对节目或相关载体（如主持人、话题等）表达了批评、不满等态度倾向的留言、帖子、话题等，通过数理运算计算出负面态度在网民所有态度中的比例数值。

评估广播节目的网络评价情况需要使用文本分析和内容分析方法，通过对网民讨论内容的分析实现对网民态度和观点的甄别分析，再通过数理换算转化为一定的指数。

4．网络创收情况——网络经济价值

广播节目通过网络传播创造的经济价值，如广告投放、活动创收等。如节目因极具吸引力而被更多网民点击收听，拉动网络视听率的提升，从而吸引网络广告的投放；或某节目论坛因聚拢特定听众受到部分广告主的青睐，如孕婴节目论坛因会集年轻妈妈或准妈妈群体，从而吸引奶粉等婴幼儿产品广告商冠名论坛或赞助网友活动等。

目前由于广播网站营销整体环境尚不成熟，单一广播节目实现网络创收的案例并不多见。但是，随着网络媒体资源的不断开发，部分节目有能力通过吸引特定网民，形成高黏度的用户群，从而吸引企业的关注，节目的网络经济价值也将由此实现。

三、数据来源及支撑

广播与网络的融合有两个维度体现：一是自发办网，大力发展广播网站；二是向外借力，寻求与其他社会网络媒体的合作。鉴于两种用网方式的存在，广播节目在使用网络资源时也存在内网、外网两种区别，因而在评判广播节目的网络影响力时自然涉及广播网站和社会网站两类媒体，相关评估数据资料也存在两大渠道的区别。

（一）广播网站数据支撑

获取网站访问统计资料通常有两种方法：一种是通过在自己的网站服务器端安装统计分析软件来进行网站流量监测；另一种是采用第三方提供的网站流量分析服务。两种方法各有利弊，采用第一种方法可以方便地获得详细的网站统计信息，并且除了访问统计软件的费用之外无须其他直接的费用，但由于这些资料在自己的服务器上，因此在向第三方提供有关数据时缺乏说服力；第二种方法则正好具有这种优势，但通常要为这种服务付费，虽然也有一些免费网站流量统计服务，但在功能方面会有一定的限制。

目前，很多广播电台的网络部门通过自主研发软件、使用免费统计软件或者购买第三方公司数据的方式来监测自身网站数据。由于目前互联网存在大量的评估指标，而且多数指标的测量方法与解读未形成业界公认的标准方法，所以一些电台往往购买多家公司的数据，不同来源的数据共同比对参考，全面衡量网站发展。

作为传统媒体网站，通常使用的数据有网站排名、网站流量、用户行为分析等。其中网站排名通常使用ALEXA，定时关注在媒体新闻网站中的排名升降，掌握网站的排名走向，该数据体系主要针对整体广播网站，对于具体的节目评估只具有基数参考的价值。网站流量是指网站的访问量，用以描述访问一个网站的用户数量以及用户所浏览的网页数量等指标。用户行为指标主要反映用户是如何来到网站的、在网站上停留了多长时间、访问了哪些页面等，主要的统计指标包括用户在网站的停留时间、用户来源网站、用户所使用的搜索引擎及其关键词、在不同时段的用户访问量情况等。网站流量和用户行为指标相结合通常能体现网站不同版区的具体统计数据，如节目直播和点播的用户数、点击数等，这为了解广播节目在广播网站上的收听收看以及互动情况提供了基础数据来源。

另外，广播网站为了更细致地了解网民特征，会委托专业公司进行专项调查，例如网络听众的收听行为调查，在进行年度节目评估时，也可组织此类调查，以较为准确地反映节目的网络影响力情况。

（二）社会网站数据支撑

互联网上存在着数以千万计的各类信息发布网站，如果对全网信息进行监测和数据抓取，既缺乏效率又难以实施。另外，互联网信息存在高度集中的特点，大多数网民的注意力往往集中在少数重要网站上，所以针对广播节目利用社会网站进行网络传播的效果统计需要一定的方法设计。

首先应该对节目使用社会网站进行网络传播的情况进行一次全面的摸底调查，了解广播节目在使用社会网络资源方面的倾向性、使用方式、效果反馈等多方面的基本信息；在此基础上，通过专家、管理层、民意调查等方式确定广播节目网络影响力社会网站样本框，尽量选取有高度代表性、可信可用、可量化、可比较的网站，类型要丰富，范围要全面。

实际上，在前两年课题研究过程中，我们发现广播节目在使用社会网站时存在一定规律，如看重对方在节目涉及领域的专业性、传播力、影响力，关注网站特色与自身需要的匹配度、对方的信誉、成长性，等等。相对而言，当前广播节目使用较多的社会网站主要集中在两大类：一是门户网站，以新浪、搜狐、网易、腾讯为代表，这些网站是商业网络的领头羊，其用户基数和点击量庞大，在本研究统计的案例中，大多数电台选择与这些网站合作。二是社交网站，自 2008 年开心网和 2009 年微博上线以来，众多广播媒体和节目纷纷进驻，与网友开展实时的互动。

挑选有代表性的社会网站组成样本库后，通过与社会调查公司合作或与社会网站协商的方式，获取节目网络影响力的相关基础数据，如节目的新浪微博数据、百度贴吧数据等。

四、网络影响力评估体系的适用性

（一）广播节目网络影响力评估体系的适用范围

该节目体系适用于广播节目与网络融合的所有情形。从主体来看，涵盖广播节目及其所有载体，如主持人、话题等一切代表元素；从客体来看，包括广播网站和社会网站等所有网络资源。如此界定，是为了科学、全面地评估广播节目在网络上的所有传播行为及传播影响。由于业内目前还处在广播节目网络传播测评的探索阶段，本研究本着基础性、奠基性的原则，尽可能将广播节目的所有网上传播层面解剖全面，并纳入到评估体系中。这将使评估规则和指标的确定变得复杂，在资料获取、数据甄别、数理计算等具体环节也将面临一系列问题，但本文主旨不在于提供一套标准化的指标体系，也不在于给出相关指标的具体测算方法，而是基于台网融合的背景，提供一种科学考评广播节目的思考方向和框架模型。因此，本文给出的网络影响力评估体系更多停留在理论探讨的层次，具体的体系构建和普及有待更多电台的实践探索和具体应用。

（二）与传统评估系统的关系

广播节目网络影响力评估体系与传统评估系统的关系存在 3 种可能：

一是网络影响力与传统收听考核指标加权糅合，制定台网融合背景下的广播节目综合评估考核办法。

二是网络影响力与传统收听考核指标各自独立，网络部分单独奖罚。

三是维持现状，仅将网络影响力作为参考，不作为考核分支。

第一种方案的指导思想是适应媒体发展的形势需要，将广播节目不同传播渠道的传播效力统一考虑，完全糅合，与以收听率为主的传统考核体系通过一定的指数换算，网络影响力和收听率、专家考评等各占一定比重，来综合考量广播节目。这一方案带有探索性的创新，前提是广播节目与网络的融合已经比较普遍且充分，且网络影响力体系相对完善，获得较强可信度和认可度。目前，该方案碰到的核心问题：若将广播节目的网络影响力指标与传统考核体系加权糅合，各自比重如何确立，怎么把两个完全不同的指标在不损失数据表现力的前提下换算组合，操作性如何保证，能否向被考核人员解释清楚等。以与收听率指标的结合为例，收听率使用的是抽样调查方法，数据更多是推及而来；而网络视听数据是软件即时记录，实实在在，不存在推及的情况，调查方法上的差异为两类数据的结合提出了挑战，是否具备逻辑和统计学上的合理性值得考虑。因此，本研究认为，在目前台网融合尚未完全、充分的情况下，网络影响力评估尚未自成系统的前提下，将其与传统评估考核指标通过加权糅合的方式组合在一起考评广播节目的时机尚不成熟。

第三种方案趋于保守，对当下广播节目借助网络扩大影响、吸引受众的行为不具有实质性的鼓励作用，也不适应台网融合向深度发展的大趋势，是本研究所不提倡的。

第二种方案的主旨思想是立足广播传统媒体属性，结合台网融合现状与趋势，在坚守舆论阵地、以传统考核为主的前提下，增加广播节目的网络影响力体系，与传统考核系统下的各个分系统互不交叉，各自评价。其具体的操作方法是保持传统评估的优先性和独立性，总台和系列台按照当前的评估办法继续原来的节目考核，并以此为依据对节目进行奖罚；在此前提下，结合本台节目与网络融合的实际情况，出台一套切实可行的“节目网络影响力考核办法”，将节目的网络传播单独进行考核奖罚。此举可能带来电台节目考核开支的增大，但从长远来看，有利于节目的创新性发展，是值得的。

（三）适用性：不同频率和节目的区别

由于不同频率和节目的用网方式和程度不一，在制定考核标准时应体现差异性。如舆论宣传任务较重的新闻台与以娱乐文艺节目为主的音乐台、文艺台，由于目标受众具有明显的区隔性，前者传统听众和中老年听众偏多，后者网民听众和中青年听众较多；又如由于节目类型和定位的不同，有的节目针对青年听众，在网上的关注会更多，有些节目主要是老年听众，网上关注相对较少，这些实际问题的存在应该在制订广播节目网络影响力考核方案时给予充分考虑。应按照频率定位和节目类型的不同，制定不同的考核基准。以广播节目的点播收听评估为例，在制定赏罚区间时，对一些以年轻听众为主的音乐娱乐节目应制定较大的涨跌范围，如上升 5% 才奖励，而对一些以老年听众为主的新闻时政节目应制定较小的涨跌范围，如上升 1% 即奖励。之所以如此建议，是考虑不同类型的广播节目与网络受众和传播规律的匹配性。

五、可能出现的问题及难点

建立科学的节目考评体系对客观评价广播节目、建立公正的奖惩机制以及促进频率规范发展具有至关重要的意义。网络影响力评估体系的提出对完善现有广播节目评估、促进广播运营机制改革具有积极的推动作用。但是，由于目前广播与网络的融合存在主体的多样性、内容和形式的复杂性、传播方式的不确定性等问题，对广播节目网络影响力的考核也面临一系列难点，集中表现在以下几个方面。

（一）网络监测数据的权威性和科学性

上文提及无论是广播网站还是社会网站的广播节目网络传播数据大都需要第三方调查公司的支持，这些数据构成广播节目网络影响力考核的基础资料。但是，目前网络数据监测公司很多，技术手段多样，使用某家公司数据作为节目考核依据，是否具备足够的权威性和科学性。在传统收听率调查领域，日记卡虽然有其局限性，但已被业界公认为现阶段较为科学的收听调查方法，且调查公司集中在以索福瑞为代表的少数几家公司，业内标准较统一，无论是调查手段还是运作方式都已经比较成熟。与之不同，互联网市场调查行业目前处在鱼龙混杂的阶段，大大小小的公司非常多，数据产生过程也不相同，有的是基于用户的抽样监测，有的是基于服务器的网站代码监测；而就抽样而言，有的使用全样本监测，有的使用随机抽样或固定样本抽样；有的公司产品侧重网络营销，有的则侧重广告效果研究。在指标的确定和定义方面，不同公司的标准也不统一，甚至术语使用也不一样，如“有效播放次数”这个指标可以在页面停留 3 分钟为准，也可以 5 分钟为准，很多指标的标准确立完全是根据不同客户需求主观界定的，难以说出科学与否。

在这种情况下，选择什么样的调查公司才能保证数据采集的科学准确，并保证权威，让被考核节目和人员信服，是摆在网络影响力考核体系面前的一道难题。

（二）评估标准的确定

要建立一个科学的评估体系，所选取的指标一定要独立、有效、灵敏、可操作。一般来说指标太少，评估可能不充分；反之，如果指标太多，相互之间可能重复或交叉。本文根据广播与网络融合的层次给出了广播节目网络影响力评估的 4 个层面和相应指标，实际上相关指标的科学性和准确性还有待严格的讨论验证。尤其是不同指标的数理换算和权重确立，需要经过严格的讨论论证。而具体到每个指标，涉及评估标准的制定问题，以网络视听率为例，广播节目的点播次数达到多少为好，如何确立一个考核的基准线和刻度线，参考时限选择何时（同比、环比还是其他?）更科学，这些具体问题均有待商榷。另外，指标的量化和指数计算十分复杂，为了保证不同时间、不同类型的节目存在可比性，必须对大量文本资料进行评估修正，确保指标量化的科学性。

（三）考核对象的复杂性

广播节目在网络上的呈现有时是以节目名称为主体，有时是以主持人为主体，在网络考核时如何精准确定考核对象，既保证考核范畴不至于太窄，考核不全面，又能避免不同对象之间的重合交叉，也是一大难题。以北京电台主持人韩力与节目《开心逗豆碰》为例，韩力本人有博客，经常在博客里宣传节目、与网友互动，节目本身还有网页，另有在线收听和回放收听以及热心网友为节目开设的圈子、贴吧等，在这种情况下，如何去圈定该节目的考核范畴，是面面俱到还是以某方面为主，需要讨论。

此外，有的广播节目除了常规形态，还被剪辑成了其他的形式，如"听吧"里的短音频，这些节目形态的网络传播效果应作为原节目的网络影响力，还是单独考量，此问题也是无法回避的。

（四）如何避免网络评估的负面效应

广播节目的网络影响力评估根本目的是在新的媒体环境下综合考量传统节目的传播效果，从评估环节入手促进台网融合向纵深发展。但是，不能忽视的是，此举出台可能会带来一个伪命题或者说是悖论：节目的网络影响力考核某种程度上削弱传统收听——传统广播与网络传播的特点不一样，节目人员可能转移精力使节目更适应网民需要。这是否背离广播媒体的本意？背离新的节目考核评估体系的本意？

（五）如何避免人为数据造假

与传统的广播收听不同，网络收听、互动行为能够被实时记录，这是其先进之处，但也带来一定问题，如网络影响力一旦作为节目奖罚依据，是否会刺激人为数据造假，如虚假点击收听、论坛虚假活跃等。虽然调查公司可以通过一定的技术手段和指标限制尽量削减人为数据造假的影响，一旦奖励成本大于造假成本，依然存在不可控的因素，例如，动用人情或者雇用专业公司造假。因此，广播节目的网络影响力评估一旦出台，如何让被考核人员理性地认识该考核的意义，并通过制定合理的奖罚措施杜绝人为数据造假，也是很关键的问题。

（六）网络影响力评估的普适性

广播节目的非物质性决定了其考核的复杂性，目前广播媒体对于节目的考核就存在多主体、多标准的情况，网络影响力一旦创建也将面临纷繁复杂的实际情况，例如，上文提及的不同的频率定位和节目类型，考核的标准应有所区别，这就对网络影响力评估的普适性提出了挑战：同一个体系是否适用于全台所有节目考核？不同频率是否需要针对自身实际相应制定各自的办法？广播频率和节目的实际情况不一样，并且发展变化非常快，这就要求我们在进行节目评价时，也应遵循“相对”和“发展”的原则，无论从方法的科学性、标准的一致性、测量的准确性还是评价的公正性而言，都不可能是绝对的。对广播节目网络影响力评估体系的研究，很难达到一锤定音、毕其功于一役的效果。

总之，由于广播节目的网络传播载体数量庞大、构成复杂，自身影响力不一，如何科学合理地建立广播媒体的网站观察系统，并对各个网站加以权重厘定，具有相当难度。另外网民的网络行为具有隐匿、多变的特点，且汉语语言相对复杂，对网民个体的跟踪式监测、对有效网络信息的准确鉴别和分类，难度也很大。如何设计出一套台网融合的科学评价体系，适用于北京电台，为各频率和节目人员所接受，推而广之被行业认可，需要不断地探索。

（作者单位：北京人民广播电台）

新传媒环境下广播的困境与机遇

席伟航

近10年来，大众传媒的竞争局面日益复杂，程度日趋激烈，报纸、电视等传统媒体和互联网等新媒体对广播形成了双重挑战。虽然目前广播在新传媒环境遇到了前所未有的困境，在竞争中处于相对弱势的地位，但是广播如果能够坚持改革、不断创新，将互联网、手机等新媒体、新技术与广播有机结合，一定可以为自身发展找到新出路，赢得新机遇。

一、国内广播发展概况

改革开放初期，在电视、报纸等媒体强大的冲击下，广播一度落入生死存亡的边缘。1986年广东首创广播“珠江模式”，掀起广播改革的热潮，使广播起死回生。进入21世纪，广播影响力日益扩大，整体竞争力不断提高。

（一）生产能力不断提升，制作与播出时长稳定增长

截至2009年年底，全国（不包括港、澳、台地区）共有广播电台251座、公共广播节目2675套、付费广播39套。电台的频率覆盖面广且频率类型齐全，主要类型有新闻、交通、经济、音乐、文艺、故事、农村广播等（数据来源:《中国广播电视年鉴2010》）。

据广电总局规划财务司统计，自2005年以来我国广播节目制作时间不断增加。节目制作方面，2010年全国共制作681万小时的节目。播出方面，2010年全国公共广播节目共播出1266万小时，其中播出新闻资讯类节目253万小时、广告类节目118万小时、其他类节目191万小时。综艺益智类、专题服务类和新闻资讯类节目占据了广播节目的前3位。

（二）广播广告收入保持增长态势

根据中国广告协会的统计数据显示，从2000—2006年，我国广播广告经营额连续7年高速增长，平均增长率接近25%。2007年—2008年，广播广告经营额的增长速度放缓，进入相对稳定发展期。2009年全国广播广告收入较2008年增加了9.23亿元，同比增长12.79%，增长速度高于2007年和2008年两年。2010年全国广播广告收入96.3亿元，同比增长34%，是电视媒体增速10.8%的两倍多。综合2010年和2011年上半年各级电台广告经营情况来看，随着广播传播形式和受众结构的变化，国内广播开始步入高速发展期（见下表）。

2010年全国电台广播创收前10位排名（单位：亿元）

名称	2010年创收总额
北京	7.1
中央	5.4
广东	5.29
上海	5
江苏	4.1
天津	4.1
深圳	3.5
浙江	2.8
黑龙江	2.7
山东	2.4
陕西	2.26

（三）全面推进“频率专业化”改革，“专业化”与“特色化”并行

广播频率专业化是指广播电台根据广播市场的内在规律和广播听众的特定需求，以一个频率为单位进行内容定位划分，使节目内容和频率风格能够比较集中地满足某些特定领域的广播听众需求。频率专业化是现代广播发展的需要，也是世界范围内广播发展的趋势。

目前，我国大部分广播频率处于专业化的初期阶段，频率呼号有的以内容划分，如新闻频率、交通频率、经济频率、音乐频率等；有的以受众

划分，如针对女性听众的湖北阳光频率、黑龙江都市女性频率，针对老年人的太原电台老年频率，面向少年儿童的武汉少儿频率，以及针对农村听众的辽宁农村广播、针对农牧民的内蒙古“绿野之声”等。这些广播频率的呼号体现出对市场的细分和定位的明确。其中，新闻、交通、经济、音乐是数量最多的几种类型，从中央到地市级各家电台都具备。

除了常见的专业化频率，还有不少有特色的频率。一是内容上有地域文化特色，如陕西秦腔、湖南旅游、河南旅游、海南国际旅游岛之声、贵州旅游、天津相声广播等。二是语言有特色，除了普通话，还使用方言或民族语言甚至是外语广播，如黑龙江的朝鲜语广播，西藏人民广播电台的藏语新闻综合、康巴语频率等。

频率专业化使广播节目布局和节目形态发生了质的变化，是市场的细分化与资源的再整合。截止到目前，我国广播频率专业化改革力度加大，速度加快，新增和改造的广播专业化频率大大增加。专业化频率类别包括新闻、新闻综合、财经、经济、交通、音乐、文艺、生活、健康、体育、戏剧、城市、国际、农村、老年、少年 16 种。

（四）广播产业多方延伸

广播最早的产业化是从广告经营开始的。但是伴随社会主义市场经济体制的形成和新媒体、新技术的发展壮大，广播才真正开始在产业化发展上迈开步子。

虽然广告收入目前仍然是各电台收入的支柱性来源，但是产业化发展的布局在广播领域已经不同程度地展开，各大电台都已根据自身情况制定了明确的产业化发展思路和目标，打造面向市场的产业化发展平台。此外优先发展新媒体产业。面对新媒体的快速崛起和“三网融合”带来的挑战，传统广播开始开拓更多样的传播渠道，以互联网、手机、数字电视等为代表的新媒体产业成为各电台产业化布局的重点方向。

随着广播媒体产业化布局的不断展开和完善，未来几年，广播将在发展规模和影响力上获得较大的提升，产业化的成功经验也将为广播实现跨越式发展创造更多的契机。

二、广播当前面临的困境

虽然近些年来广播业取得了长足的发展，但是目前仍然面临着诸多的困境。

（一）广播的影响力较弱

近期有学者以媒介生态学视角分析了广播媒体的影响力。该调查（2009年国家社会科学基金项目“党的主流媒体公信力与影响力问题研究”）包含96家广播媒体，范围遍及全国。其中涵盖了全国3个行政级别，即中央、省级广播媒体和市级广播。调查结果显示，广播媒体在跨媒介的影响力比较中处于弱势地位。广播媒体的影响力均值为31.1003，与另外4种受调查的媒体类型（报纸、杂志、电视、网络）相比，处于最后一名，也就是说影响力均值最低，在整个媒体竞争格局中处于最弱势的地位。

造成广播影响力弱的原因，从外部因素来说，首先是由于目前我国的无线电频率资源受国家管控，无法根据市场进行资源的有效配置。因此，阻碍了一些广播媒体做大做强的发展道路。举例来说，假如北京电台希望新开一个频率，唯一的办法就是向总局申请报批。但一个城市上空能容纳的频率是有限的，新频率不可能无限增加。那能不能收购北京郊区现有的频率，如通州、昌平的电台来实现？不行，政策是不允许的。北京电台只能耕种自己这块地。其次，我国目前行政区划造成的条块分割同样阻碍了广播的发展壮大。跨地域经营困难重重。目前北上广地区的广播都比较发达，电台也都积累了一定的资金和人力资源。假如它们希望到一些广播不太发达的省市去办电台，同样受到诸多的限制。可行的基本上只有频率短期租赁和与当地合作办台两条路径。但是其中太多的不确定因素使得到目前为止，广播行业内仅有的几家跨地域经营的试点都没有取得成功。这也是为什么中国无法出现像美国ABC、NBC那样由几十家、上百家地方电台共同组成的广播网的原因之一。从内部因素来说，广播的本质是一个伴随性媒体。20世纪80年代中期之前，受众收听广播属于主动型专注收听。然而，随着电视的普及、互联网的兴起，听众对广播的专注消失了。据赛立信媒介调查数据显示，当前广播受众中有85%的收听习惯为伴随性收听，这说明广播是一个不折不扣的伴随性媒体。伴随意味着陪伴和随意，广播的这种特性也在一定程度上制约着广播传播力和影响力的扩大。

虽然广播媒体在跨媒介竞争中不占据优势，但这不意味着所有的广播媒体影响力值都不高，只是其中的电台发展状况参差不齐。上述同一调查在 16 个城市的 96 家广播媒体中，7 家中央级广播媒体的影响力总和为 482.81；61 家省级广播媒体影响力总和为 2144.61；28 家市级广播媒体影响力总和为 358.21。上述数据反映出目前广播媒体市场中，省级广播媒体占据着极大的市场份额，不仅在数量上占据了绝对的优势，同时在影响力表现方面让中央级广播媒体和市级广播媒体难以望其项背。

（二）受电视和新媒体冲击，受众分流严重

有调查显示，互联网和电视是人们最青睐的传媒。这两大传媒正是广播在受众争夺战中最强大的对手。电视的本质是娱乐，相比“有声无画”的广播来说，它能够给受众带来视觉和听觉上的双重感受。近年来，互联网异军突起，和手机等一起，形成了新媒体阵营。新媒体之所以盛行，从本质上讲在于它具有适合于传播信息的众多优势，例如，互联网具有高互动性，而手机具有便携性，等等。电视和新媒体的共同夹击造成了广播受众的大量分流。

（三）广告总体投放规模较小

虽然 2010 年广播电台的广告投放量比上年增长 41.4%，但投放总额不到 100 亿元人民币，在五大传统媒体中排名最后，甚至不及杂志、户外广告的投放额，和互联网 356 亿元人民币、电视 4500 亿元人民币的广告收入更是不可同日而语（资料来源：《2010 中国广告市场和媒体研究报告》）。广播电台做大做强的目标依然任重道远。

（四）同质化竞争现象严重

综观我国广播电台，节目内容、操作手段以及运营方式的同质化，导致了几乎雷同的节目，相似的主持方式、低劣的娱乐节目，让听众无可选择、无从辨别、无心参与。甚至为了争夺广告商，电台竞相压低广告价格，导致广告泛滥，内容繁杂，影响了听众的收听效果。

由于目前我国实行的是“四级办广播”的方针，即中央、省、地、县 4 级都开办有广播电台。这一方针当时有其积极的意义，但是其负面后果

也是相当严重的。那就是大量的重复制作、重复播出、重复覆盖导致了重复投入，增大了支出成本，造成了很大的社会浪费。而且，由于各级电台之间的无序竞争，相互瓜分听众群，致使覆盖效益降低，个别小台为维持生计，不惜将大段的节目时间出卖给保健品和医疗广告，其中充斥着大量的假冒产品和非法机构，“散”“乱”成为现阶段广播事业发展的一个严重障碍。从宏观的角度看，中国广播事业发展中存在的结构失衡、力量分散、重复建设、效益不高、资源浪费等问题，严重制约了中国广播事业的健康发展。

三、广播发展的机遇

经济的发展、社会的进步在改变人民生活方式的同时，也改变着广播。顺应时代变化，主动将新技术为我所用就能为广播赢得新的发展机遇。

（一）分众化、专业化已成趋势

受众细分的说法在传媒领域早已成为共识，由“广播”变“窄播”也是发展的必然。对于广播来说，走专业化路线有两方面的含义：一是目标人群专业化，二是广播区域专业化。

人群专业化在广播领域已有了比较成功的例子——交通广播。交通广播把目标人群定位为“有车一族”，尽可能地满足这一流动人群在流动状态下的各种需求，以短小精悍的新闻和权威及时的路况信息为本，辅助以音乐、访谈等节目，充分发挥了交通广播这一“小众传播”的专业化特色。

区域的专业化则更加体现了广播应该由“广”走向“窄”。尤其是对于地方广播，更应该立足于本地新闻、资讯，把节目做好做精，防止因全面带来的空泛。因此，“牢抓本地、争取周边”是地方广播值得尝试的方法。以北京电台为例，2010 年北京电台的广告收入为 7.1 亿元人民币，而同年中央人民广播电台的广告收入为 5.4 亿元人民币。高覆盖率并没有给中央电台带来相应的广告收入，而北京电台立足于北京市，不仅赢得了北京听众的喜欢，更赢得了广告客户的青睐。

（二）城市交通发展带动移动收听增加

近几年受众在收听方式上的一大变化就是移动收听人群的迅速增长。

以北京为例：根据新生代市场监测数据表明，2010 年北京地区 17.2% 的人群拥有家用车辆，比 2009 年增加 3.2 个百分点。数据显示北京广播市场 2008—2011 年车上听众规模逐年增加，车上人群收听广播的比例由 60% 上升至 86% （如图 1 所示）。

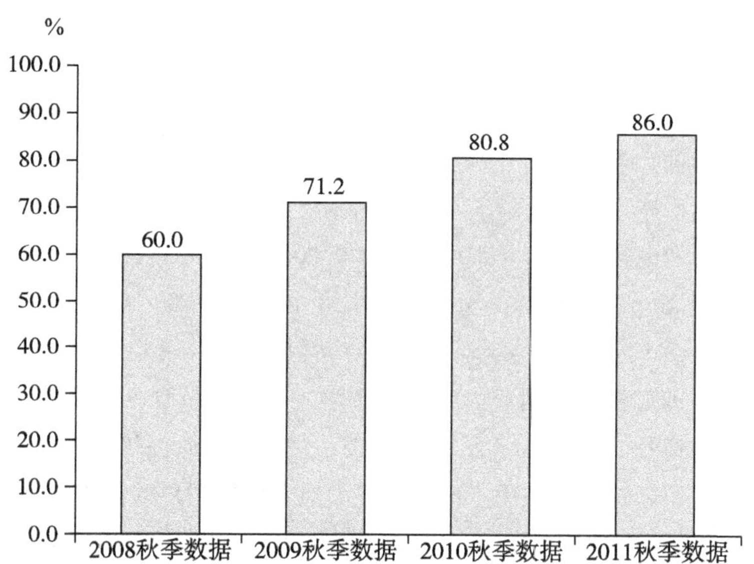

图 1　2008—2011 年有车人群过去一个月听过广播的比例

数据来源：新生代中国市场与媒体研究（秋季数据是指秋季发布的数据，涵盖时期是上一年的 7 月至数据发布年的 6 月）。

移动收听人群的增加，带来了移动收听量的递增。广播电台顺势而为，增加了许多交通类频率和交通类的节目。这些频率和节目极大地满足了受众对于交通信息的需求，尤其是在受堵车困扰的大城市中。今后，深入研究本地的交通生活状况，服务好不断增加的移动受众对于广播的发展具有深远的意义。

（三）与新媒体结合促使广播推陈出新

对互联网的利用，给广播带来了历史性变革。以前，受众听广播只能是“你播什么，我听什么”，且信息稍纵即逝。如今，广播的每一期节目都会呈现在网络上，用户可以选择收听已播的任何一期节目，还可以下载后反复收听。当听众对节目有感触时，还可以在网上留言，和他人进行沟通互动。随着广播与网络结合的不断深入，广播形态呈多样化发展趋势。

1. 网络广播形式多样

主要可概括为网络直播、点播、推送式广播几种形式。

（1）网络直播与点播是目前国内广播较普遍的形式。

主要依靠广播网络媒资数据库的建立。广播网络媒资数据库可将大量的广播音视频资料信息进行分类整理，结构化入库，以满足多媒体终端受众对内容的自由选择与组合。以北京电台为例，目前北京广播网提供的点播方式有 3 种。

网站点播用户可以通过北京广播网专栏“听吧”“广播回放”选择收听已播出过的电台节目。北京广播网截至 2011 年年底累计存储共计 2.9 万个小时、10 万个节目，其中包括小说、评书 500 多部，音乐专题 1000 多个，相声笑话 1 万多段。并将各个专业广播的优秀作品以及电台的库存资料按照内容进行整理，划分为小说、文学、戏剧、教育、笑话、曲艺、健康、人物、经管、音乐、综合 11 个大类，使海量的原创优势节目资源以结构化的形式清晰地呈现在用户面前，极大地方便了用户的使用与查询。

数字广播点播用户可通过北京电台数字音频广播（DAB）终端“听立方”收听专门为数字广播编排的 13 个栏目。所有栏目的图标和名称将全部在北京电台定制的点播服务接收终端——“听立方”的菜单首页显示，方便听众点播收听。分别是《中文好歌》《欧美金曲》《古典音乐》《精英英语》《有声小说》《养生保健》《走进京剧》《相声大会》《好孕妈妈》《亲亲宝贝》《缤纷英语》《环球快讯》《投资俱乐部》。

数字广播内容强调对外合作。主要包括与新东方英语合作的《精英英语》、与中国优生科学协会合作的《好孕妈妈》、与飞渡财经合作的《投资俱乐部》和与环球网合作的《环球快讯》。这 4 档节目已经逐渐形成了自身独有的特色，相当一部分节目内容具备较高的附加值。除此之外《中文好歌》《欧美金曲》和《古典音乐》3 档节目，每周将推送上百首脍炙人口的好歌。《相声大会》和《有声小说》，每周推送 35 段精彩相声和 3 部（每部 7 集）根据畅销书改编的有声小说。同时，一些广受欢迎的电台广播节目会出现在点播服务中。如北京音乐广播强档节目《永恒的魅力》周末版，北京爱家广播《毛毛狗的故事口袋》点播版、《宝贝计划》点播版、

《健康在线》点播版，北京外语广播的《私房拷贝》《读书》《感受北京》等节目都将可以通过点播服务收听并保存，为喜欢这些节目的听众开辟了不受时间和空间限制的新的收听方式。

用户个性化编排点播。北京人民广播电台菠萝网络电台（bolo. rbc. cn）于2011年7月8日正式上线。菠萝网络电台是全国唯一支持多路广播节目混排、自定义各节目播放时间且节目内容时时更新的网络电台。菠萝台拥有北京人民广播电台9套开路广播、15套有线调频广播的600余档直播、回放节目，网友可根据个性化需求，在这个庞大的音频资料库自由定制节目，形成自己的专属电台。每个专属电台都具备与广播节目同步更新的功能，网友还可以通过菠萝台的互动功能对每个菠萝台节目进行评论或推荐。它所搭建的全新个性化网络音视频分享平台，将广播节目的选择性收听转化为主动收听，将传统广播节目与网友个人创意相结合，从而激发网友的参与热情和创作激情。上线仅15天，点击率就超过了95万次，2.8万次的收听量，756个自选电台建立。作为国内首家个性化、自定义网络电台，菠萝台是符合网络广播发展趋势的。

（2）推送式广播稳步发展。

推送式广播有两种形式，分别是订阅式推送与基于用户分析的推送。无论何种形式，推送式广播的发展都要建立在丰富的广播网络媒资数据库基础上。订阅式推送较初级，主要依靠用户的主动选择，上述网络个性化点播都可视为订阅式推送的初期组成部分。

基于用户分析的推送，依赖用户数据库的建立与用户分析系统的完善。具备了优质内容储备后，开发产品附加价值，引导用户消费内容产品与服务尤为重要。知名的个性化网络音乐电台 Pandora 是基于用户分析的推送式网络广播中较值得研究的案例。简单地讲，潘多拉网络电台不设置音乐播放列表，完全颠覆传统播放器里的用户点播模式。潘多拉通过分析用户对所播放歌曲的反馈行为（喜欢或不喜欢）以及歌曲本身的元素构成，基于用户偏好推送音乐。然后通过用户对潘多拉系统的歌曲偏好反馈，根据用户的操作行为重新计算并修正用户个人的音乐库。经过几次互动后，潘多拉网络电台将推送更加符合用户偏好的歌曲，从而成为高度个性化的“私人电台”。同时为了跟随用户对曲风喜好的变化，潘多拉网络电台允许每名用户最多建立 100 个私人电台，然后潘多拉的系统将根据新选歌曲重新进行推送。潘多拉网络电台在 S－1 文件中透露，公司总计拥有 14 亿个“私人电台”，平均每名注册用户拥有的“私人电台”达 17 个左右。

2. 移动收听开始布局

在广播电台网络化发展的同时，以手机为代表的移动终端因其自身与广播十分契合的移动特性而备受关注。随着手机 3G 网络的建设不断完善，手机将成为未来重要的媒体之一。目前，部分广播媒体已经通过合作或自主开发的方式，开始在手机终端上进行内容传输。各地电台根据自身发展水平和资金技术力量，或是已经开始布局，或是计划进行布局。具体有以下 4 种形式。

（1）广播手机报与彩信。集合自身内容优势，将新闻或分类服务信息以手机报或彩信的形式进行发布，手机用户可以通过运营商进行订阅。例如，中央电台依托经典品牌栏目《新闻和报纸摘要》，推出了栏目的同名手机报，该份手机报是国内第一份有声手机报；黑龙江电台也在 2011 年推出了首份手机育儿杂志——龙广《母爱好时光》手机报。

（2）通过开发智能手机客户端，将电台所提供的相关服务开发成模块，作为手机软件提供给手机用户，方便其收听或使用。例如，北京电台目前已经开发了基于 iPhone 和 Android 两种主流智能手机系统的手机客户端。

（3）利用手机移动互联网，向用户提供手机在线收看、收听图文以及音视频的服务。例如，中国国际广播电台的移动国际在线业务，该业务同时推出了基于 iPhone 平台的应用程序和基于移动互联网的网页版服务。手机用户通过访问其手机网站，就可获得相关英语内容，包括新闻、财经、影视娱乐、旅游服务和学习简易实用的汉语对话等，还可以直接接收中国国际广播电台制作的英语视频和音频节目。

（4）通过 3G 移动网络，开展手机电台或电视集成业务。这一业务依托于手机设备，通过无线数字音频技术进行音视频传输。与传统电视相比具有随身性、隐私性、互动性、个性化和节目丰富灵活等特点。广播媒体开展该业务，主要是作为平台的运营商，集成其他平台的视频节目内容。

目前，中央电台和国际电台都已开展了此项业务。

以上几种广播手机新媒体内容产品中，前 3 种形式对于广播媒体来说相对容易，第四种方式则不会实现大规模布局，一方面要遵守国家广电总局《信息网络传播视听节目许可证》的规定，另一方面该平台建设对于资金和技术的投入要求相对较高。

3. 自媒体时代广播听众向用户转变

“自媒体”一词，来源于2003 年 7 月美国新闻学会的媒体中心所出版的由谢因・波曼与克里斯・威理斯联合提出的研究报告，里面对“We Media（自媒体)”进行了明确定义，即自媒体是普通大众经由数字科技强化与全球知识体系相连之后，一种开始理解普通大众如何提供与分享他们本身的事实和新闻的途径。美国著名硅谷 IT 专栏作家丹・吉尔默给自己的专著《自媒体》起的副标题是“草根新闻，源于大众，为了大众”，这道出了自媒体最根本的特点——平民化。中国著名新闻传播学者喻国明形象地将此描述为“全民 DIY”。播客就是最典型的自媒体形式，是自媒体的进一步发展，是所有人对所有人的传播，打破了媒体和记者自上而下的“广播”过程（Broadcast)，而越来越多地成为一种受众、编辑、记者等一起互动形成的自下而上的“网播”过程（Intercast)。我国也有一些个人或团体基于播客技术发布的个性化的网络电台，节目内容多以“音乐、娱乐”为主打，宣称“时尚、前卫”特性，在自娱自乐的基础上吸引同类，从而形成志同道合的“圈子”。由于这类电台主要是网友出于兴趣而开设的个人广播，其专业性与持久性都难以保证。除音乐、娱乐内容外，有少数团体与个人网络电台着重于个人对于社会公共事务的参与，是民间思想活跃的产物，主要内容形式为资讯浓缩加传媒评论，以言语出位而闻名，例如，已停播的《反波》《胖大海》。

传统媒体的专业新闻工作者利用集团优势以及技术支持，方便他们在世界各地收集信息进行报道。然而，播客式自媒体的出现打破了时间、地域的局限，用户也能成为新闻的采集者和传播者。以 2009 年 2 月 9 日发生的“央视配楼失火”事件为例，央视大火发生半小时后，“草根媒体”先于主流媒体透露消息。一位网民在事发时恰好路过现场，随即用带照相功能的手机拍下火场照片，这些照片于 2 月 9 日 21 时 04 分上传到网上。之后12小时内，这批照片的访问量超过37万次，跟帖1700多个。而另一位网民于2月9日22时左右将一段现场视频上传到Youtube上。约6分钟后，新华社才在主流媒体中第一个发出了有关火灾的快讯。这类突发性事件的视频材料是主流媒体无法企及的，而传统意义上的“受众”成为了“新闻源”。

因此，自媒体时代的传统广播若要发展就必须打破听众、受众这类界限分明、“自上而下”的概念，顺应时代“人人即媒体”的发展趋势，尊重自媒体时代的公民表达，从发布信息转向为用户提供网络应用的服务平台，以用户为中心，鼓励信息利用者通过分享而丰富资源，其核心在于交流方式的参与性、个人化和发掘大众的智慧，促进了网络上人与人间的信息交换和协同合作。充分将Web2.0的互动、分享与关系这些特性运用到广播中。新型2.0新媒体广播时代，听众与受众即将远去，用户是发展的主角。

4. 广播发展新媒体面临的实际问题

目前全国多数电台都将布局新媒体产业放在了“十二五”电台发展规划的重要位置，提出要进一步深入广播与新媒体的融合。但广播媒体发展新媒体产业主要面临以下困难：首先，新媒体运营经验不足。作为传统媒体，广播在内容制作上具有自身鲜明的特点，面对新媒体产业的布局和发展，广播在新媒体形态、内容特点、运营模式、受众需求方面的把握能力相对薄弱，在实际运营中由于经验不足容易出现瓶颈。其次，新媒体特色不鲜明。目前，广播在新媒体产业发展上已经形成了网络广播、手机广播等几种特定模式，但新媒体产品在类型、定位上的特色相对不足。再次，新媒体人才短缺。发展新媒体业务对信息技术、市场营销、产品调研等方面的人才需求较大，而作为传统媒体的广播恰好缺少这些方面的人才。同时，经过市场开拓逐渐发展起来的新媒体公司在人才机制方面更加灵活，相比广播，它们对人才的吸引力更强。最后，资金投入跟不上。目前，广播还处在新媒体产业布局阶段，资金投入量大，短期内赢利的可能性低，对于部分经济实力较弱的电台，大量布局新媒体产业还存在资金上的实际困难。

（四）产业链延伸助力广播做大做强

1. 发展广播节目的线下产业链

在制播分离的推动下，电台依托自身的内容制作业务，逐渐发展起包括内容生产、内容交易、内容产品开发等在内的内容产业链，凸显了传统媒体的内容优势。以广播内容品牌为依托，发展内容相关的线下产业链也已成为重要方向。例如，以交通广播为平台的交通产业链；以音乐频率为平台搭建文艺演出及服务产业链；以经济频率为平台搭建投资培训、理财咨询等相关产业；以生活服务类为平台发展日常商业零售、家电维修等相关产业等。

2. 规划广播新媒体增值业务

随着广播与新媒体融合的不断深入，广播也将催生出丰富的新业态。例如，电子商务、多媒体广播互动业务、智能交通诱导业务、实时股票财经业务、互动游戏等。目前，推进物联网的发展也被纳入我国“三网融合”的发展战略。“三网融合”的基础是互联网，而物联网从本质上看是对互联网的扩展和延伸，是“三网融合”未来的发展方向。如果能将广播媒体与物联网终端整合，将内容融入“数据集成交互平台”，就会催生出更多新型的广播应用与服务。

3. 以电子商务嵌入用户生活

目前国外很多广播电台通过网站开展地域性的电子商务，通过提升内容的服务性和有用性，增加用户黏性，从而嵌入用户生活。美国 CBS 广播集团的各地方性电台网站，从网民的需求出发，将本地化扩展为多元服务，提供本地的娱乐、旅游、餐饮、购物等“直接可用”信息，以生活服务打造网站地域特征。以此建立多媒体生活服务平台，打造广播的网络生活圈，走用户会员制服务的道路，给予用户生活服务的折扣与便利，从而让用户不仅听广播，用广播网，参加规律性会员活动，消费媒体推荐的商品与服务，还使用户对媒体的依赖常态化、标准化，进而增强媒体网站的黏性（如图 2 所示）。

图 2　美国 CBS 广播集团芝加哥地区网页内容分类

国内也有广播尝试开展广播团购、广播网络购物，如长沙电台快乐 886 购物频道。该频道由湖南广电旗下的快乐购物有限责任公司与长沙电台合作经营。依托湖南广电及快乐购的节目制作能力，快乐 886 通过有资讯、有互动、有服务的城市时尚消费节目内容，从车、食、住、行四大板块为听众提供生活资讯和消费攻略，打造从引领生活方式到实现消费的空中购物平台。2010 年 6 月 17 日，中央人民广播电台斥巨资筹备的央广购物电视频道正式开播，这在一定程度上将有利于中央人民广播电台突破传媒发展的瓶颈。

4．发展文化创意产业全面促进广播产业升级

2010年中国人民银行会同中宣部、财政部、文化部、广电总局、新闻出版总署、银监会、证监会和保监会九部委联合发布了《关于金融支持文化产业振兴和发展繁荣的指导意见》，在金融政策上加大对文化产业发展的支持力度。在政策支持下，许多电台开始在文化产业领域内谋求产业发展。中央电台与武汉江通动画股份有限公司合资成立央广江通（北京）文化传播公司，携手进军动漫产业。温州电台规划在未来3年内投资建设温州文化创意产业园区，大力推进温州动漫、网游、电子信息、工业设计、新媒体、电子商务等文化产业的发展。云南电台成立了云南奥玛动漫有限公司，公司创办的动漫资讯杂志目前已经面向全国十几个城市发行。同时，公司依托云南电台平台，在广播上开办动漫内容的节目，形成跨媒体互动，并通过组织动漫作品大赛等活动获得了较高的社会影响力。

综上所述，广播作为传统媒体受到自身传播特性的局限和外部环境的影响，目前在新的媒体格局中处于相对弱势的地位是一个不争的事实。但是广播如果能够顺应时代发展的潮流，将互联网、手机等新媒体为我所用、不断创新，在未来的全媒体时代中争得一席之地是完全有可能的。

最后我们不妨畅想一下未来广播的前景：每天一觉醒来，手机会自动把你喜欢听的广播节目预告发来，告诉你今天节目的主持人与话题。并可以通过相关的手机软件，把北京电台、中央电台甚至海外电台五花八门的节目组合拼凑成个人独家频率收听。上午工作时间，广播健康资讯节目的手机应用显示你目前消耗的热量，提示你注意休息和午餐可选择的健康食谱，并提供预订服务。下午快下班时间，广播餐饮娱乐服务类节目会发送团购或折扣信息，为你提供多样化餐饮娱乐选择。下班时，车上播放着路况信息节目，或自动根据你的偏好推送为你记录的个性化节目，你也可以通过节目手机应用发送实时路况换得油卡。晚饭时，手机根据你的设定，自动录下1小时的英语节目，你可以和朋友畅聊而不会错过你想听的内容。你所享受的上述内容有些是包月订购的，有些则是廉价阅览的，账单会自动记上；其他的免费阅读的内容，由广告提供资金支持，广告主精准地以你为目标客户，支付大笔费用。而这些广告也是为你量身定制的，对应你的需求。广播移动终端设备中还有成千上万与你分享信息的社交网站的好

友，可分享彼此之间对于广播所提供的各项内容与服务的感受。

也许你觉得这样的广播离你还很遥远，但是在科技迅速发展的新媒体时代，这些并非遥不可及。改变，正在发生。

（作者单位：北京人民广播电台）

遵循新闻规律　创新办台理念

秦晓天

听众调查显示，新闻是听众收听广播的第一信息需求。一项针对城市居民的调查表明，在33类受众经常收听的广播节目内容中，比例最高的是新闻，而在广播节目收听率普遍下降的情况下，新闻谈话类节目的经常收听率还略有上升。因此，在广播类型化发展的今天，新闻广播应当认识到，强化新闻节目、树立新闻立台理念既是受众所需，也是优势所在。正如一位广播界资深专家所言，广播竞争力的品牌在于新闻。北京新闻广播对此有着共同的理解，但是在遵循新闻规律的基础上，创新办台理念、模式选择与实际操作方面，有着自己的思考和作为，并积累了一些经验。

北京新闻广播新一轮的改革始于2009年。这一年，在“新闻与谈话”办台宗旨的指导下，秉承新闻立台的理念，全台为大刀阔斧的改革进行了大量考察、研讨和论证。2010年推出了全新的节目架构和内容，其节目改版调整的幅度被权威专家评价为近期少有，同时专家们对改革后的成效给予了充分的肯定。2011年继续推进新闻立台的改革，调整并强化了晚间新闻节目。尤其是成立了特别报道部之后，在新闻报道中加大了民生内容，在时效性和快捷性方面有了一个飞跃，使北京新闻广播成为名副其实的新闻专业化频率。

一、构建自成一体的新闻立台模式

一般认为，目前我国新闻广播主要有3种模式。北京新闻广播既不同于“中国之声”的“新闻板块+新闻轮盘模式”，也不同于上海东广新闻台的“纯滚动新闻模式”，而是选择了“整点新闻+新闻板块+新闻谈话/专题模式”。在这个模式的大框架下，北京新闻广播在重点时段都安排了大的新闻板块，而在每个整点播出的《整点快报》为更新率达60%的滚动新闻。可以说，北京新闻广播的新闻编排模式是在综合借鉴了其他广播新闻频率优点的情况下，在对自身媒介定位和新闻资源理解的基础上形成的。

在这个新闻理念和办台模式的指导下，北京新闻广播大力强化新闻性节目，大量削减非新闻类节目，包括和北京市各委办局合办的专题节目，以及医药保健品广告专题节目等。经过调整，北京新闻广播的纯新闻类节目占到节目总量的近80%。

二、确立“快在当地、汇在全球、深在背景”的新闻运作理念

在北京电台2009年举办的业务研讨会上，汪良台长为新闻广播改革提出了12字方针，即“快在当地、汇在全球、深在背景”。

快在当地，这是北京新闻广播的“本土化”视野。广播是区域性媒体，作为地方电台的北京新闻广播自然要把北京作为新闻采集和挖掘的主阵地，要把在北京居住、工作和生活的人作为目标受众。而就新闻资源、人力资源的优劣势对比来看，无法与同在北京地区的中央人民广播电台、中国国际广播电台拼争国内国际新闻。市场竞争讲究的是扬长避短，人无我有，这是内容上的差异化竞争策略。

广播的优势在于快，对北京新闻的快速报道，北京新闻广播有着得天独厚的优势。对于北京市委、市政府以及各委办局发布的政策、法规，对于重要突发事件、灾害天气，对于受众关注的焦点、热点事件，北京新闻广播要求做到“新闻正在发生，我们就在现场”，通过“连线报道”的形式第一时间、第一现场地播出新闻，而且根据事件进展，不断发回最新报道。这样争得的不仅是信息的第一发布权，也是舆论的第一引导权。

汇在全球，这是北京新闻广播的全球化视野。一个致力于打造有巨大影响力的媒体，无论有价值的新闻发生在世界何地，都要在第一时间及时选择和报道，这也是主流媒体最重要的标志之一。北京作为中国的首都，正在建设中的世界城市，在全球化语境的今天，越来越成为一座移民城市和流动性城市，目前北京的流动人口已经超过1000万，其中在京居住半年以上的超过700万，流动人口几乎和常住人口各占半壁江山。由这些有着

各种文化特点或不同文化背景的人群组成的北京人，他们在收听广播新闻时，首先关注的当然是发生在这座城市的事情，关心这些事情对他们的工作和生活有着哪些影响；他们还关心其家乡的新闻，比如甘肃正宁校车事故、渤海漏油事件等；他们也关心世界各地发生的政治、经济、军事等事件及其可能产生的影响，比如泰国洪灾对中国电脑硬盘进口的影响，比如中东国家的动荡对世界石油价格可能带来的影响等。正如传播学者尼尔·波兹曼提到的，现代社会，“整个世界都变成了新闻存在的语境。所有的一切都事关一切人”。还有学者指出，“在我们星球发生的事情失去了地域的限制，所有发现、所有胜利与灾难都和整个世界息息相关”。这是当今世界的现实情景，新闻工作者在理念上和操作中不能忽视这样的环境前提。

对于重大国内国际新闻，北京新闻广播追求的是作为媒体的“我”的“存在”，对报道者和消息源，不求所属，但求能用，重在对于新闻资源的整合利用上。这就是所谓的“借力”策略。目前，北京新闻广播的做法是，一是和新华社、中国国际广播电台等中央媒体建立长期的新闻供应关系，不但有通稿，重要新闻事件发生时还有连线；二是和各地方台建立合作关系，新闻事件发生时与对方能够及时连线报道；三是快速转载、转播其他媒体的报道。在“借力”的同时，力求有所作为，做好新闻的“第二落点”，也就是事件可能对北京、北京人的影响，增强国内国际新闻和北京受众的贴近性和关联度。

深在背景，这是北京新闻广播追求“高度”的体现。由于互联网的引入，现在人们的面前都有一个发布信息的平台，每个人既是新闻的制造者，也是新闻的传播者。所以，人们每天都生活在信息的海洋之中，但是这些信息往往鱼龙混杂、良莠难分。这就需要主流媒体对新闻事件的背景、进展、后果加以及时的权威解读和评析。北京新闻广播为此专门聘请了10多位知名专家作为新闻评论员，涵盖了政治、经济、文化、军事、国际关系等众多领域，他们对新闻的解读和分析能够帮助受众理解新闻，也有助于媒体引导社会舆论。这就是所谓的“借脑”策略。

三、打造“板块+整点+谈话/专题”的新闻节目架构

板块建设：巩固既有的黄金段位，打造新的黄金时段，不断延伸新闻价值链条。重点经营的板块分布在早间、傍晚和夜间。

一般认为，早晨7：00—8：00是广播的黄金收听时段。北京新闻广播利用既有黄金时段的品牌效应，把黄金时段继续延长，尽可能地挖掘其品牌价值。北京新闻广播的早间板块往前提早到6：00，往后延伸到9：00，时长3个小时，包括《新闻晨报》、转播中央电台《新闻和报纸摘要》及《北京新闻》《新闻热线》《新闻大视野》和《资讯早八点》等栏目。

6：00播出的《新闻晨报》是北京地区最早的广播新闻节目，虽然只有短短10分钟，却涵盖了昨夜今晨北京、国内和国际的重要新闻，节奏快捷，信息丰富，被誉为“每天清晨的第一道信息早餐”。开办两年来，成为北京新闻广播收听率的增长点。

6：30转播《新闻和报纸摘要》是借用外力，利用中央电台的国家电台品牌，吸引受众继续收听，并对简约版的《新闻晨报》加以扩充和延伸。

7：00播出的《北京新闻》时长近30分钟，是一档和北京电台同龄的品牌节目，在受众中间有着牢固的收听率、忠诚度和美誉度，它也是北京电台最受听众喜爱的名牌栏目之一。这部分新闻以北京内容为主打，包括时政新闻和民生新闻，及时发布市委、市政府的重要会议、活动、政策和法规，选取民生视角，做好解读和评析，注重可听性，不失权威性，当好市委、市政府的“喉舌”，积极引导社会舆论；民生新闻侧重市民关注的焦点、热点和难点，反映民众心声，解答群众困惑，充当社会舆论的“解压阀”。

半个小时的《新闻大视野》则主要报道国内国际新闻，是以深度报道见长的新闻节目。它以分量重、关注度高、冲击力强的“头条新闻”开篇，常为听众所津津乐道；以透析事件本质针砭社会时弊的“时事点评”居中，被听众称赞“解渴、解气、解惑”；其间的国内外重要新闻，覆盖政治、经济、文化、军事、体育，包括录音、连线、口播、专家解读、链接、简讯等形式，是一道菜肴丰富、制作精良的大餐。

《资讯早8点》则是在上述各档“正”新闻之外另辟蹊径，专注服务性，主打资讯牌，柴米油盐茶、吃喝玩乐住，一网打尽。主持人以“说新闻”的方式播报，亲切自然，挥洒自如，服务周到细致，内容翔实可信。

早间板块正是北京的上班早高峰，是北京新闻广播争取居家听众、晨练听众和路上听众的重点时段，体现了其作为新闻主频率的核心竞争力。

北京新闻广播的第二个新闻板块是傍晚时分播出的《新闻××××》，以年份冠名，17：00—19：00播出。是一天的消息总汇，头一小时的时政部分以本市为主，后一小时则侧重国内国际。两个小时的节目里有要闻，有快讯，有连线，有评论，有新闻故事，有专家分析，是在交通晚高峰时奉献给听众的又一道新闻正餐，它争夺的是下班人群的收听份额。听完一档《新闻××××》，天下事尽知。

19：00再次借用外力，转播中央电视台《新闻联播》，以弥补《新闻××××》在时政新闻上的不足，形成收听黏着性，继续延伸收听链条，打造傍晚收听黄金时段。

夜间新闻板块包括两个栏目：《世界纵览》和《新闻故事》，从21：00到23：00，时长2个小时。这是2011年推出的两档全新的新闻栏目。《世界纵览》主攻国际新闻，是以专家分析解读为节目风格的一档广播环球时讯杂志，突出时效性、权威性、可听性；《新闻故事》则以情节吸引听众，深入挖掘新闻背后的故事，节奏相对于前一个板块稍微舒缓，好似在夜间给听众奉上的一杯香茶或一首夜曲。

整点新闻：每天11档的《整点快报》撑起了北京新闻广播的全天骨架。

从早上9：00到夜间22：00，每逢整点播出一档15分钟的《整点快报》。《整点快报》实行格式化操作，每档节目由30秒的提要、7分钟的新闻、2分钟的连线报道、5分钟的服务资讯、30秒的下档新闻和全天重要新闻预报构成，类似于“轮盘式”操作。每条新闻一般为30—40秒，每档新闻滚动播出，更新60%左右，以突出信息量和时效性。

《整点快报》的最大亮点是连线报道：一是记者连线，强调无限接近事件现场，力求做到新闻播报和事件同步，彰显广播新闻“快速”和“鲜活”的优势，给听众以亲临其境之感，增强了广播新闻的竞争力；二是专家连线，帮助听众洞悉事件背后，理解新闻实质；三是“今日媒体看点”，每天9：00连线北京地区主要媒体（《北京日报》《北京晨报》《北京商报》《北京青年报》《法制晚报》《京华时报》北京电视台）的值班总编或者栏目负责人，介绍当天该媒体的“抢眼”新闻，不但为这些媒体起到导读/导视作用，还增加了《整点快报》的信息量，提升了它的权威性；四是“今日新闻排行”，每天21：00和22：00两档《整点快报》，分别连线本台《世界纵览》编辑和新浪网新闻频道编辑，前者重点评述当天重要的国际新闻，后者综述当天主要国内外新闻，起到盘点和梳理的作用。这种记者“快报”、专家“点评”、媒体“看点”，形成了整点新闻的鲜明特色。

格式化为《整点快报》引进了目标管理原则，但《整点快报》不拘泥于格式化运作。遇到重大新闻事件时，随时可以“抢发”和“插播”，任何程式化的东西在新闻时效性面前都得让步。

新闻谈话：两档深度访谈+新闻专题+评论，全面充实节目内容，有血有肉。

《新闻天天谈》是北京新闻广播的王牌栏目，开播8年多来深受听众喜爱。节目敏锐抓住新闻事件的实质，深刻剖析，权威解读，有理有据，令人信服。2011年这档节目更加关注民生、民情和民意，进一步在时效性、权威性、深入性上下功夫。

《新闻面对面》是2011年推出的又一档新闻类谈话节目。这档节目以语言交锋、思想碰撞为节目风格，就当天或近几天的新闻事件，由主持人和嘉宾一起展开讨论。

全天还有若干个新闻专题节目从议政、警法、财经、生态等多个角度，进一步延伸报道和详细解读北京发生的各种新闻事件，使全天的新闻节目有机地连在一起。

《夹叙夹议》《话里话外》《大城小事》是贯穿全天节目中的3个评论节目。《夹叙夹议》一事一议，犀利尖锐、幽默辛辣；《话里话外》边读报边评论，京腔京韵、诙谐俏皮；《大城小事》在唠叨身边琐事时，点到为止、诚恳朴实。这些主持人以不同的评论风格、独特的视角、深刻的见解，既表达了媒体自身的文化特点，也体现着媒体自身的思想深度，其重要意义在于新闻广播正在培养自己的新闻评论员队伍，他们将和“外脑”——专家评论员一起，打造出北京新闻广播的风格，体现出新闻广播的时代思想、时代观念，进而与其他节目有机融合，形成新闻广播独具特色的节目体系。

秉持新闻立台理念，在节目架构、时段安排、人员配备等方面重视新闻，坚持做快新闻、好新闻、有思想的新闻，北京新闻广播取得了经济效益和社会效益的双丰收。在北京广播市场，北京新闻广播占有10%的市场份额，位居所有广播频率的第三位，荣获2010年中国十大区域影响力新闻频率。

四、与时俱进，不断提升新闻广播功能

建立特别报道部。北京人民广播电台作为北京三大主流媒体之一，担负着“喉舌”功能和舆论监督功能。北京新闻广播作为北京人民广播电台的主频率责无旁贷。但是面对几千万人的首都，每天的新闻层出不穷，突发、偶发事件，反映民生、民意的社会热点，使得新闻广播采访部的十几个人力不从心、捉襟见肘。特别是随着改革开放的不断深入，在取得30多年改革开放成果的同时，社会上积聚的贫富不均、腐败与不公的现象越发突出，人民表达意愿、反映社会问题的愿望也越发强烈。因此，作为媒体既要广泛地反映老百姓的诉求，又要发挥舆论监督的重要功能，新闻广播组建一支有快速反应能力的记者队伍显得尤为重要。2011年6月新闻广播特别报道部成立了，由10人组成的精干采访队伍马上投入采访一线，深入社会，贴近百姓，通过“记者视线”“记者调查”“记者追踪”等报道方式，让来自社会最基层、体现民生民意的鲜活声音通过广播表达出来。这样为政府了解民生、解决百姓生活中的问题和困难搭起了沟通的桥梁，正是这些报道引起了政府相关部门和百姓的高度关注，广播媒体的作用也得到更大的发挥，社会影响力和收听率有了大幅度提升。

加强新闻评论员队伍建设。建立一支自己的评论员队伍，既能够提高媒体的话语权和权威性，又能够充分表达媒体的观点，进一步发挥“喉舌”的作用。新闻广播评论员由两部分组成，一部分是借助外力，聘请社会知名度高、专业上有影响力的社会人才，新闻广播这一步已经实现，建

立起了一支涉及政治、经济、外交、军事、教育、社会等众多领域的专家学者型的评论员队伍。当下的关键是要培养出几位本台的评论员，自己的评论员能够随时根据节目的内容发表评论，或者根据全台节目的整体安排特邀述评，这样的评论有的放矢，而且时效性强，更有针对性，从而强化了新闻主频率的社会影响力。

对新媒体的借用和融合。广播是最早的电子媒体，而当网络技术和无线通信技术广泛融入人们的日常生活后，使得现在的广播媒介生态发生了深刻的变化。面对手机、iPhone、iPad 等新型接收终端和博客、微博等新兴传播方式的涌现，广播不但要把它们当作竞争对手，更要对它们加以借助和利用，正所谓“以广播为体，以新媒为用”，才能大大提升传统广播在报道新闻方面的传播力、影响力和竞争力。北京新闻广播在新浪开通官方微博一年来，“粉丝”就暴增到 36 万人，对新闻广播的品牌打造产生了强大的“聚合效应”和“裂变效应”。

开展社会活动，树立媒体品牌形象。2011 年，北京新闻广播正式确立了自己的一年一度的品牌活动“北京榜样”。这个活动是根据新闻广播的节目《百姓生活故事》衍生出来的。《百姓生活故事》开播 4 年多来，报道了 1000 多位百姓人物，充分展现了普通百姓爱国、乐观、厚德、梦想、创新、守信、包容、责任等积极的人生态度和生活方式，这些来自于百姓之中的优秀人物，不是“高大全”式的榜样，而是人人都可以学习的、身边的“英雄”。随着 2011 年年底大型颁奖活动的举行，新闻广播的社会影响力和品牌形象将有一个大幅度的提升，进而可以吸引更多的听众关注新闻节目，大大提高北京新闻广播的市场占有率。

北京新闻广播改革实践的事实表明，广播在传播新闻方面仍然是优势媒体，今后还有巨大的创新和发展空间。

（作者单位：北京人民广播电台）

制播分离与招投标

——广播业深化运行机制改革刍议

孙　巍

制播分离，顾名思义是指节目的制作和播出分属不同的部门，不是由一个部门来统一完成的。

制播分离的雏形出现于20世纪50年代的美国，制播分离制度最早起源于英国，前身是“委托制作”。目前美国、英国等发达国家的制播分离市场已经非常成熟，而我国在这方面还处于起步、探索阶段。但是制播分离是广电行业必须迈出的重要一步。

电视行业的制播分离改革进行得比较早。从20世纪90年代开始，节目制作公司陆续出现，中央电视台也率先实行了制播分离。相较而言，广播的制播分离则推进得非常缓慢。

1990年，北京人民广播电台（以下简称“北京电台”）开始进行频率专业化改革。2006年，北京电台率先进行针对节目制作及运行机制的改革，各专业广播节目自产自销的格局被打破，剥离出来的各专业广播的节目制作人员（除新闻和新闻专题类外），成立了节目制作中心，建立了各频率所播出节目（除新闻之外）由制作中心制作的竞争机制。有限的制播分离得以实现。2007年1月1日，新的节目制作及运行机制正式运行，到目前已近5年。

制播分离后，北京电台各频率的节目公开进行招投标，此项大胆的尝试，是节目运行机制的一大改革。

一、打破频率界限，招标激活竞争

良好的节目质量来自于竞争，良性竞争源于良好的机制。通过成立节目制作中心、实施节目公开招标，北京电台尝试建立起一套全新体系和流程，成为激活竞争的有效机制。

节目制作中心成立前，各频率在调整下一年度的节目时，方式各异。有采取内部招标的，有统一规划、由领导安排制作人员的，也有两者结合的，总台没有对各频率的做法进行政策上的干预。

节目制作中心成立后，各频率的节目面向节目制作中心和社会节目制作公司公开招标，可以说这是总台对节目运行方式的重大改革，同时打破了频率界限，建立了内部节目制作的竞争机制。

1．节目调整流程

从每个年度的下半年开始运作，各专业广播收集听众意见、座谈会、市场调研后，形成新一年度节目调整方案，上报编务会研究。方案确定后，由总台召开节目发标会，面向节目制作中心和社会节目制作公司进行招标。节目制作中心人员及社会节目制作公司根据各专业广播公布的节目招标书的情况进行投标。由总台组织召开节目评标会，由评标委员会对应标节目进行逐一的审听，确定中标节目。

2．评标标准

评委从策划创新、编辑采访、主持播音、音响制作、资源实力、市场前景、工作态度及日常表现7个方面进行打分，7项合计70分，去掉一个最高分，去掉一个最低分，取分数的平均值作为该应标节目的最后得分。超过50分的节目进入中标范围，低于50分的节目淘汰，同时不能以各种理由进入中标范围。原则上进入50分的中标节目由高到低来确定，但是专业广播在特殊情况下充分说明理由后也可以取50分以上的低分值的节目。实施具体情况（见下表）。

2007—2011年节目招标和中标的基本情况

年份	招标情况		投标情况			中标情况		
	招标频率（个）	招标节目数量（个）	投标人次	标书数量（个）	投标总时长（分钟）	内部中标人数（人）	节目制作室中标数（个）	社会公司中标数（个）
2007年	7	132	132	309	13188	116	6	9
2008年	7	114	107	256	10773	92	6	9

续表

年份	招标情况		投标情况			中标情况		
	招标频率（个）	招标节目数量（个）	投标人次	标书数量（个）	投标总时长（分钟）	内部中标人数（人）	节目制作室中标数（个）	社会公司中标数（个）
2009 年	9	109	95	192	8000	66	5	12
2010 年	9	81	89	123	3184	64	5	11
2011 年	9	74	78	109	1740	58	4	17

二、内容牵动人才，流动促进竞争

节目公开招标之后，必然带来全体采编播人员的内部流动性——“树挪死，人挪活”！

1．原有各专业广播主持人的界限被打破

制播分离前，总台出台过规定，不允许主持人制作其他专业广播的节目，因此主持人只能在分属的专业广播制作节目。

制播分离后，这些听众熟知的主持人换台主持，不仅打破了原有各台的界限，有利于人才的流动和竞争，进一步激发了主持人的创作热情，使主持人有了更广阔的施展才华的空间，另外这些名牌主持人加盟到略微弱一些的频率，使这些频率借助这些知名主持人的知名度来提升自己的收听率和影响力，同时更有利于品牌节目的建设，提高电台整体的节目质量。

2．采编播人员的积极性和创作热情被充分调动

许多节目由多人竞标，竞争激烈。如 2008 年节目招投标中，交通广播标书中 0：00—2：00 一档音乐文艺娱乐类节目有 19 个节目参与竞标，这是单个节目参与竞标数量最多的，从另一个侧面充分反映出交通广播受关注的程度。

3．竞争加剧

除面向内部的节目制作中心招标，还面向社会节目制作公司招标，这使得节目制作中心的人员和社会节目制作公司站在一个平台上，台与台、台与制作公司、制作公司与制作公司之间竞争加剧。

从 5 年的中标结果看，社会节目制作公司中标的节目数量从 9 个增加

到17个，这种竞争有利于促进整体节目质量的提升，有利于增加内部人员的压力，从而激发他们的工作热情和活力，可以说在台内形成了一个内外竞争的机制。

三、政策是保障，执行是关键

在制度与流程的改革进程中，政策是保障，必须先行；执行是关键，务在创新！

制播分离，成立节目制作中心，在全台范围内进行招投标，这在全国广播行业是首例，可以说没有章法可循，节目招投标的程序、遵循的原则和标准也没有经验借鉴，一切要在实践中探索。

1．制度先行，有章可循

2006年9月，总台相继出台了《节目制作播出运行机制改革总体方案》《北京电台节目招投标实施细则》以及《节目制作费发放及奖惩办法》《关于节目招投标工作的规定》等相关的配套文件，保障了节目招投标工作的顺利进行。

在《北京电台节目招投标实施细则》中，明确了招标书和投标书填写的具体细则和注意事项，比如在“投标书填写”一项的第九条中明确规定了“对于投标多档节目的人员，应将自己的应标项目排出序列号……总台按顺序开标，如按顺序中标数量达到总台控制的数量时，其余节目将不再参与竞标”。

为了使全台的招投标工作规范、科学、公开、透明，还就节目制作费发放标准和奖惩办法，出台了《节目制作费发放及奖惩办法》。

在这个办法中首先根据节目形态对节目（新闻节目除外）进行了分类：访谈类、专题类、生活服务资讯类、综艺娱乐类、作品赏析类及其他类。根据上述节目类型再确定节目制作费的标准。各专业广播参考此标准，并根据各自每月广告创收额度、节目中是否有嘉宾、外出采访及其他具体情况，制定出各招标节目的制作费。关于节目的奖惩，规定了各专业广播要根据收听调查情况进行考核和奖励，每个月考核一次。

（1）各专业广播节目的制作费标准。

根据各专业广播原有节目的制作费标准，取每一节目类型的最低费用作为制作费的下限，取每一节目类型的最高费用作为制作费的上限。以半小时为一个计算单位。其中规定了访谈类节目 150—350 元/半小时；专题类节目 150—800 元/半小时；生活服务资讯类节目 100—425 元/半小时；综艺娱乐类节目 80—500 元/半小时；作品赏析类节目 100—250 元/半小时。

（2）各专业广播考核节目具体办法。

分别计算节目当月市场份额比所在时段上月市场份额、去年同期市场份额、去年全年市场份额的涨跌幅度。将这 3 个涨跌幅度平均后，如果该平均幅度是上涨的，且达到各专业广播自行制定的标准，则在该节目制作费基础上给予相应比例的奖励；如果该平均幅度是下跌的，且跌幅达到各专业广播自行制定的标准，则在该节目当月制作费基础上扣除相应比例作为惩罚。各专业广播应坚持两头小、中间大的原则，即 60% —70% 的节目不奖不罚，保持相对稳定，奖、罚节目数量控制在 30% 左右，且奖励节目数量应多于惩罚节目数量。另外如果老节目连续 3 个月下滑、新节目连续 5 个月下滑，各专业广播有权提前中止合同，重新进行招标。

（3）同时总台从考虑主持人的利益角度制定了补偿细则。

“坚持正确舆论导向第一的原则，遇有上级安排的指令性宣传任务或总台组织的大型宣传活动等，各专业广播要服从总台的统一安排。如果每月占用的时间在三次（含三次）以上，对该节目予以适当违约金作为补偿。”“安排指令播出的固定节目，也纳入市场占有率的考核。如果该节目不是由于节目质量问题造成市场占有率连续下滑而受到惩罚，由编务会研究，视情况给予适当补偿。”

如 2009 年 2 月 2 日是北京电台建台 60 周年，为此总台制作了一系列台庆特别节目，2008 年 12 月—2009 年 2 月统一安排在 9 个专业广播播出，台庆过后总台随之出台了《台庆期间的节目补偿办法》，对被占用节目的制作人员进行补偿。

2. 调整战略，促进节目可持续发展

招投标第一年，所有节目都要进入招标程序，根据运行一年的情况，由专业广播提出能否给各台的品牌节目、优秀节目一些特殊政策。于是在 2008 年招标时增加了免标节目和邀标节目。

免标节目应具备以下3条原则：市场占有率或贡献率与上年同时段相比提升幅度达到10%以上的节目；获上年度“名牌栏目”称号（由专家评选）或“听众喜爱的名牌栏目”称号的节目；获上年度台级以上政府奖评奖机构评定的优秀栏目。符合以上3条中一条的节目可作为免标节目。免标节目不用经过招标程序，自然由上年度的节目制作人员继续制作。2008年招标时规定了每台不能超过3个，全台7个专业广播共有11个免标节目。2009年招标时，根据一年来节目运行的情况，不再控制免标节目的数量，即只要符合上述要求，即可成为免标节目。

邀标节目是指各专业广播结合本频率情况，将部分标志性、重点节目作为邀标节目，明确提出其意向人选。邀标节目同样参加节目招标程序，也允许其他人员投标。2011年招标时进一步明确了邀标节目的条件：一是邀标节目和主持人当年没有出现重大差错和播出安全事故，二是邀标节目收听排名处于所在专业广播中上水平。

在2008年的招标中，全台共有11个免标节目，2010年免标节目57个，加上16个邀标节目，占需招标节目的47%。从这一数字的变化反映出部分好节目及制作人员逐渐获得了专业广播的认可，同时有力保证了部分优秀节目的延续和可持续发展，在一定程度上起到了稳定人心的作用，更有效地促进了优秀节目持续、健康的发展。

3. 实施动态管理，使之科学公正

在2007年节目招标之际，总台便出台了一系列相关规定和办法，由于广播实行制播分离、走招投标流程没有可参考的标准，只能在运行过程中不断调整和完善。因此每年招标前夕总编室都会征求各专业广播和节目制作中心的意见，修订招标的相关规则，其中2011年节目招标前在充分征求相关部门的意见后，修订规定19处，增加了13条新内容，使之更加合理、科学、公平、公正。

《北京电台节目招投标实施细则》第十二条中曾规定：节目制作人员如投标访谈类、专题类等日播节目的只能做一档节目，两人以上共同投标一档节目的，每人按0.5档计算。投标生活服务资讯类等其他4类节目的，作为节目制作主要成员的也不能超过两档。根据运行两年来的实际情况，在2009年招投标时又补充了“独立一人只能承担一档带有新闻类采访的日播节目，如多人共同承担同一档此类节目，按人数等比例划分”。对于台内节目制作室应标节目原来也只是规定“节目制作室在应标时要量力而行”，并没有具体数量的限制，而在2009年的招标中明确了“台属节目制作室承担新闻类采访的日播节目，不能超过两档”。这些限制，无形中能使制作人员合理地分配、规划节目，能有更多的精力和时间在提高节目质量、节目创新等方面上下功夫。

如果是两人以上对播的节目，有时经常出现其中某位主持人因有事、生病等原因未到岗又无人替班，专业广播仍按足额制作费标准发放，不是很合理。在2011年招标时明确了“两人以上共同主持的节目，其中一位主持人因故不能主持，又无人替班，专业广播可视情况减少20%—50%节目制作费”。

对于采编播人员除做好节目外，参加全台性和所在专业广播纳入计划并签约的各项公益活动和品牌宣传活动，是应尽的责任和义务。原规定中只有要求没有惩罚，约束性差。在2011年招标时增加了“对于无正当理由不参加宣传活动的人员取消所制作节目当年度评奖资格”。

原规定中要求主持人因故不能主持节目，可以找人替班，但是在实际运行中发现：有的主持人不按规定随意找人替班或指定的替班人员因故不能替班的情况，还有的主持人替班数量过大，影响了节目质量。2011年招标时进一步明确了流程和罚则：“节目临时替班的备用人员应经过专业广播台长批准，替班人员一经确定，不得擅自调整。违反规定的替班人员取消当期节目制作费，并对擅自找人替班的制作人员给予一期节目制作费的处罚。”这一条款的修订对主持人的约束力大大提高，在增加惩罚力度的同时使主持人少了一些随意，多了一份规矩。

除此之外，规定相继对主持人节假日值班、嘉宾稿酬发放、病事假节目安排、人员调整等进行了细化和要求。

4．增加调剂手段，提供展示平台

没有竞标上的节目，很可能是由于该节目时段竞标数量过多，而专业广播只能按照分数高低取一个，还可能是因为该节目不太符合应标专业广播的办台特色，一个很有创意的节目失去了展示的平台非常可惜。

根据以上出现的问题，在2009年招投标时增加了“节目应标人员须在标书中标明是否同意进行调剂，所谓调剂是指：投标人在所投标的专业广播没有竞上的情况下，同意调剂到其他专业广播播出”。在2009年的招标中，共有4档节目由评委会进行了调剂。如一档投标交通广播的娱乐类节目《听说电影》，被调剂到新闻广播播出。灵活、机动的调整，使好节目有了播出的窗口和平台。

5. 实行制作人制，责权利分明

《北京电台节目招投标实施细则》中曾规定“两人以上共同投标某一节目的，须自行推荐出1名牵头人。牵头人负责节目的日常运转、与专业广播沟通以及制作费分配等相关事宜（牵头人无行政级别，无额外补贴）”。在节目运行的过程中，发现由于采编播人员的责权利不是十分明确，有的节目的牵头人形同虚设，没有达到预计的效果。

为进一步加强对节目的管理，使节目质量进一步提高，2009年，北京电台在招标时，开始实行节目制作人制，出台了《关于实行节目制作人制的规定》，对节目制作人的条件、职责、待遇及处罚作了明确的规定。

广播节目的制作人制是从电影、电视剧、电视台的制作人那里移植过来的，目的是加强节目生产中的管理，同时是适应广播产业化和广播节目制作市场化。从一定意义上来说节目制作人的职责是组织广播节目有效率地生产。节目制作人制在各电台的实施过程中，对其职责并没有一个统一的标准。

从我台制定的制作人的职责中可以概括为3个方面的权力：一是节目的实施权，包括对节目的选题、策划、制作等环节的审定；二是财权，有权对节目制作费进行再分配；三是人事权，根据节目的需要有权对人员进行再分工或组合。

制作人除具有以上3种权力，又细化了节目制作人的条件、待遇和相应的处罚，可以说使节目制作人的责权利非常明确，同时有一定的自主权和独立性。节目制作人要对节目负全责，同时付出对应的是一定的经济回报，但是节目出现了问题，节目制作人也应受到相应的处罚，奖罚分明，责权利明确，更有利于节目在正常、有序的轨道上运行，保障了节目质量和可持续发展。

成立节目制作中心，实行节目招投标，促进了节目质量的提高，刺激了人才的竞争和流动，但是在运行的过程中也发现了一些问题。

比如应标人工作量的规定是否科学。对于应标人工作量的限定，这3年根据实际情况虽然在不断地改进，但是在运行过程中仍然存在问题。按照规定，“制作访谈类、专题类日播节目只能做一档，两人以上共同投标的，每人按0.5档计算，制作生活服务资讯类等其他4类节目的，不得超过两档”。从每年制作人的工作量来看，虽然有的人承担了2档甚至3档、4档的日播直播类节目，但是由于是两人或更多的人一起合作，按标准计算下来总数没有超量。比如有一位主持人同时主持着交通广播、文艺广播、故事广播的4档日播节目，其中3档是直播，可工作量统计是1.5；还有一位主持人承担着音乐广播、体育广播两档日播节目，其中一档是每天3个小时的直播，可工作量统计是0.9，从数字看远远不够标准。而在实际工作中，由于应标的节目是直播，又有嘉宾的访谈，工作量非常大，还有的主持人应标的节目虽然分属不同的专业台，但是由于都是直播，播出的时间上、下午都有，造成主持人每天的工作强度非常大，节目中出现了准备不充分、质量不高的现象。另外主持人每天疲于应付节目的播出，没有充裕的时间很好地充电、学习，使得有的主持人后劲不足。但是如果不考虑主持人的合作，只简单计算他承担的节目总量，又会出现制作费减少的问题。因此如何处理主持人工作量与节目制作费的比例，使得主持人能够游刃有余地制作节目，是下一步有待研究和解决的难题。

北京电台节目制作中心的成立，节目招投标工作的顺利推进，使北京电台在整个传媒市场的竞争实力得到了进一步的提升。从另一个角度看，为实现真正意义上的制播分离奠定了基础，有力推动了广播市场制播分离的前进步伐。

（作者单位：北京人民广播电台）

广播节目研发创新初探

王　伟

自20世纪90年代开始，以北京电台经济广播开播为标志的广播改革使北京电台的发展掀开了辉煌的一页。截止到2004年，北京电台已经成为拥有8个专业广播频率、占有70%的收听市场份额、年创收额突破3亿元的行业翘楚。但是，随着中央电台音乐之声、都市之声的开播，国际台环球资讯广播的上马，以及天津、河北、廊坊等周围地市电台对北京市场的夹击，使得北京广播市场的竞争越来越激烈。与此同时，电视、报纸对受众的争夺日益加剧，以互联网为代表的新媒体也加入了分食“蛋糕”的队伍。面对如此激烈的竞争，北京电台领导一致认为，唯有超越自我不断创新才是广播发展的出路。基于这样的共识，2005年北京电台在研究中心下设研发部，开展节目研发业务。5年多来，研发工作在北京电台的创新大潮中不断推进。它的经验教训或许能为正在创新道路上探索的广播同行提供些许的参考和启迪。

一、广播节目研发的探索实践

1. 坚持原创为主研发新节目

北京电台在研发工作起步阶段也曾有过移植国外广播节目的想法。但是在研究国外节目的过程中，研究人员发现与电视节目相比，国外广播节目创新速度较慢，移植起来也要困难得多。首先，国外电台中音乐台和谈话台节目占了相当大的比例。以美国为例，据全美广播协会对美国全国广播电台的频道定位分类统计，“在总共13817家电台中，音乐台大约有9000多家，新闻谈话台占了1761家”。其中音乐台绝大多数采取格式化编排的方式播出，节目形态基本上就是歌曲加广告加电台形象宣传的模式。

新闻谈话台的节目话题以政治和时事内容居多，大多是凭借主持人的个人魅力吸引听众。谈话节目的基本形态就是主持人、嘉宾外加热线电话。这些节目的形态经常十几年甚至几十年不变。最容易创新的娱乐类节目在国外电台当中所占的比例反而较小。其次，由于广播的媒体特性所限，国外广播节目同样具有突出的地域性，节目大多与当地人的生活、文化特征紧密相关。如果采取电视节目那样简单复制的办法很容易出现水土不服的问题。虽然整体移植比较困难，但国外节目当中有很多可以值得借鉴的亮点。例如，国外广播节目与时俱进的能力普遍较强。它们会不断地用一些新鲜的元素来改进已有的节目，使节目常播常新。

出于上述考虑，北京电台将自己的研发业务定位在坚持原创为主。在自主研发原生创意的基础上，借鉴国外广播节目中的新元素，对创意进行丰富和完善，最终产生新的节目创意。在这个定位下，5 年多来研发人员通过定期的创意研讨等研发流程，研发出了一批新节目创意。新节目所涉及的类型包括新闻、谈话、音乐、体育、服务、娱乐、广播剧、栏目剧等多种类型。这些新节目不仅创意新颖，在新媒体应用、音视频共做以及产业链开发等方面也作出了有益的探索。

例如，通过对社会生活的关注，研发人员创意出了《家庭真言》《购物英雄》《幸福一比三》等一批新节目。《家庭真言》是研发人员根据社会转型期人与人之间矛盾加剧，调试家庭关系成为人们迫切需要这一社会现象研发出的一档以讲述亲情为核心的节目。为了征集到精彩的家庭故事，在这个创意中设计了短信、网络留言、电话留言录音、电子邮件等多种互动方式与听众沟通。这些设计在节目中应用后取得了良好的效果。《购物英雄》是研发人员原创的一档以家用消费商品为基础的服务类真人秀节目。为了让其中的竞赛单元更具专业性和娱乐性，研发人员借鉴了美国 NBC 节目《以一挡百》的部分游戏规则，播出后也收到了不错的反响。广播相亲节目《幸福一比三》因其独特的创意也为节目制作人员带来了启迪。此外，对新事物、新技术的关注启发了研发人员的创意灵感。2009 年 8 月新浪网正式推出了新浪微博。这一新型交流工具立刻引起了研发人员的兴趣。经过对微博各项功能的了解，研发人员将微博的个人媒体与广播的大众媒体功能相结合，研发出了网络互动资讯节目《微博荡漾》。此外，网游的火爆、淘宝网的出现、网络切客的诞生催生了《球赛任我玩》《淘宝日记》《发现北京》等一批与互联网新事物、新技术密切相关的节目创意。

2．用新理念、新元素完善在播节目

新节目研发固然是一种创新，但是对于一个广播频率来说一定时期内可接纳的新节目毕竟是有限的。相比之下，如果能够通过注入新理念、新元素的方式对现有节目进行完善，则是一种更具挑战性的创新，这种创新也更加符合专业广播的实际需求。

北京音乐广播曾在业内独领风骚多年。2007 年上半年，北京音乐广播收听情况出现下滑，尤其是早间时段。根据专业广播的要求，研究人员对其 7：00—9：00 的早间节目板块进行了重点研究。经过分析后发现，音乐广播这一时段存在着栏目多、信息少、缺乏互动以及音乐风格不统一等问题。针对这些问题，研究人员分别进行了同时段对手节目分析、目标受众需求分析，并研究了以美国 KROQ 电台为代表的多个国外音乐电台早间节目。经过综合分析后提出了具体的完善措施。这个时段改版后成为一个两小时的大板块直播节目，在满足听众音乐需求的基础上增加了资讯、话题互动等内容，以适应早间节目受众增加的新变化。这些新元素的注入不仅符合北京音乐广播栏目化的定位，也使节目的服务性和伴随性大大增强。节目经过完善后收听情况很快开始回升。

新理念的注入往往也会带来意想不到的效果。2005 年开始，故事类广播频率渐渐兴起并展示出良好的发展势头。与以往的长书频率、小说广播不同，故事频率多以中短篇故事为主，比较注重时效性，编排上也更注重与听众日益加快的生活节奏相吻合，是一种新的广播频率定位理念。结合当时北京电台还没有专门的故事频率的实际情况，研发人员提出了一个故事频率的策划方案。由于种种原因，当时并没有引起太多的反响。但是，随着 2006 年和 2007 年中央电台文艺之声的崛起和各地电台故事类广播的增加，故事频率这个新类型终于得到了广泛认可。2008 年原首都生活广播正式改版为故事广播播出。开播至今收听情况稳步上升。北京爱家广播是 2009 年新开播的一个频率。经研究中心与央视市场咨询公司联合进行频率定位调研后，最终定位以家庭当家人为核心受众。以往北京电台的频率都是以内容定位的，例如，新闻、文艺、音乐等，以特定人群为频率定位还是第一次，但正是这个新的定位理念让爱家广播在竞争激烈的广播市场中找准了自己的生存空间。

二、广播节目研发的模式建设

研发部门成立之前的节目创新大多是采编播人员的自发行为，更多的时候是凭感觉或经验来进行节目的创新。不可否认，感觉和经验也能生发极佳的节目创意。但感觉和经验毕竟是难以复制的，科学的研发必须形成一种流程。这个流程需要具有系统化、工业化及可操作的特性，通过这个生产流程来保障产品的创新性。

1．靠科学的流程保障创新

北京电台的研发业务从起步就比较注重建立一套相对科学、规范的流程体系。随着研发工作的深入，这一流程也得以逐步完善。截止到目前已经形成了从创意收集到效果反馈一整套相对完整的研发流程。这个流程具体可分为以下 5 个阶段。

（1）创意收集阶段。在这个阶段，研发人员通过对国内外广播节目的跟踪研究和头脑风暴等活动寻找创意灵感和线索。这些点子经过筛选和研讨后成为研发创意进行立项。

（2）研发阶段。创意一经立项即进入研发项目执行阶段。这个阶段又分为策划研讨、方案形成、方案研讨及修改直至方案完成。中间须经过数次头脑风暴和研讨。

（3）验收改进阶段。完成的研发方案须经过台领导审阅验收，验收未能通过的须返回修改直至通过。

（4）发布及转化阶段。由研究中心定期向台内发布研发成果供专业广播采用。专业广播无须付费但有义务对方案使用情况进行反馈，为研发工作提供改进意见。

（5）播后完善阶段。研究中心应专业广播要求根据节目播出后的反馈对方案进修改和调整。

2010 年年底，北京电台投资数百万元、历时 3 年建设的广播受众实验室投入使用，这是国内第一家专门的广播受众实验室。从 2011 年开始，节目研发流程增加节目测试环节，也就是将研发的节目做成样带，组织目标听众到受众实验室进行节目测试。通过听取意见建议和分析测试数据等多种手段了解听众对节目的反馈，并根据这些反馈对节目作出相应的修改和调整。实验室的建成不仅为广播受众研究提供了先进的硬件设施，也为完善研发工作流程起到了重要的作用。

2. 以严格的管理保证质量

规范的流程需要严格的管理，否则流程就会成为过场。只有流程中的每个环节都把好了质量关才能保证最终产品的质量。为此，北京电台对研发工作实行了项目管理制，对每一个流程中的每个操作程序进行严格的监督。每个环节都制定了明确而严格的管理标准。例如，对国外广播节目进行跟踪研究的最后结果是以研究报告的形式呈现的。研究中心对每一份研究报告都有着非常具体的监听和撰写要求。从内容构成到文章结构、从节目记录格式到音频的录制都有明确的管理规定。有了它即使是第一次承担节目研究任务的人只要严格按照要求进行分析研究，也能比较顺利地写出符合需要的报告。因此，从研发业务开展至今，虽然承担国外节目研究任务的部分人员处于流动状态，但研究报告的质量一直保持着稳定的状态。对于节目研发方案的管理也是如此。按规定要求，每个研发方案都必须包含创意理念、内容构成、表现形式、资源支持、目标受众分析等十几项内容。其中，对节目播出时段的选择和目标受众的分析，必须根据收听率调查数据进行分析的基础上才能确定。

3. 以竞争的态势鼓励创新

为了让创新意识植根于一线人员的思想中，北京电台每年都在节目制作中心部门内部开展节目创新大赛，鼓励一线制作人员创意新节目，使创新成为一种常态。每年一度的北京电台节目竞标也是一次节目创新的集中展示。所谓节目竞标，就是将各个频率的非重点保留节目时段拿出来在全台范围内进行招标。节目制作人员可根据各频率的要求自己创意新节目投标。节目是否中标将直接关系到节目制作人员下一年度的工作岗位。因此，每年的节目招标都是激发一线人员展示创新能力的机会。

除了在电台内部制造鼓励创新氛围，北京电台还敞开大门欢迎社会人士参与广播创新。自2008年起北京电台创办“赢在创意”全国广播栏目大赛

（自第二届起与中国广播电视协会联合主办），斥巨资奖励优秀广播创意。

“赢在创意”是国内第一个专门设置了原创作品奖项的大赛。广播爱好者不仅可以将自己的构思制作成作品参赛，而且一些获奖创意有机会转化为广播节目在北京电台播出。例如，获得首届大赛原创组铜奖的《博客斗秀堂》是一档以网络博客素材为内容进行观点交锋的广播节目创意，参赛者是一位在读的研究生。这个创意被北京新闻广播相中，2009 年以《博闻天下》为名播出。为了提升参赛选手的创意水平，每次颁奖典礼不仅会请广播行业的专家对作品进行点评，还举办广播创意论坛等富有启发性的活动。著名编剧邹静之、国内视频网站的开拓者——优酷网总裁古永锵都曾是论坛上的主讲嘉宾。大赛的颁奖典礼已经成了每年业界人士和广播爱好者欢聚一堂的广播创意交流盛会。大赛举办 3 年来，参赛作品的数量和质量不断提高。正如北京电台汪良台长在首届大赛颁奖时所说：中国广播正在进入创意竞争的时代。北京电台愿意面向社会开展头脑风暴，奖励节目创新，催生广播创意，使广播常葆青春活力。

三、广播节目研发的问题与思考

以下是在节目研发过程中遇到的几个具有共性的问题，解决好这几个问题对于开展研发工作具有非常重要的意义。

1. 熟悉一线情况，避免研发与需求脱节

节目研发虽然需要具有一定的前瞻性，但是如果与一线的实际需求脱节，研发的成果无法转化成生产力，其价值也难以实现。造成研发与需求脱节的主要原因是研发人员缺乏对一线实际情况的了解，关起门来做研发。作为研发人员需要熟知本台节目和广播节目的生产流程。为了解决这个问题，首先是要定期对台内的节目进行监听和研讨，及时掌握播出节目的变化。其次，应当多与一线人员接洽，了解他们在做节目时遇到的问题和困难，倾听他们的需求，并根据这些意见调整研发的方向。再次，有机会参与节目的制作，对涉及具体操作的环节多向他们请教，全面熟悉节目生产的流程。

2. 启动节目测试，促进成果转化

对研发方案最终效果的疑问是影响创意转化的一个重要因素。毕竟，上一个新的节目需要各类资源的投入，受众群也需要慢慢培养，比维持原有节目要冒一些风险。随着北京电台受众实验室的建成使用，这一问题有望通过节目测试的环节得到解决。利用受众实验室既可以进行定量的问卷统计，也可以进行定性的小组访谈，从主、客观两个方面收集听众对一档节目创意的意见。测试的数据可以直观地对节目播出后的效果进行评估，来自听众的意见和建议也可以使研发方案得以完善。节目测试环节的增加必将消除方案使用者对播出效果的疑虑，促进研发成果的转化，实现研发创意的价值。

3. 提供后续服务，保障创意执行

在新节目的转化过程中，经常会遇到创意执行走样的情况。这种情况的出现有两方面原因，一方面是设计上存在缺陷导致无法执行，另一方面是节目制作人员未严格按照原来的研发方案操作。为避免这类问题出现，研发人员应加大后续服务的力度。研发流程中的播后完善正是为此而存在的。如果是设计上的缺陷则应由研发人员继续改进。如果是节目制作人员自行简化，研发人员则需要提醒改正。否则，很难达到原来的创意效果。

中国广播正在迎来创意竞争的时代，只有勇于创新、超越自我才能在激烈的市场竞争中立于不败之地。创新需要实践，创新更需要超前的理念、科学的流程、完善的机制。在探索广播创新的道路上，我们依然任重而道远。

（作者单位：北京人民广播电台）

在融合中保持自我

陈晓海

在媒体融合的大趋势下，怎么让广播借融合的趋势在新的平台上发挥更大的作用，同时不丧失自我？这是许多广播人既向往又担心的。大家最不愿意看到这样的结局：本来广播能活10年，融合之后只活了5年，原有的生命体征消失了，蜕化成微不足道的寄生物。

在融合中保持自我，我认为应做到以下几点。

一、与新媒体共享快捷优势，广播以信息首发换取影响扩容

2011年7月13日，社会文献出版社和上海交大联合在京发布我国首部舆情蓝皮书。蓝皮书指出："新媒体正日益成为众多热点新闻的首发媒体。""在2010年138起社会热点事件中，新媒体首次曝光的为89起，占比65%，比2009年的56%提高了9个百分点；传统媒介曝光的为47起，占34%，比2009年下降了10个百分点。"

如上所述，传统媒体正在逐步让出信息首发者的位置。最无奈的是报纸，它对新闻的反应速度，因先天不足而早早让位于广播电视与新媒体。而广播，虽然不再是唯一的信息首发者，但仍然具备和网络、手机等新媒体争抢新闻第一落点的实力，可以说是信息的首发者之一。而广播与新媒体的自觉互动，又可借助新媒体传播广泛的优势增加自身的影响力。近年来，中国之声与中国广播网联合出击，中广网借中国之声同步首发热点新闻，中国之声借中广网扩大广播新闻的品牌效应。这套以共享广播的反应速度来换取广播影响增容的组合拳，打得还是蛮有效力。中国之声收听排位的上升与广告收入的增长不能说与此毫无关联。中国首部舆情蓝皮书说："在新媒体浪潮的冲击下，传统媒体通过自己主办的新闻网站逐步提

升影响力。在2010年社会舆情事件中，首曝媒介为网络新闻的多集中于这些传统媒体主办的网站。”看来，共享速度优势弥补影响劣势，并非中国之声一家所为。广播在信息首发上主动对新媒体投怀送抱，换来了双赢。

连续翻阅北京电台的《收听数据报告》，无意中发现一个未经核实的关联：中国之声收听率突飞猛进的时候，也是中国广播网点击率大幅攀升的时候。现在中国之声收听率回落，中国广播网点击率也同步下降。二者之间呈正相关。这虽然是个案，但某种程度上回应了我们的担忧：拥抱新媒体广播会早死吗？如果二者呈负相关，答案是不利的。

二、叙事说理的优势广播不能无偿让渡给新媒体

英国学者安德鲁·科雷赛尔在《新媒体技术与广播的未来》一文中说：“广播满足了我们的独特需求——对于想法的需求。很多抽象的概念，比如智慧、道德、信仰、观点、理论等，无法仅仅通过影像来表达这些概念。广播对于阐明想法、观点而言，是最理想的媒介，因为影像的加入，会使听众无法集中注意力理解观点，或产生误读。我们倾听广播时，视觉所见与所听毫无联系，或从属所听。所以，这类广播节目要求不带视频，因为我们需要时刻提醒自己：有一个层面超越影像，包括由看法、价值观、论题构成的层面。”

广播在思想表达上有它不可替代的优势，这是谈话类、故事类节目足以支撑一个个广播频率的内在因素。新媒体常常把一件完整的精神产品切割成碎片分发给受众；而广播常常把若干相关联的精神产品整合起来呈现给受众。在观念表达这个层次，新媒体的碎片化表现无法替代结构的完整和逻辑的严密，这是叙事论理所必需的。杂志、报纸等纸媒也有这个长处，所以它们在热情拥抱新媒体的同时，很注意自我保护，力求以我为主。大型期刊《炎黄春秋》早已建设了自己的网站，有了网络版，但每月的文章只有头条是全文刊发的，其他文章只发起始的七八百字，想继续阅读就要购买杂志。这种对新媒体欲拒还迎的态度显然是担心丧失了自我。

广播与新媒体的合作也要以我为主。既然有叙事说理的长处，就不能把长处拱手让人，而要扬长补短。很多谈话节目邀请正反两方嘉宾，就某一热点事件进行观点交锋，主持人居中点评。听众听的是双方雄辩的过

程，从中确定或更正自己的立场，也就是“选边站”。这类节目一般来说没必要全盘端上新媒体。而嘉宾提出的某个精彩观点或关键信息可以为新媒体所用，受众从新媒体上了解嘉宾的核心立场。

目前，微博等新媒体从传统媒介那里抢走了部分议题设置权。国内正在形成一种新的舆论形成机制：微博率先报道，传统媒介跟进，通过议题互动，共同掀起舆论高潮。对于传统媒介来说，这未必是一件坏事，广播可利用自己善于叙事说理的长处，抢断微博设置的议题，转移到自己的话语平台上，以独立采访和独特视角叙事辩理，还原真相，树立公信。前些日子，北京新闻广播接过微博上一则有人在东四地铁附近遭枪击身亡的报道，第一时间补充采访，迅速在广播和新浪网上播发该男子系跳楼身亡的详细报道，更正了失实的微博。这件事做得漂亮，因为北京新闻广播发挥了叙事辩理的长处，既弥补了时效的缺憾，又张扬了广播的权威。

三、扎根城市，服务社区，广播在服务中保持自我

适应中国的“圈子文化”，新媒体上形成了许多圈子，也即“社区”，它们大多是心灵的社区、志趣的社区。志趣相投、理念相通的人跨入同一虚拟社区，或切磋交流，自得其乐；或集体发声，试图影响圈子外的人。

在虚拟空间自由结社，似乎预示着国人民主意识的觉醒。但在现实中，我们生活在地理环境构成的社区里，社区生活的内容离不开衣食住行、柴米油盐。在这个现实的物理社区中，国人的民主意识还不那么强，不要说自由结社，连小区的业主委员会都很难建立，建立了也很难运行。基层自治处于政府主动倡导、居民被动接受的初级阶段。人们关注的还是柴米油盐那些事。

广播持久的生命力来自于地理环境构成的现实生活的社区，最大的社区就是我们生活其中的这座城市。它扎根城市，融入城市本土文化，服务区域内的千万市民大众，因此才有发展。广播服务的社区与新媒体形成的社区有很多不同：后者是虚拟的，以理想、志趣为凝聚点，追求民主表达和自由发声；前者是现实的，关注衣食住行，现阶段以改善民生为主要诉求。广播与新媒体融合之时，不能认错自己的服务对象，弄错自己的服务内容。它需要向受众提供与新媒体不同的服务，才能赢得认同。广播要坚

持陪伴者、服务者、沟通者和引导者的角色定位，服务于受众的收入、医疗、求学、就业等一系列生活焦虑，而不能仅仅成为让受众自由发声的舞台。即便在不远的将来，广播从全媒体发展构想，步入全媒体发展之路，融合的平台呈现在脚下，我们也不能演错自己的角色。现实环境中，广播不是布道的牧师，它永远是城市平民日常生活的陪伴者、服务者、沟通者和引导者。

（作者单位：北京人民广播电台）

“三网融合”下的广播新渠道
——广播与新媒体融合的类型和方式

陶　津

在过去的几年里，我们一直在研究广播如何应对这个新媒体迅猛发展的时代。经过此前的数次讨论，广播与新媒体融合的目的和意义已经比较清晰了，本文就哪些新媒体可以与广播融合、用什么样的方式与之融合来进行简要梳理。

我们通常说的“新媒体”概念是随着通信技术、网络技术的不断升级、应用范围的不断扩大而不断变化的。分析下来我们能够与之融合的有网络、多媒体数字广播、家庭数字电视系统、手机广播、户外触屏、楼宇数字终端，等等。虽说我们统称它们为新媒体，但是由于它们各自有着不同的传播方式和受众使用习惯，所以我们必须一一分析广播与不同新媒体平台的融合方式。

一、广播与网络的融合：深度拓展网络收听

现代人获取信息的习惯随着网络的普及已经悄然改变，听广播、看电视、读报纸的时间在减少，而利用网络的时间在延长。对于传统媒体来说，网络曾经被看成“洪水猛兽”，但近年来一些成功者的实践表明，如果充分研究网络的特点并加以利用，它可以成为传统媒体影响力延伸的有力武器。再者，“三网融合”的客观现实也不容许传统广播独善其身。

1．拓展网上收听

目前我们的广播节目都实现了网上的实时收听和点播收听，由于没有时间和地点的局限，改变了传统流媒体线性传播、稍纵即逝的缺点，非常适合网民自由选择信息的行为习惯。另外像北京爱家广播这样的中波频

率，也摒弃了收听效果不佳的先天不足。我们虽然不能寄希望于网络广播的听众全部演变成开路广播的听众（清醒地认识这一点非常重要），但是由于网络广播在网上的影响，可以很好地扩大开路广播的知名度和美誉度，回过头来反哺开路广播。我们还可以根据节目不同的类型和内容进行其他方面的开发和利用。可以反复收听的作品类、欣赏类节目，比如《毛毛狗的故事口袋》《故事联播》等，在版权问题清晰的前提下，可设置下载专区供听众下载，从而产生收费认证下载的赢利点。一些实用的节目比如《宝贝计划》《健康喜来乐》《爱家帮你忙》等，可以将节目内容进行简单的文字剪辑，放置在网络上供受众进行查询和检索，不仅为受众提供了服务，也可以成为吸引受众一个手段。

除此之外，网络视频是我们可以吸引网民的另一个手段。过去广播都是只闻其声不见其人，自从有了视频，我们的广播也是可以看到的了，这样就丰富了广播的表现手段，过去我们北京电台有很多次的大型音视频共做的特别节目（比如这几年的春节除夕晚会、中歌榜的颁奖典礼），都取得了成功，产生了很大的社会影响，今后依然可以继续保持。但我们花了大量人力，物力制作的日常节目，表现不尽如人意。这是由于广播的日常节目本身没有视频元素，现在只是直播室的简单录制，缺乏吸引人的画面。如果增加外采的内容就意味着较大成本的投入，所以我觉得我们要对现有的视频节目做认真遴选，根据需要进行取舍。从另一方面讲，广播一直是个有些神秘的媒体，保持这种神秘也许不失为另一种竞争的策略。

从广告经营角度来说，在网络这个平台上，也可以使网络广播听众听到广播中的广告内容，从而使广播广告有第二落点的传播。

从这几年爱家广播的实践来看，虽然我们的听众与网络的使用者重合度并不高，但是由于我们的一些节目（比如《宝贝计划》）对某特定人群具有“必听性”，所以在网络上收听的效果还是不错的。

广播与网络的融合，除了上面说到的在线收听、点播收听、节目下载、文字查询之外，近期出现了网络微博、微电台、微语等多种形式。这其中尤以微博发展速度最快，影响最大。目前我们的系列台、主要栏目和主持人大多都开了实名微博，即使我们的爱家广播、主持人的知名度都不够高，但是目前我们的官方微博和一些主持人的微博还是聚拢了超过我们预期的关注和“粉丝”。如果我们投入更多的精力进行推广，这将成为另外一个可能增长的空间。

2. 找好网络合作伙伴

北京广播网已经运作10年，拥有一支既懂广播传播特性又懂网络传播特性的专业技术和制作团队，为北京电台和各系列台的品牌传播、资源利用、广播在网络上的传播搭建了良好的平台。无疑，在广播融入网络的进程中北京广播网是最好的伙伴，是我们进入网络的第一落点。除此之外，我们要有选择地寻求与各类门户网站、专业商业网站合作，毕竟这些网站的影响广大，在短时间内可以带来巨大的影响力。但是在与之合作的过程中，我们一定要保持积极且审慎的态度，这样才有可能达到双赢的效果，毕竟网络是一个我们不甚熟悉的领域。

二、广播与数字音频广播的融合：继续推动数字多媒体广播发展

数字多媒体广播已经试播了几年，能够听到的地域不断拓展，基本改变了中波收听难的问题。另外，它的推送发送节目的方式让听众仅使用收音机终端就能实现有选择地收听、收藏广播节目的目的。这样使我们的节目又有了一个二次传播的途径。更可喜的是，2011年终于看到了相对比较便宜的数字音频广播（DAB）终端，这样为普及数字多媒体收音机提供了有利的条件。

但是，现在DAB的覆盖问题也许还没有完全解决，在城区的一些地方使用最好的DAB收音机依然不能收听到中波台的节目，而恰恰是我们这样的频率更加热切盼望DAB能够解决我们的收听难题。

另外，我们希望听到目前我们的数字多媒体广播发展的情况、遇到的问题和今后的目标。

三、广播与家庭数字电视系统的融合：巧妙改造数字机顶盒

在2011年我参加台里举办的“高级项目运作培训班”时，听到了一个好消息：电台要投入一笔资金，改造听众家中的机顶盒。当时我们给这个项目取了个很好听的名字叫“金耳朵”。据了解这个项目已经得到了市

领导的认可，我台也开始了第一期的实施。就是在现有的电视机顶盒上外挂两个扬声器，这样听众就可以不打开电视机收听广播节目了（第二期会把扬声器直接嵌入机顶盒）。如果这个计划能够顺利实施，很多听众都将受益，比如现在有些家长为了给孩子听小群姐姐的节目只能打开电视，但更多的家长是不会这样做的。于是很多听众流失到我们的竞争对手那里去了。这个项目还有一个排他性的优势，就是机顶盒里能听到的只有我们北京电台的节目，这样就从技术上屏蔽了竞争对手。不知现在这个项目进展到什么程度了，希望能够加快实施。

四、广播与手机的融合：利用“三网融合”机会，寻找赢利点

在我国，这两年有关“三网融合”的新闻、信息已经看了很多，“三网融合”的目标就是：促进电信网、广播电视网和互联网融合发展，实现三网互联互通、资源共享，更好地为用户提供语音、数据和广播电视等多种服务，从而拉动国内消费，形成新的经济增长点。

对于中国广播事业而言，“三网融合”意味着广播从形态、产业经营模式、广播从业者的生存方式都会发生深刻的变化。在这个变化当中移动人群不再单纯依赖车载收音机收听广播节目，而更多选择用手机收听手机广播节目，将是我们面临的最大变化。

所谓“手机广播”，就是利用具有收音机或上网功能的智能手机来收听广播。目前有两种形态的手机广播：其一，依托 GPRS、3G、WAP 等无线通信技术和互联网络，通过手机上网实时收听或点播网络广播节目的手机广播形式；其二，通过手机内置 FM 广播调谐器，可以直接收听电台广播节目的手机广播。下面我们要讨论的是带有上网功能的手机收听到的广播。

1. 手机广播的传播特点

其一，广播信息的开放性。手机电台因网络信息的开放性，拓展了收听的疆域，不再受传统广播覆盖范围的限制，各种功率的电台（无论是调频还是调幅）共享信息的机会平等。其二，信息互动传播性。手机广播相对于传统广播，具有多向互动的传播优势。手机广播用户可以在收听节目的同时通过微博、短信、电话、在线电邮、聊天室、论坛、网上调查等方

式和主持人互动，参与电台的节目。其三，信息检索便携性。手机上网实现了与网络资料库的兼容。广播节目成为可供查询、检索的信息资料群。

在“三网融合”的时代，我们一方面要保留传统广播的受众群；另一方面，要开发新媒体受众群，其中，最重要的便是手机广播受众群。现在中国的手机用户已突破9亿户，其中很多人使用的是智能手机。由于3G技术的迅速普及，手机的便携性激励手机用户更加依赖于通过手机接收、搜索媒介信息。

2. 手机广播的受众特征

（1）从人口构成来讲，主要集中在经济发达地区，经济发达地区也是移动运营商数据业务发展的重点城市，用户对新业务的使用兴趣较高，另外，经济发达地区是工作场所与大专院校较为密集的城市，这些特点是手机广播受众的主要来源地。同时，从年龄段来分析，中青年接触度高；从受众的学历来讲，高知人群接触度较高，这与他们对新鲜事物以及网络接纳程度高有很大关系；从受众的从业性质来看，在手机音频广播的从业性质比较中，学生、企业员工的比例最大，这与两者的年龄适应性与应用能力有较大关系。

（2）从受众行为角度分析，受众接触手机广播，最有效的渠道是互联网。随着移动增值业务的日益丰富，手机声音文件的下载和音频在线广播将被广泛应用和推广。从内容的选择来看，新闻时事与娱乐综艺是受众关注较多的内容。

3. 广播电台在融入过程中的赢利可能

在与手机广播的融合过程当中，赢利点也较为多样，除了保持原本的传统电台的广告收入和电信增值收入之外，可以考虑下面的收入来源。

（1）内容提供。传统广播电台由于拥有专业的采编播队伍，可以制作出精品音、视频节目，我们转型成为内容提供者时与平台商合作，可以为用户定制下载付费节目（如各类手机报）。

（2）参与手机广告业务。根据CNNIC（中国互联网络信息中心）的调查，截至目前，中国手机网民规模接近3亿人，而且依然保持稳定增长的趋势。在增加广告而免除使用费之后，手机媒体节目的应用有大幅度提升。说明目前手机媒体节目的费用超过用户的预期值，而手机媒体广告有望得到快速发展。

为了在手机广播发展的过程中我们能得到最大的利益，我们一要做好内容。节目既要具备“独家”性，也要具备“精品”性。独家可以表现出媒体的快捷与判断力，“精品”可以体现出媒体对受众、对节目定位的准确性与有效性。二要增强节目的互动性。这里的互动性不单指直播状态的互动，直播状态中的互动是主持人主动，听众为被动。而手机广播用户的资讯支取权利加大，被动互动变为主动互动，甚至我们要建立受众跟踪系统，记录受众的互动轨迹，迎合受众自我实现。比如，微博与手机的结合，便可以随时随地满足受众“记录”自己的欲望。另外，节目具有可检索性很重要，因为可检索性是网络时代对信息关注度的重要衡量指标之一，也就是说让使用者能够轻易地找到我们。

依照目前的发展态势，广播电台今后不能再充当“全能”角色（过去我们节目的制作、节目的传送、节目发射、品牌宣传、广告运营甚至接收终端的研制开发等统统是独家完成），而是需要来自网络提供商、应用开发商、手机终端商的支持和协助，形成多方共赢的运营模式。我们更多的是充当内容提供商的角色。在这个产业链中缺一不可，尤其是移动运营商的配合。因此，我们要及早对他们的运营方式、赢利模式进行研究，做到知己知彼。

综上所述，在新的时期我们广播要想在竞争中继续保持良好的发展态势，除了要做好传统广播的事情（比如，寻找更好的频率资源、发展更多的手机终端、吸引更好的广告客户，等等）之外，最重要的是拓展我们可能进入的新媒体领域，寻找可能与我们融合的平台，以积极包容的心态、灵活应变的思路、稳健前进的步伐在这个新时代中继续前行。

（作者单位：北京人民广播电台）

试论广播媒体推进“三网融合”的思路和对策

蔡明可

“三网融合”是指电信网、广播电视网和计算机通信网3大网络通过技术改造，相互渗透、互相兼容，能够提供包括语音、数据、图像等综合多媒体的通信业务。自信息技术革命以来，3大网络在很长一段时间内都各自为政，争夺着受众群体，发展着不同的业务领域。但随着技术的不断进步和受众信息消费习惯的逐渐成熟，3大网络不可避免地走到了融合发展的十字路口。自1997年全国信息化工作会议首次提出“三网融合”的概念以来，历经十多年的发展，“三网融合”也经历了起伏不定的变迁。2000年，电信、电视、计算机网的融合被写入国家“十五”规划，这是“三网融合”首次被写入国家五年规划；2005年，“十一五”规划再次明确提出要“推进‘三网融合’”；2009年3月5日，在十一届全国人大二次会议上，“三网融合”首次被写入政府工作报告，并作为国家科技创新的重要举措；2009年4月15日，国务院正式出台《电子信息产业调整和振兴规划》，再次提出了“推进‘三网融合’”的要求；2010年1月13日，温家宝总理主持召开国务院常务会议，决定加快推进电信网、广播电视网和互联网的“三网融合”，明确指出“三网融合”要按照先易后难、试点先行的原则，选择有条件的地区开展双向进入试点，并将在2010—2012年重点开展广电和电信业务双向进入试点；2010年6月30日，国务院办公厅正式下发通知，公布第一批“三网融合”试点地区/城市名单，包括北京、上海、深圳等在内的12个城市均在其中。

自此，“三网融合”的大幕已正式拉开，若干个试点城市都结合自身的实际情况开展了形式多样、内容丰富的工作，也取得了相当的成绩。北京电台自2001年开始建设互联网站点以来，多年来不断创新宣传形式，开拓传播方式，在“三网融合”的大框架下做了许多实际性的工作，一方面为北京市的“三网融合”试点工作添砖加瓦，另一方面为广播媒体应对“三网融合”进程作出了有益的探索。

一、面对“三网融合”的主要措施

北京电台早在2001年就涉足新媒体领域，建立“北京广播网”作为电台的网络宣传阵地，在这10年间一直遵循“汇九台之精华，扬一网之优势”的理念，坚持“广播为主、网络为辅、网络烘托、广播结果”的办台办网方向，将网站作为电台新媒体业务的排头兵，尝试基于互联网和无线网的创新宣传形式。北京广播网逐渐从功能单一的展示性网站发展成为业务多样、资源丰富的服务性网站，成为北京电台“九台一网”报道模式的重要组成部分，也为9个专业广播搭建了一个全新的宣传平台，并在广播媒体面对“三网融合”大趋势中进行了有益的尝试。

1. 广播与网络的融合

与传统广播媒体相比，互联网技术弥补了广播的劣势：首先，借助互联网，广播电台不论规模大小，其听众理论上可以分布在全球任何一个互联网能够到达的角落；其次，由于网络已经实现了广播直播以及广播节目回放的任意收听，突破了传统广播模式下听众对节目的选择余地小的线性播出模式，在一定程度上弥补了广播的线性传播和稍纵即逝的弱点；再次，网络更加容易让听众参与到节目中来，其传播过程更具有交互性。

北京广播网充分发挥了网络的技术优势与广播的节目优势，整合电台的节目资源，将各个专业广播的优秀作品以及电台的库存资料按照内容进行整理，建成了一个文化韵味浓郁、资源覆盖齐全的网络音频社区——听吧，为听众提供一条龙的音频服务；并充分发挥网络传播特色，开辟了视频直播业务，目前凡是有政府官员、著名学者、当红艺人参加的广播节目都进行音视频网络直播，每周视频直播时长达到90小时。此外，北京广播网开办原创视频栏目《播播会客厅》，采访广播主持人，讨论热点话题，将广播节目内容延伸到网络上来，增加了节目深度，引起了受众的持续关注。在台网互动层面，北京广播网依据电台的相关规定和自身的工作实践，逐渐摸索出一套“先期网上预热、精华电台展现、后期网络延伸”的线性合作方法，贯穿于节目采编播的全过程，使广播节目借助网络传播丰富了自身形象。

北京电台通过各种新的传播手段来扩大广播影响力，将“三网融合”的概念落到了实践中，具体表现在互动方式创新、推送形式创新和内容整合创新3个层面。

（1）互动方式创新：广播媒体自20世纪90年代以来，与受众的交流方式经历了信件、热线电话、手机短信等的变化。出现互联网之后，又增添了博客、论坛、直播聊天室、微博以及SNS社会化网络平台等不断更新的互动手段。

（2）推送形式创新：2009年7月，北京电台以北京广播网为载体与微软公司进行合作，将9套开路广播和7套有线广播的在线直播植入微软Media Player播放器中，使全球近10亿微软用户都可以通过Media Player播放器收听北京人民广播电台的广播节目，并可通过Media Player播放器的推荐链接直接访问北京广播网，了解北京电台的最新动态，两周内在线收听广播的点击量就上升了20%。这是北京广播网在播放器终端推送方面的首次尝试，下一步将考虑与国内主流的媒体播放终端以及品牌电脑的预装软件进行合作，为用户提供便捷的收听收看渠道。

（3）内容整合创新：“汇九台之精华，扬一网之优势”是北京广播网的办网理念，更是具体任务与要求。网站紧紧围绕广播做文章，紧抓音频、视频、专题3大支柱内容，通过完善内容发布流程、建立部门内部评奖机制、设立专职的网站编辑联系各专业广播等多项措施，对各专业广播的栏目、主持人、活动等进行了多形式、多角度的网络推介，形成了网络结合广播节目特色、广播集纳网络传播手段的双赢局面，扩大了广播网站的业务范围。近年来，北京广播网不断推陈出新，先后创新完成了栏目专题设计、论坛地面活动、主持人博客评选、网友意见征集反馈等线上线下推广方案，策划、执行、建立记者博客圈、新春祝福短信大赛、“魅力社区”评选、数十个广播节目的专题页面、文艺广播的吉祥物名称征集，北京错峰上下班、北京治堵新政等音视频新闻的同步刊发，音频新闻的网络推荐、明星“粉丝”的论坛抢票活动等都收到了良好效果，这些原创内容不仅被众多商业门户网站转载，同时在黏着度较高的社交网站引起了广泛关注。北京广播网的整合专题从无到有，从数量集群扩大到质量显著提升，形成了广播与网络融合的新亮点。从 2008 年 8 月北京广播网改版至今，专题页面的点击量已占全网总浏览量的 3.03%，平均年增长幅度超过 150%。

2. 广播与手持移动终端的融合

2010 年 8 月，北京广播网手机 WAP 网站正式开通，提供北京电台的优秀原创音频资源，节目内容主打娱乐性和服务性，贴近百姓生活、彰显地域特色；在音频格式和文件大小等方面符合手机上网浏览、播放的特点，方便广大移动人群使用手机收听，并第一时间跟进电台活动的独家资讯，权威发布各专业广播的最新节目时间表。截至 2010 年 10 月底，在 WAP 网站开通仅两个月的时间里，WAP 首页访问数近 5 万人次，通过手机访问 WAP 的总人数达到 33623 人次。

随着苹果终端的全球热销，以 iPad 为代表的手持移动阅读终端迅速分割了个人电脑等终端产品的市场，同时带来受众接收习惯的变化。为此，北京广播网及时完成了针对 iPhone、iPad 的终端应用，并可以借助 App Store 和 91 助手提供给用户，使用户方便地使用移动终端收听广播节目。

3. 传统广播与数字广播的融合

2010 年 6 月 8 日，北京电台正式推出在移动终端播放的多媒体广播节目——RBC 综合频道，并由北京广播网负责视频节目生产。该套多媒体广播节目共有 9 个访谈栏目，每天 6 点至 24 点播出，可通过拥有 DAB（数字音频广播）功能的手机、数字广播接收机、1039 新媒体机等设备上收看，为用户提供免费的视频节目，用户机能看到广播主持人主持节目时的场景，又能看到参与节目的嘉宾以及专家们图文并茂的讲解（如图 1 所示）。RBC 综合频道的开播标志着北京电台试水新媒体市场又跨出了坚实的一步，也是电台节目经历了 5 年音视频共做模式的有力展现。同时，北京广播网的“播播视频”频道开辟了“RBC 综合频道专区”，将每天 RBC 综合频道的播出节目以专辑形式一并在北京广播网上展示，达到了很好的推广效果。

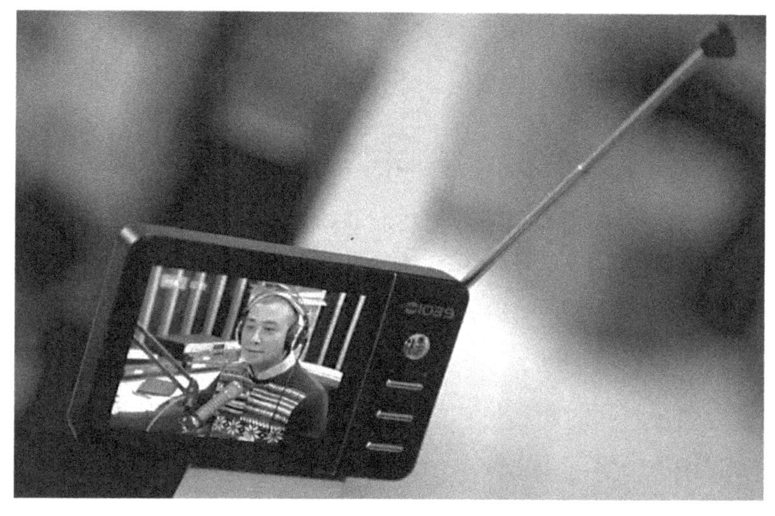

图 1　1039 新媒体机上播出的 RBC 综合频道

二、广播媒体在“三网融合”中急需解决的问题

从北京电台以及北京广播网近些年的业务实践来看，广播媒体在实施“三网融合”工作方面所面临的问题可归纳为如下几点。

1. 用户的信息消费习惯

有人说中国人喜欢便宜货，其实不然，中国人更喜欢免费。目前广电系统、互联网系统以及电信系统的用户，已形成了相对固定的信息消费习惯，虽然 3 个网络在信息内容上多有重合，但用户的信息获取途径已相对固定。如何改变用户的信息消费习惯，在铺设更多信息路径的基础上争取到更多的用户，是广电媒体在“三网融合”工作中要特别重视的问题。

2. 媒体的内容增值模式

传统模式下，广电媒体的创收形式主要依靠广告收入及少量的节目销售收入，在“三网融合”环境下，广告主的选择渠道也大大增加，对广电媒体的创收模式必将是一个很大的冲击，因此需要考虑开发新的内容增值模式。

3. 广播的节目制作方式

广播电台的低成本节目制作方式不能在新的媒体环境下抢占时效和产量的优势，将失去价格优势和竞争力，受众对节目的要求越来越高，微视频也成为新媒体的发展趋势之一。广播的节目制作方式如何满足网络的需求，进一步在“三网融合”中发挥自身优势，将是广播电台面临的挑战。

4. 广播媒体网站面临的双重压力

广播媒体网站面临电信运营商和商业网站的双重压力，后两者拿出了迫使广电“土地换和平”的架势，利用它们的优势平台，大肆低成本收集节目内容，弥补它们在节目制作能力上的匮乏以及版权购买的高成本，例如，商业网站利用广播节目宣传微博产品，零成本掌握视频转播直播流，并加工成为商业网站的产品为其带来经济利益。这些压力在一定程度上削弱了广播媒体的内容资源优势。

5. 资本运作的方式

传统的广播媒体在发展新媒体时，囿于自身体制等原因，与商业化的新媒体网站相比，缺少资本运作的条件及先天的灵活性，这对于以新技术为先导的新媒体而言是一种天生弱势。为扶持新媒体发展，北京人民广播电台近10年来一直对其实施优惠政策，给予人力、物力、财力支持，为新媒体尤其是互联网发展提供了良好的政策环境，但在下一步的“三网融合”工作中，这些资本支持依旧不足以支撑新媒体的竞争优势。

6. 从业人员的思维创新

这个问题应该是最根本、最重要的问题，因为所有的节目都是由人来做的，如何使广播从业人员的思维模式适应“三网融合”的要求，需要在业界的大方向明确、大政策确定之后仔细研究。

三、推进“三网融合”的工作思路

各地的“三网融合”试点工作已经如火如荼地展开，虽然广播媒体在推进“三网融合”的过程中会面临各种各样的问题，但“内容为王”的定律依然适用。作为与时俱进的传统媒体，只要结合自身业务特色，发挥广播整体优势，采取适合新媒体环境的发展策略，广播媒体在“三网融合”中将依然焕发新的活力。目前，中央人民广播电台等广播媒体在网络电台、手机视频以及台网一体等方面进行了大胆尝试，作为地方媒体网站的北京广播网也将结合自身特点推出适合“三网融合”环境的产品。

1. 搭建全新模式的网络电台

2010年1月12日，国家广电总局新闻发言人朱虹在全国广播影视工作会议上表示：有条件的电台、电视台都要大力发展网络广播电视，特别是要打破传统节目生产方式，更好地会聚网民力量、依靠网民智慧。据此思路，北京电台的网络电台设计规划工作也在随后展开，目前该方案已规划完成并获得北京市经信委批准，项目总投资约1159.1万元，已于2010年12月正式启动。该网络电台的建设分为软件建设阶段、硬件设备搭建阶段以及检验测试阶段，项目资金均由北京电台投入。2010年完成技术架构搭建，2011年6月投入使用。

目前的网络电台有两种形式，一种是忠实转发传统媒体资源的网络电台，另一种是独立自主建立、结合网络特点完成采编发的网络电台。北京电台网络电台整合优势多媒体资源，打破现有的广播频率界限、音视频与图文界限、直播与录播界限、专业制作与网民生产的界限，充分发挥网友主动性，通过个人互动、组合、归纳、排列形成互联网上的个人专属网络电台，使广播电台在网络广播领域迈上一个新台阶。该网络电台在内容生产模式、赢利模式等方面还需做如下探索。

（1）网络电台成为节目集成平台。北京电台规划设计的网络电台由受众自由选择广播节目、自由安排播出时间，甚至自由为该台生产节目，因此融合了以上两种节目来源，将成为北京电台最能体现受众个性化需求的产品。同时以此为基础，广播媒体或网络受众可按其他新媒体的传播特点进行节目再加工，以便在互联网以外的新兴媒体终端接收。从这一角度来看，该台在“三网融合”进程中具有节目集成平台的作用。

（2）网络电台将广播的批量生产满足个人需求改为个案生产满足个人需求。该网络电台打破了现有网络电台普遍采用的频道化设计，突出了自助式、点播服务形式。建立这种新型网络电台，须具备丰富的节目资源、高质量的节目内容、较好的受众基础、清晰的版权归属、专利技术的支持等，以上条件缺一不可。因此该台在现有网络电台中独树一帜，并且可通过多款移动客户端的生产把网络电台轻松下载到移动终端，将广播节目输入到IP网，实现网络电台的新突破。

（3）网络电台广告收益和收购模式赢利的探索。该台播出的节目内容以音频以及衍生视频为主，更适合新兴的富媒体广告（由声音、图像、文字等多媒体组合的广告形式），并有可能取代现有的平面广告位购买模式，成为新的广告赢利点。该台将通过掌握受众心理，在了解下载量、点击率和回访率的基础上有针对性地吸引广告商，获得更多的广告收益。此外，可借鉴发达国家网络电台的收购模式，通过大规模收购地域特色显著的网络电台、社区网站等资源，建立网络电台联盟资源，从而形成新的赢利模式。

（4）继续深挖节目资源，打造适合新媒体传播的拳头产品。广电系统在“三网融合”进程中，“内容为王”依然是制胜法宝，有了好节目，才能完成后续的营销、推广及产业发展等一系列动作。因此，无论是电台的广播节目还是广播网的原创视频节目，都要寻找自身在新媒体领域中的亮点，用特色文化和拳头产品引发新媒体受众的关注。

2. 全台一盘棋，进一步深化台网互动

广播电台应在支持、鼓励各种新媒体迅速发展、飞速扩张的基础上，进一步统筹各种新媒体的发展步调，全台一盘棋，形成全媒体的合力，对外打响广播媒体的综合品牌，对内则可以引入适当的竞争机制，促进各种媒体形式的有序发展，在竞争激烈的媒体市场上占据一席之地。

综上所述，作为传统媒体的广播电台虽然长久以来都被归入“弱势媒体”的行列，在“三网融合”的汹涌大潮中也不可避免地陷入“被融合”的境地，但面临挑战的同时意味着机遇的出现。基于北京广播网近10年的工作积累，笔者认为广播媒体推进“三网融合”工作可参照以下3条思路。

第一，“三网融合”不能只停留在媒介的融合层面，其发展目标应该是传播的融合。从目前的媒介环境来看，传统媒体在用户的存量、增量和体验上失去了控制力，而新媒体虽然拥有庞大的用户群和未来的市场，以及不断适用于用户的网络应用，但是面临着内容过剩但缺少精品节目，以及渠道过剩等问题。因此媒介融合只是单一传播模式的融合，真正的传播融合是借用各种介质同时实现人际传播、群体传播、组织传播和大众传播的效果。

第二，“三网融合”不是具体目标，而是发展趋势。以北京电台为例，北京广播网的很多项目并没有为“三网融合”而定制完成，而是本着方便用户通过“三网”使用的角度考虑的，例如，多媒体发布平台、自助式网络电台等项目，这些项目主观上是以用户为本，满足用户日益增长的信息需求，客观上则体现了“三网融合”的具体实践。

第三，“三网融合”不应该是“零和”游戏，而应该是多赢模式。互联网提供个性化服务，让每个人都得到有尊严的服务；电信网个人独占带宽，个案生产满足个性需求；广电网批量生产满足个性需求。因此“三网融合”并不是谁胜谁负，而是互联网获得生产力的突破。

（作者单位：北京人民广播电台）

面向未来
——北京外语广播网络电台营销战略分析与操作

纪烈鸿

北京外语广播网络电台已经开播 4 年了。4 年来我们突出了网站的广播特色，整合了现有的节目资源，试图在浩如烟海的网络领域中占有一席之地。应该说我们的努力是勤奋的，也是真诚的。但我们不得不承认，我们的社会影响力虽在逐步提升但还非常微弱，在网站内容的生产上坚持了自己的既定方向，倾力打好“广播互动”和“英语教学”两张王牌，但仍有巷深市远、自说自话之感，回首这几年来我们所走过的道路，那些时常跳出来考问我们的问题，又把我们拖回到了行程的起点。外语广播网络电台究竟为谁服务？我们提供什么样的内容为我们的服务对象服务？这些内容的呈现方式是什么？我们的服务对象能够接受我们服务的终端是什么？我们如何把内容与终端结合在一起？这些问题我们似曾回答过，但是在内容生产中自觉不自觉地出现这样那样的偏离，总有隔靴搔痒、置身事外的无奈和困惑。问题的症结在哪里呢？经过多次的研讨和学习，也通过 4 年来实践经验和教训的积累，有这样一个时下很时髦的词不停地回旋在我的脑海里，这个词就是“营销”。

一、营销与我们的服务定位

所谓营销就是与市场有关的人类活动，即以满足人类各种需要和欲望为目的，将潜在交换转变为现实交换的活动与管理过程。包括需求预测、产品开发、定价、分销、物流、广告、人员推销、销售促进、售后服务等等。1990 年，美国北卡莱罗纳大学教授劳特鹏提出了构成整合营销传播的 4C 理论框架。

（1）消费者需求（Consumer wants and need）：企业要生产消费者所需要的产品而不是买自己所能制造的产品。

（2）消费者愿意付出的成本（Cost）：企业定价不是根据品牌策略而是要研究消费者的收入状况、消费习惯以及同类产品的市场价位。

（3）为消费者所提供的方便（Convenience）：销售的过程在于如何使消费者快速便捷地买到或者说消费该产品。

（4）与消费者的沟通（Communication）：消费者不只是单纯的受众，本身也是新的传播者。必须实现企业与消费者的双向沟通，以谋求与消费者建立长久不散的关系。

毋庸置疑，这个传播理论的内涵是以消费者为核心重组企业行为和市场行为，对照这个理论我们不无遗憾地看到，现在很多广播媒体网站的特色内容是自封的，网民并不买账。这些网站仅从自身出发，考虑提供什么样的内容，求大求全，不太考虑网民是否愿意或方便地接收这些信息和服务。因此，潜心研究网络受众需求和使用习惯，充分考虑投入与产出之间的关系，挖掘利用可反哺于自身网站品牌传播的有效平台，将成为广播网站品牌建设的有效途径。

由此推及自身，我们必须静下心来重新审视、扪心自问，究竟谁是我们外语广播网络电台的受众？他们到底需要我们做些什么？在回答这个问题之前，我们先来看一看美国 CNNIC（美国互联网调查机构）的历次调查，或许能给我们一点点启示。调查显示：人们对新闻的消费能力是有限的。一个人在一个网站新闻消费量约 10～20 条，停留不过十几分钟。因此若想吸引受众驻留，广播网站应该发挥自身良好的社会资源优势，思考如何将实用的本地化服务纳入网站中来。“美国在线”的“数字化城市”从网民的需求出发，将本地化扩展为多元化服务，提供本地的娱乐、旅游、餐饮、购物等“直接可用”信息。这种做法体现出一种更为开阔的服务与沟通思路。

有了这样的可资借鉴的办网经验，我个人认为，外语广播网络电台的受众群体应该从以往的“在京外国人和都市青年白领”调整为“要走出去的中国人，包括将要与外国人打交道的中国人和要走进来的外国人，包括已经走进来的外国人”。这个目标群体的调整为我们下一步网站的服务定位指出了明确的方向，这就是我们要为这两大群体提供双向的语言服务、双向的信息服务以及借助于网络的跨国界互动服务。因此未来外语广播网络电台的基本架构将呈现出如下的全新面貌。

“直播互动区”，这里是世界语言和文化的交流平台，为中外网友提供极具网络特色、互动性强的音视频网络节目，包括环球音乐、英语对话、热点讨论等。网友可以通过文字聊天室、语音聊天室、微博等形式参与实时的直播节目互动。

“英语学习区”，服务于学习英语的中国人，提供可以免费下载的、初中高级别的英语学习资料，并配有与节目同步的答题留言板及英语教学电子杂志。

“外国人在北京区”，服务于在京工作旅游的外国人及希望了解北京的外国人，以全英文界面呈现，若干“北京通”老外加盟编辑队伍。特别关注在京老外的各类社团、圈子及活动，提供原创报道、行业黄页以及实用的在京生活资讯并逐步提供商务服务。

“国际教育区”，提供出国留学、来华留学、语言培训等信息与学习帮助，服务于双向留学群体。

“网友电台区”，提供在线 K 歌、英语听说等功能，是中外网友展示自我的趣味平台。

二、营销与我们的渠道开发

在整合营销的4C 理论中，有这样一个原理“销售的过程在于如何使消费者快速便捷地买到或者说消费该产品”。这实际上就是营销学中所提到的在决策力和执行力都具备的情况下，如何选择和开发实现决策的有效渠道，也就是说渠道力是否到位成为决定一个项目甚或一项事业能否成功的关键。结合实际，就是我们在决策了服务定位之后，马上要回答的问题就是我们要用什么样的呈现平台和方式来做好我们的服务？我们的服务对象能够便捷接受我们服务的终端是什么？

就目前的状况而言，负载在电脑平台上的图文、音频、视频、聊天室（文字、语音、视频）、博客、微博、论坛、游戏、直播等都是网络惯用的形式。我们和其他网站一样尽可能多地采用这些形式来展示和呈现自己的内容。在网站多如牛毛的当下，这些形式虽然仍在发挥着巨大优势，也有很多潜力有待开发，但如果我们寻求到更加便捷的负载平台和网络呈现方式，实现与网民随时随地的信息传递与互动，那无疑将会使我们的生产内容的传播价值和市场价值得到空前的提升。说到这里，极富个性化的，同时可以承载媒介、通信、娱乐等数字技术功能的个人终端——手机便不可避免地进入了我们的视野。

手机从最初的“大哥大”到目前的以 iPhone4 为代表的智能手机，其功能不断增加，性能千变万化，几乎个把月就有新的型号出现，其淘汰周期越来越短。几乎人人拥有的手机（我国移动用户目前超过 8 亿），可以通话、存储、看图、拍照、摄像、上网、付款、购物、发短信、收新闻、听广播（FM）、听音乐、看电视、看电影、发微博，等等。网络广播、电视的接收也已经可以通过下载客户端在部分品牌型号的手机上实现。一旦通过“无线城市计划”和“三网融合”战略的实施，解决了互联网移动状态下的宽带覆盖，手机上网的速度将大大提升，其实用功能还将出现神话般的景象，从互联网到物联网的跨越式发展，手机无疑将扮演一个无可替代、独一无二的神奇角色。

审视我们自己，到目前在手机上已经实现的这些功能中，我们外语广播用上了多少？我们作为个体也许天天都在使用这些功能，在接受别人承载、依托着这些功能给我们提供便捷服务的时候，我们要不要问一问自己，我们外语广播作为一个媒体能不能也依托承载这些功能为别人、为受众带去便捷实用的服务？回答应该是肯定的。毋庸置疑，我们以强调实用性、有效性、针对性而进行的内容生产与手机终端的结合不仅是必要的、可行的，而且将成为我们未来发展中必须给予高度重视的崭新领域，它将给外语广播网络电台带来不可低估的市场前景。

目前，外语广播网络电台已经着手启动与手机终端的对接项目，包括直播互动区和英语学习区植入全国最大的手机网 3G. cn，实现了在诺基亚、三星等部分型号手机上的实时收听。另外，我们正在寻求技术帮助尽快实现与 iPhone 手机 API 开放平台的对接。让越来越多的 iPhone 手机用户能够便捷地收听、收看到外语广播网络电台的节目和页面。

特别值得提到的是，由于外语广播有着得天独厚的英语教学资源，我们已经对制作和发布《中学生英语学习手机报（语音版）》进行了市场调研和初步分析。

调查显示，手机报是在手机用户数飞速增长条件下诞生的一种新媒体形式，其随时、随地、随身的特点，摆脱了传统媒体的时空限制。到2009年年底，中国手机报业态已超过2亿的规模，其中付费用户在2008年5000万用户的基础上，激增60%，达到8000万，订费收入达40亿元，持续成为新媒体消费的热点。

我们拟开发的《中学生英语学习手机报（语音版）》其受众定位于全国范围内的中学生，专为中学生学习英语、练习听力服务。主要板块有新闻、知识、音乐、电影、对话、才艺秀、有奖互动。其特点为双语、有声，邀请资深英、美籍主持人配音，资深广播编辑选稿审查。到目前为止，该手机报是市面上第一个全有声、面向中学生的英语学习类手机报产品。

为了解北京中学生对这款手机报的反应情况，北京外语广播还在北京地区针对手机报组织了一次问卷调查。本次调查共发出1000份问卷，收回有效问卷967份，其中初中574份、高中393份，满意率达到95%以上。

以北京中学生总量为例，目前北京市共有中学生66万人左右，假如有一半中学生（33万）订阅这款手机报，按订阅费每月5元计算，与通信公司按五五分成的比例进行收益分成，外语广播一年的收益为：2.5元×33万人×12月=990万元。从这样简单的数据分析看，市场前景还是比较乐观的。

三、营销与网站转型

如何使一个网站在拥有社会价值的同时不断提升自身的市场价值是营销战略的核心要素之一。外语广播网络电台作为一个传统媒体与网络媒体对接的产物，其市场价值的开发必然要经过一个逐步转型的过程。据业内人士分析，传统媒体与网络媒体对接一般有3种形态或者说3个阶段。第一种形态即为辅助型，是指将传统媒体的原创内容发布到网上，实现内容的存储和复制，对线性媒体而言实现了随时点播功能。同时伴随着对媒体人的介绍并为媒体人与受众的互动搭建了网络平台。第二种形态即为服务型，是指在辅助型的基础上，传统媒体网站延伸扩展了自己的服务功能。将自己的优势资源进行重新整合以网络传播的特点为网友提供信息、欣赏、展示和交流服务。在这个形态下网站大都以会员制的方式实现初步赢利。第三种形态即为经营型，这一形态是指在保留前两种特性的基础上，传统媒体网站根据自身特色，利用自己的品牌力量和政策优势吸纳和整合社会专业网站的职能和资源，开辟市场空间，进入市场循环，抢占市场份额，实现利益最大化。

就目前的外语广播网络电台而言，经过几年的摸索和实践，由于2010年5大专区（直播互动区、英语服务区、英语学习区、海外华人区和汉语学习区）的设置，已经基本上从辅助型网站转变为服务型网站。由于目前中国与世界各国的人员往来日益频繁，走出去的中国人和走进来的外国人呈几何式增长态势，以“双语交流和网络生活”为标志的都市新生代日益成为市场主体，其中的市场潜力凸显无疑。外语广播网络电台寻求由服务型向经营型转变的外部条件和市场环境已经基本具备。我们有必要抓住这个时机，充分挖掘自身潜力，广泛开展业务合作，提升外语广播网络电台的市场价值，实现自身的战略转型。

在此，很有必要分析一下北京广播网与外语广播网络电台的职能区别，因为外语广播网络电台的业务和北京广播网业务有所不同，所以两者在界面设计和网站功能上都有比较明显的差别。

（1）北京广播网从技术架构到职能定位是服务于北京电台9个专业广播的节目储存、节目展示及活动宣传。作为北京人民广播电台的官方网站，北京广播网集成了北京电台的所有音视频资源，有一整套适应目前网站定位的技术后台和维护团队。而外语广播网络电台是一个对外宣传北京、提供双语服务的窗口。它面对的是外国人、双语受众，大部分内容以中英双语甚至全英语界面呈现，风格上突出外向型的特点；因为是面向网络做的“网络电台”，在功能上需要有语音的、视频的、文字的多种类型的互动方式。因此借用现有北京广播网的功能模块，不能适合外语广播网络电台的功能需求，用牵强套用的办法最终会制约外语广播网络电台的发展。

（2）北京广播网的域名是“. cn”它代表着中国国内的注册地，它的目标人群当然指向国内受众。而外语广播网络电台以打造国际性外向型经营网站为目标，其网站域名“AM774. com”，与国际上通用的域名后缀相吻合，更便于在全球范围内搜索和点击。

（3）北京广播网的用户群是以关注广播节目的听众为主，其市场开发的核心是网上音频节目的广告效应。没有必要通过开发新的网络功能、搭建新的网站框架来取得市场效益。而“AM774. com”的市场定位是通过吸纳和集成面向外国人和都市高端人群的经营性网站来寻求自己的市场价值。因此要着力对自己的网站功能和框架进行个性化、双语化、外向型的建构和设计。

（4）外语广播网络电台要走经营型发展之路，需要树立一个有特色、较完整的品牌形象。无论是从域名上，还是从界面设计、网站功能、合作推广以及多方联动上，都必须满足风格统一、运行一致的要求。同时需要灵活自主、快速反应的运作模式，这样才能满足用户的深度体验，形成自己的品格，拥有较强的市场竞争力。

从目前的情况看，外语广播网络电台只有在现有界面和固定格式下，签发内容的自主权和主动权。这对于探索向经营型网站的战略转型还有相当大的差距。目前面临的主要问题，包括自身域名跳转回 RBC. cn 造成品牌淡化、广播网现有功能的生硬套用；缺乏专业网络技术和设计人员；无法有效调控带宽设置；技术后台无法快速应对市场需求；等等。

如果说，为实现外语广播网络电台的战略转型需要处理好外语广播网络电台与北京广播网的关系，更多的还侧重于技术层面的话，那么在网络的内容配置和市场营销层面，我们要做的事情依然还有很多。

一方面，我们必须改变以往那种先设定节目方针和网络内容，然后通过招投标安排内容制作，最后再对节目和网站进行推广宣传的模式。为此，我们在 2011 年的网络电台岗位招标中，针对“外国人在北京区”推出了项目制投标试点方案。其核心理念就是要求一线员工真正走入外国人在北京的生活圈子，深入了解和体会他们的生活需求，真诚推介我们的平台功能和服务形象，在充分进行市场调研和自我营销的基础上，规划好这个专区的特色内容。这样不仅可以最大限度地避免和减少内容设计上的盲目性，而且可以调动在京外国人资源“协同生产”网台内容，用外国人的视角为外国人服务无疑是对网台针对性、有效性、实用性和文化认同感的有力强化。

另一方面，随着 2011 年外语广播网络电台服务定位的调整，网站的结构设计也有了较大变化，“国际教育区”将涵盖“汉语学习区”和“海外华人区”，并将内容重点规划为为双向留学群体提供出国留学、来华留学、语言培训等信息与学习帮助。其实这个结构和内容设计上的变化对于网络电台向经营型网站的转型并没有多少战略上的意义，有意义的是“国际教育区”的运作方式将采用一种“外包型”的内容生产和频道运营模式，这对于有效弥补外语广播营销团队和技术团队的严重匮乏，同时促进网站的整体转型具有突破性的意义。其实“频道外包”对于很多门户网站而言已经不是什么新鲜举措。据了解新浪网除了新闻等几个较大频道由自己采制外，上百个专业频道外包给了相对专业的网站来运营，它作为一个超级“信息超市”每年收取的“摊位费”就高达数亿元人民币。这实际上就是品牌营销的成功范例。虽然外语广播网络电台的品牌远远不能与著名网站相比，但作为北京广播电台的一部分，其品牌影响力、社会公信力依然不可低估。外包后的“国际教育区”将由专业文化公司运作，从版面设计、技术维护到内容采集制作和发布都由外包公司负责，外语广播保留对发布内容的终审权。外包公司将依托自己多年来在留学领域中积累的社会资源，努力把这个专区打造成为集“留学动态新闻、海外院校介绍、留学申请帮助、海外生活指导、英语培训机构、中国院校推介、汉语教学展示、留学经验交流，汉语学习服务”等内容为一体的留学信息与服务的集散地。同时，随着网站市场价值的逐步提高，外包公司将积极开拓广告市场，外语广播网络电台在对这个专区进行一定时期的扶持后，与外包公司进行利润分成，最终走上社会效益与经济效益双赢的良性发展轨道。

结语：信息时代的到来，深刻影响着我们每个人的媒介生活，并进而潜移默化地改变着我们的思维方式甚至生活方式。作为网络媒体，唯有时刻以受众需求为焦点，努力调准服务方位，及时采用便捷易用的新技术手段，积极搭建专业、快捷、相对全面的信息集散平台，这个媒体才能在受众心目中留有一个独到的无可取代的位置。外语广播网络电台的未来肯定做不到独一无二、尽善尽美，但是我们向这个目标无限趋近的努力不应该放松，事实上也不会放松。

（作者单位：北京人民广播电台）

全媒体时代广播广告所面临的挑战以及提升竞争力的三个方向

方　乐

一、全媒体时代的来临

随着互联网、移动终端等新媒体的不断拓展，舆论已经开始用“全媒体时代”来形容这一时期的媒介环境特点。“全媒体”，是指一种业务运作的整体模式与策略，即运用所有媒体手段和平台来构建大的报道体系。从广告市场的角度来看，全媒体的概念早已呈现，是从广告主的角度出发，综合运用不同形态的媒体实现广告营销效果最优化的策略或模式。而随着科技进步，特别是互联网传播形态的不断演绎，之前划分清晰的媒体界限已经逐渐模糊，单一媒体在业务和广告市场上都不会被视作唯一，因此全媒体的概念正式通行起来。

从全媒体这个系统本身来说，是一个正向性的发展平台，各类媒体融合产生出“1 +1 >2”的效果，对于广告主来说是一个获取更大价值的方案。然而从媒体自身来说，在这样的融合中，孰优孰劣，上位下位，还是需要各自一番博弈，各个媒介不可能等分或者按照之前的结构分享市场的蛋糕。相反，全媒体时代对于各类媒介而言，意味着更加复杂激烈的竞争。对于传统广播媒体而言，全媒体时代带给它新的挑战，并且在具体的广告市场中，广播仍面临着不可避免的竞争。

二、全媒体时代广播广告面临的挑战

1. 优质人群的分流

2003 年被誉为全国“广播发展年”，同时中国的机动车保有量也进入了一个飞速增长的时期，因此也出现了一大批私家车主和相关驾乘人员。这些目标群体收入高，代表社会主流价值观并且由于他们的媒介选择更为广泛，相对不易到达，在广告主眼中含金量很高。而通过车载设备，广播是最理想的可以直接接触这些优质人群的媒体，广播广告的价值也体现在这里。但是在全媒体时代，车载人群的媒体接触习惯也将发生一些改变。如一些汽车厂商已经开始将汽车定位成家庭娱乐空间，更丰富的媒介形态将挤占车载人群的媒体接触时间；又如当人们开始纷纷使用 iPad 或者其他终端定位城市线路查找实时路况，那么广播中相对而言缺乏针对性的路况信息也有些黯然失色。

另一个优质人群则是以收听音乐为主的青年群体，这些都市、时尚的青年群体往往是一些广告主非常青睐的目标消费者。广播，特别是定位青年时尚的音乐频率，对于这些群体具有天然的吸引力。然而在全媒体时代，谷歌海量的免费下载音乐库、小成本网络音乐电台的发展、iPod 等收听终端的兴盛，都在瓜分着传统广播的青年优质群体。

优质群体本来就是媒体广告角逐的重要目标，全媒体时代会给予更多类型的媒介接触、占有这些优质群体的机会。这种环境对广播原本的优质群体将产生不可避免的分流影响，进而冲击广播广告的市场竞争力。

2. 廉价的标签被摘掉

由于国内目前广播和电视采用了较为相似的受众调查方法，所以市场经常将两者进行比较。一般意义上来说，广播的千人成本、广告价格等都远低于电视媒体，就覆盖全国的广播媒体广告价格来看，仅是电视广告费用的十分之一左右。从 2006 年统计的数据来看，各个地方电台在黄金时段平均每分钟 1000 ~ 5000 元，这个数字远远低于电视广告的费用。因此，廉价也是广播广告一直以来的重要特征。这种价格上的区隔，使得广播和电视的客户在一定程度上也区分开来，特别对于投放广播的广告主来说，低价格无疑具有很强的吸引力。然而在全媒体时代，廉价的帽子也许很难再扣到广播的头上。

首先，人们不再仅仅将广播和电视进行比照，丰富的网络广告资源为广告主提供了更多的选择，他们会将所有的媒介罗列在一起，非常容易找出更为廉价的那一个。另一方面，不可否认的是，传统广播仍属于稀缺性资源，在经济发展的大背景下，广播广告的价格还会继续上升，而同时更多的廉价广告拥入市场，进一步削弱了广播广告的价格优势。所以在全媒体时代，广播很难再利用低价格来争夺市场，虽然这并不意味着广播广告会贴上高价格的标签，但至少它抛出的廉价绣球很难还像从前那样吸引人们的目光。

3. 地域性优势的困境

广播广告还有一个优势在于其鲜明的地域化特征，从全国一、二线城市来看，区域广播媒体在市场份额上都占有绝对优势，这点更是得到了区域广告主的认可。

全媒体时代的到来，媒体的社会网络建设更为多样。开心网等 SNS 强化了人际关系的网络，一些同城网站、地理位置网站更是将地域化服务提升到新的水平。今天，也许某个餐饮品牌会在一个城市里发出网上团购的通知，还会有人利用 SNS、LBA 相继推动这一宣传，更为精准地寻找到目标消费者，并且可以轻松地捕获广告投放效果数据。这种更为深度、精细的区域广告服务，对于同样积极服务于同城广告主的传统广播来说是一个不小的挑战。

结合上面的分析，总结而言，广播面临的挑战，其实是全媒体时代新搭建的传播构架可能一定程度上会颠覆传统广播的固有领域。虽然当前广电的广告盘子还在扩大，但广播从业者对于网络等新媒体不断蚕食广播市场蛋糕而产生的担忧是显而易见的。笔者认为，广播媒体只有充分认识这些变化，并对自身有着更为深刻的理解，勇于突破，才能在全媒体时代保持和提升广告竞争力，推动广播广告的科学发展。

三、广播广告提升竞争力的 3 个方向

从经济学的角度来看，广播广告也是服务于广告主、服务于广告市场的。如果说上述的几种优势（优质人群、廉价、地域化）面临着削弱、冲击的话，这也是市场作出的选择。对于广播来说，应该重新审视自身，发掘出更具市场竞争力的优势，或者至少可以找出更好的说服广告主的理由。以笔者之拙见，提升广播广告竞争力有 3 个方向，即加强对于广播广告的测量、拓展广播广告的资源以及广播广告的新媒体融合。

1．加强广播广告的测量

广播媒体应当进一步加强对于市场端的数据研究，提升广播广告的测量效用，提高广告数据的营销力。

与时俱进的日本电通公司提出了适应新媒介环境的“AISAS”模型（Attention 关注、Interest 兴趣、Search 搜索、Action 行动、Share 分享），根据他们的理解，传统的广电媒体在 Attention 和 Interest 阶段还是有效的，在 Search、Action、Share 阶段则是网络、手机和 PR 更为有效。这并不是说广播在搜索、行动和分享上就没有效果，笔者认为，一个重要的原因，只是在这些领域，单纯依赖电波信号的广播拿不出更精确的测量数据和效果评估。当然，我们不是苛求让以传播信息为根本目的的广播去仿照那些以市场为目的的网站或手机，去发展先天并不具备的消费跟踪、市场回馈等功能。广播广告存在的价值也仍在于其“广”的特点，而非精准、深入。但是不同于以往的是，广电媒体，特别是广播媒体，需要进一步加强对于受众的经济学分析，强化广播广告的数据研究。

全媒体时代在营销领域一个重要的方向就是传播的信息更易被测量。当然没有人会100%相信数据这种统计产物，但是数据毕竟不是一层华丽的包装，它更像是包装上的条形码，在市场的各个层面、各个领域都能被识别、被认可，某种意义上具有通行的功能。当数据在市场上的话语权越来越大的时候，广播也应该作出调整和改变。当然广播广告本身的传播形态以及当前的技术条件，不可能实现像网站、手机那样将数据变为可以和广告主销售提成的指标，但是至少它可以变得更精确一些，或者坦白地讲，更符合当前市场的口味。这里不是在宣扬一种唯数据论，但是应该指出的是，“在广告所支持的服务方面，测量（受众测量数据）和媒介（媒介内容产品）一样重要”，因为从某种意义上来说，收听率才是广告主和媒介公司要购买和销售的东西。

国内主要的广播市场目前以央视索福瑞提供的数据为标准，鉴于国内广播市场的发展阶段，日记卡测量收听率仍是普遍采用的方法。日记卡所涉及的被测对象的规模、结构以及被测对象的记忆误差等被视为这种方法的短处，不过随着市场的进步，更为优良的电子设备也许会被引入这一领域，目前北美地区已经有类似的设备投入使用，因此对于国内的广播市场来说，收听率测量水平的提高具有可预见性和操作性。

然而相比于收听端的测量评估，对于广告的投放效果监测一直以来难以取得跨越式的突破。网站广告利用鼠标、手机广告利用号码，都可以实现及时的反馈，甚至可以监测目标受众的消费行为。但是广播本质上仍是一个主动传播被动接受的媒介，当前条件下不可能实现对所有受众在接收广告信息后的跟踪。作为广播从业者，我们需要思考，如何建立一个更好的投放效果数据反馈平台，或者还有什么更好的替代方法，并且这些都需要和第三方数据提供商一起推动。

“一个媒介努力获取其合法性和财政稳定性的核心，就是受众测量系统的存在”。如果全媒体时代广播广告存在面临困境的可能，那么一套更符合市场观念的测量系统就变得更为重要和迫切了。

2. 广播广告资源的扩展

广播的硬广告和专题宣传无论体量还是模式都发展得非常成熟，但是这样通过不断开发时段资源来换取广告时长，总会有饱和的一天。另外整个传媒市场硬广告的滥觞在逐渐侵蚀着硬广告本身的传播力，这也是为什么越来越多的广告主青睐于软植入、PR（公共关系 Public Relations）等方式的一个原因。所以广播广告在现有平台的基础上，必须拓展经营思路。一是进一步开发节目的广告资源，利用植入、合作等方式释放广告潜能，二是做大线下活动。

（1）进一步开发节目的广告资源

节目的广告资源，是相对于时段广告资源而言的。时段广告资源的主要构成就是上述硬广告和专题类宣传，它们占用的往往是广播的时段、时点，进行传统的广告宣传。而节目的广告资源，强调广告和节目的融合，将广告的播出巧妙设置在节目中，植入等方式的软性宣传也是其中一种。在广电广告市场来看，近年来电视媒体在这些方面有许多尝试，从模仿电影在节目或电视剧中植入品牌和产品，再到不久前由“清扬”赞助的电视剧广告，无论最终的商业和社会效果如何，至少这些尝试还是有许多值得广播从业者借鉴的地方。

相对于电视，广播在软广告方面还存在着一些不足。一个普遍的现象是，国内的广播媒体节目和广告两张皮，大家手里拿着优质的资源，但是并没有实现两者有机的结合，对广告资源的开发还停留在较为粗放的阶段。而尽快提高节目资源类广告的投放，是提升广播广告竞争力的一个可行且意义重大的举措。较为适宜的方式，还是要对于一些具有可操作性的节目，在前期的招标或策划中将广告市场的因素作为一个参考指标，加大节目研发期间对广告市场端的定位分析，还需要有专门的广告创意和策划团队，精耕细作广播资源，实现广播广告从粗放式经营到精细化经营的转变。

此外，开发广播的节目广告资源，防止跑冒滴漏，建立规章制度也要预先做好准备。北京电台近几年加大了对于包括硬广告在内的各种类型广告的监管，设立规章制度来杜绝此类现象的发生，这样进一步维护了电台和客户的利益。

（2）做大线下活动

线下活动一直是广播媒体较为擅长的领域，因为线下活动具有鲜明的地域特点，结合广播媒体在地域上的影响力和传播力，很适宜线下活动的开展。以北京电台为例，下辖的9个专业广播，各个都有当年主推的一项或几项大型线下活动，强调自身频率的特色，以北京为核心基点，在丰富京城百姓文化生活的同时加强品牌建设和影响力。但是整体来看，广播媒体的线下活动仍局限于“路演”的思路中，更多的是在依托线下活动来宣传自己、展示自己，所以线下活动可能并没有带来直接收益，相反还需要大量支出。

下一步，广播媒体应该提升对于线下活动的市场意识，将“路演”转换为“经营”，这不单单是一个或一系列的宣传活动，而是一个或一系列的广告产品，不仅需要策划执行，更需要像销售广告一样来经营。为此，要在线下活动的前期筹划中以市场为先导，主动积极地寻找广告主的需求，再根据需求结合自身的特色将活动推广经营。广播媒体具有很好的地缘优势，因此线下活动将成为广播广告一个很具潜力的增长点。另外线下活动会反哺广播，进一步提升广播在收听和广告市场的地域性优势，通过实体活动来弥补和网站等媒体相比在区域针对性营销上的不足。

3. 广播广告的新媒体融合

前文分析了广播广告在全媒体时代，特别是面对新媒体的冲击，它的一些固有优势可能会被削弱。但从另一个方面来说，广播广告还可以借助新媒体实现新生。

首先，是自有新媒体的广告经营。北京广播网（www. rbc. cn）是北京电台的自有网站，不仅通过网站实现广播内容的网络覆盖，一些节目还实现了视频化，同时网站自身具备专业网站的经营条件。这些都为广告的投放提供了更广阔的空间，广播广告的形式也可以更加灵活多样。此外 DAB 等技术的发展，克服了广播易逝性的特点，广告同样可以从中寻找到契机。传统媒体在内容上具有得天独厚的优势，开发自有新媒体将更好地实现传统内容的多渠道覆盖。

其次，扩大和其他新媒体的合作。默多克将在 iPad 上推出电子报纸“The Daily”就是一个很好的例证，将传统媒体的内容嫁接到新媒体的终端上，广告也获得了新的界面，同时结合新媒体开放性的特点可以继续开发多样化的产品。广播同样可以从这个案例中学习经验，充分利用新媒体，扩大自身的内容优势。而更为重要的是，于广播而言，扩大和其他新媒体的合作，不仅仅是加强内容的渠道建设，更重要的是由此强化广播的新媒体特性，加强诸如个性化、社交化、即时互动的特点，等等。如豆瓣电台就是一个很好的例子，在突出音乐品质的同时，非常注重社交互动、信息反馈、用户偏好等环节，同时可以载入 Android 系统实现手机收听，这些都非常值得传统广播媒体借鉴和学习。

最后，广播要具备全媒体经营的意识，和其他媒体开展广泛合作，实现共赢。全媒体环境下，没有任何一类媒体可以独领风骚，相反这是一个百花齐放、百家争鸣的时代。作为广播来说，应该深刻理解这一时期的特点，认清自己在广告市场中所处的位置。对于广告主而言，全媒体时代要动用更多的智力在丰富的媒介资源中寻找最优化的路径，因此在保证自我发展的基础上，广播从业者应该能够从全媒体全局出发，广泛开展合作，结合其他传统媒体及新媒体，为广告主提供更为完善的方案。

四、总结

全媒体时代的来临，给包括广播在内的各类媒体提出了新的任务和挑战。特别是在新媒体的冲击下，广播广告在优质人群、低廉价格和地域性优势等方面会面临较大的竞争，而这原本是广播广告持续发展的主要因素。为了应对这些挑战，广播在做好防守准备的同时，要积极主动发掘新的契机，找出更具市场竞争力的优势。笔者认为，在一定的时期内，固有的广告模式仍是广播主要的经营来源。因此，强化广播广告的测量、提升广播广告在节目和线下资源的利用率成为必要的补充手段，可以进一步提升广播广告的质量，释放更多的潜力。在此基础上，广播应该积极利用新媒体实现自我更新，通过自有新媒体和其他新媒体合作、强化全媒体意识，进而实现广播广告在新媒体环境中的突破。

对于广播来说，全媒体时代并非洪水猛兽，更不是商业进化论的上演，广播以其权威性、伴随性、突出声音等特点，在全媒体营销领域仍具有不可替代的作用，必然在市场中拥有自己的一席之地。关键需要广播从业者善于感知市场的变化，能够在竞争中发掘机会，相信用心寻找，自有一片天地。

（作者单位：北京人民广播电台）

北京人民广播电台2011年度收听数据分析报告

许秀玲　王浩洁　张　婷　郭　倩　陈路路

一、北京广播市场竞争态势

（一）北京广播市场发展情况

1. 传统媒体接触率下降，互联网媒体爬升迅速

2011年北京地区传统媒体的受众接触率有略微下滑的趋势，除了杂志以外，报纸、电视和广播均较2010年水平有所下降，不过从数据上看仍比2009年稍好。广播仍然是传统媒体中接触率最低的，不过近3年来发展较为平稳，受众媒体接触率一直稳定在30%以上。

互联网媒体在2011年取得了较大发展，北京受众互联网接触率相比2010年提高了14.89%，不仅是所有媒体中提升最快的，也是互联网媒体近5年来爬升的第二个高峰（上升最快的为2008—2009年，达到17.15%）。2011年是移动互联网发展势头迅猛的一年，再加上微博等网络新媒体的爆发式增长，这些都对受众互联网接触率的提升有较大影响。

此外，户外媒体的受众接触率连续2年接近顶峰，已经达到饱和，几乎所有受众均接触过户外媒体。详细情况如图1所示。

2. 北京广播市场收听率连续5年下滑后首次回暖，再次突破6%

从索福瑞2004年以来的北京地区收听数据来看，北京广播市场2006年收听率最高，达到7%以上，此后逐年下降，到2010年降至最低点。而2011年北京广播市场收听率连续5年下滑后首次回暖，再次突破6%。如图2所示。

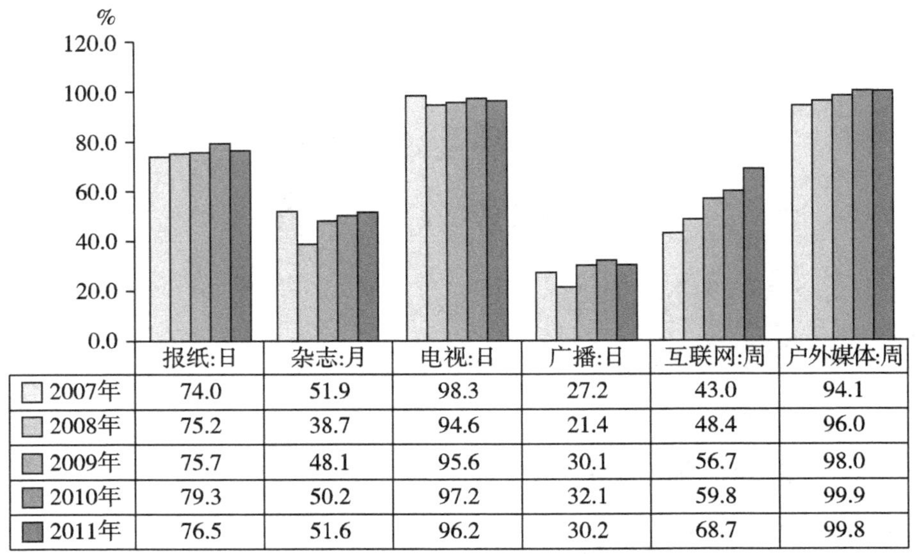

	报纸:日	杂志:月	电视:日	广播:日	互联网:周	户外媒体:周
2007年	74.0	51.9	98.3	27.2	43.0	94.1
2008年	75.2	38.7	94.6	21.4	48.4	96.0
2009年	75.7	48.1	95.6	30.1	56.7	98.0
2010年	79.3	50.2	97.2	32.1	59.8	99.9
2011年	76.5	51.6	96.2	30.2	68.7	99.8

数据来源：新生代市场监测机构 CMMS 数据·北京

图 1　2007—2011 年北京受众媒体接触情况

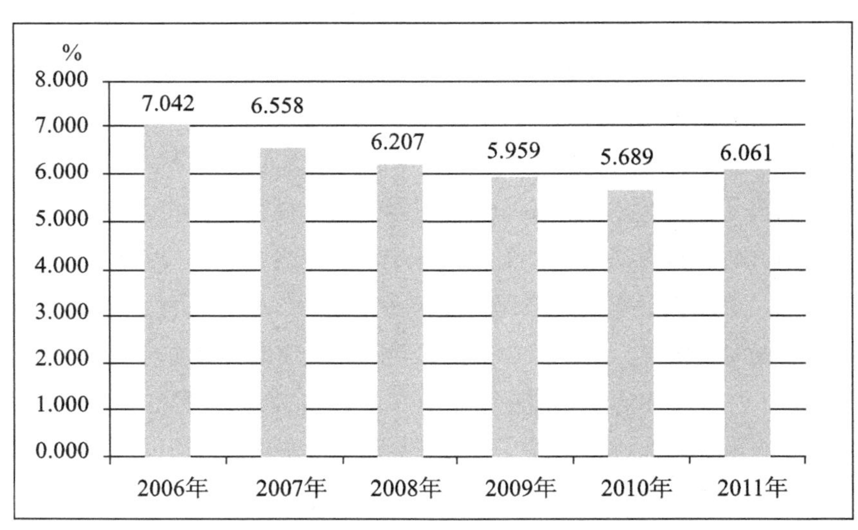

数据来源：索福瑞北京地区广播收听数据

图 2　2006—2011 年北京广播市场整体收听率

3. 收听时长升至历史最高水平

由于 2011 年北京地区传统媒体的接触率普遍略有下滑，广播媒体也不例外。从表1的听众规模来看，2011年在北京，全年有627.2万人收听过广播，而平均每天有420.1万人收听广播，相比2010年有所下滑。

而在人均收听时长方面，2011年平均每天听众收听广播时长为147.7分钟，达到有数据统计以来，即2004年以来最高水平。

因此，尽管广播收听规模略有下滑，但在人均收听时间的拉动下，2011年的广播媒体收听率开始回升。

表1　2006—2011年北京地区全天所有频率听众表现

单位	2006年	2007年	2008年	2009年	2010年	2011年
平均到达率（千人）	4184	3784	3813	3924	4317	4201
到达率（千人）	5434	5307	5750	5995	6822	6272
人均收听分钟数（听众）	141.1	144.3	146.3	144.1	138.9	147.7
忠实度	7.4	7.1	6.7	6.5	6.1	6.8

数据来源：索福瑞北京地区广播收听数据

4. 分时段收听情况：早晚黄金时段更加强势

如果按全天24小时分时段来看，早上7：00—9：00的早间时段表现较上年更加强势，在7：00—7：30，最高收听率突破18%，而上年最高是16%左右。晚间时段18：00—21：00的收听率也有较明显增长。从曲线图来看，正是早、晚黄金时段的良好表现，拉动了整体收听率的上升（如图3所示）。

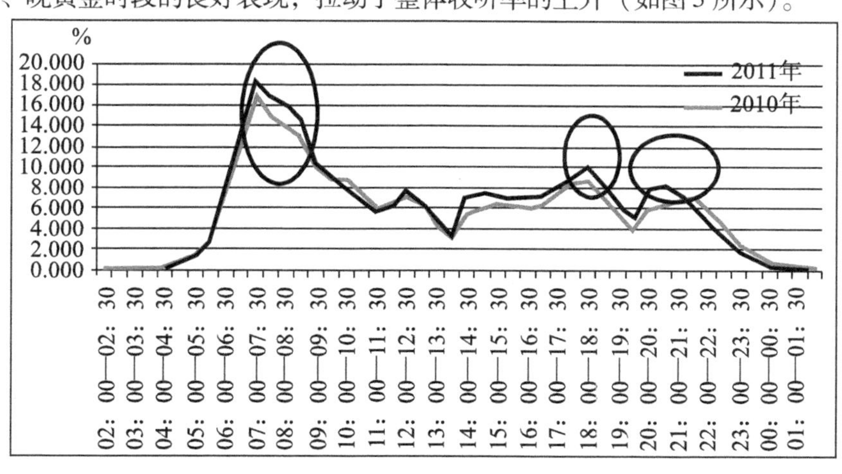

数据来源：索福瑞北京地区广播收听数据

图3　2010—2011年北京广播市场全天收听率对比

5．在家收听情况：收听率连续两年增长，午后、晚间时段收听率上升显著

2006—2009 年，北京广播媒体在家收听率连续 4 年下滑，而在 2010 年止滑回升，2011 年，在家收听率仍然保持了回升的势头，达到 3.776%，接近 2008 年水平。如图 4 所示。

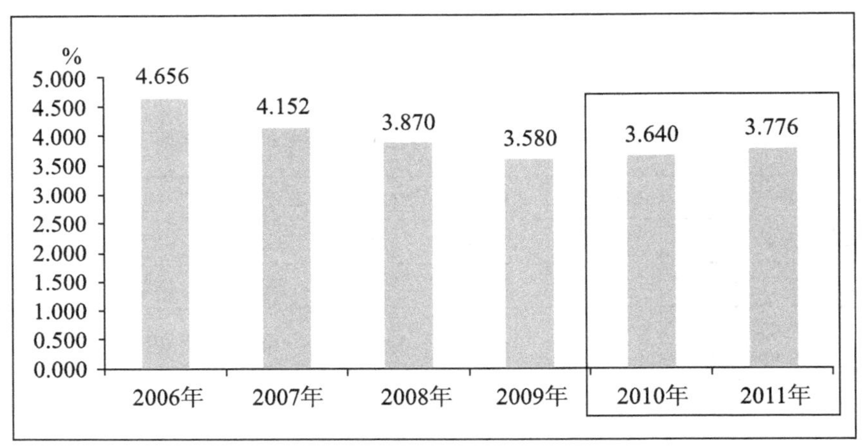

数据来源：索福瑞北京地区广播收听数据

图 4　2006—2011 年北京地区在家收听率变化趋势

2011 年平均在家收听广播的人数达到了 278.7 万人，而平均每天听众收听广播时长达到 138.7 分钟，呈持续增长态势。如图 5 所示。

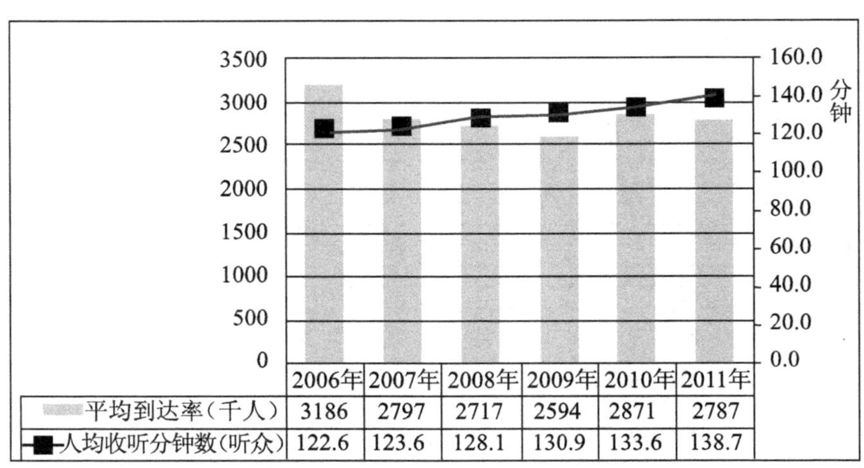

	2006年	2007年	2008年	2009年	2010年	2011年
平均到达率（千人）	3186	2797	2717	2594	2871	2787
人均收听分钟数（听众）	122.6	123.6	128.1	130.9	133.6	138.7

数据来源：索福瑞北京地区广播收听数据

图 5　2006—2011 年北京地区在家收听广播市场情况

如果按照每天 24 小时分时段来看，在下午和晚间，14：00—21：00 这个时段在家收听率有所上升。而 22：00 之后的夜间节目收听率略有下降。如图 6 所示。

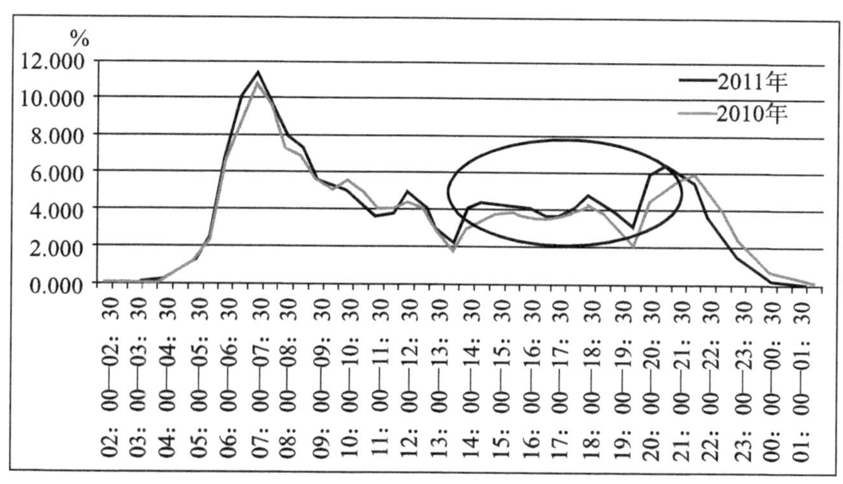

数据来源：索福瑞北京地区广播收听数据

图 6　2010—2011 年北京广播市场在家收听全天收听率对比

6. 车上收听情况：收听率达历史最高水平，早高峰上涨显著

从 2007 年开始至 2010 年，北京广播市场车上收听率连续 4 年下滑，而 2011 年车上收听率强势反弹，升至 1. 877%，较 2010 年上涨了 21%，达到历史最高水平。如图 7 所示。

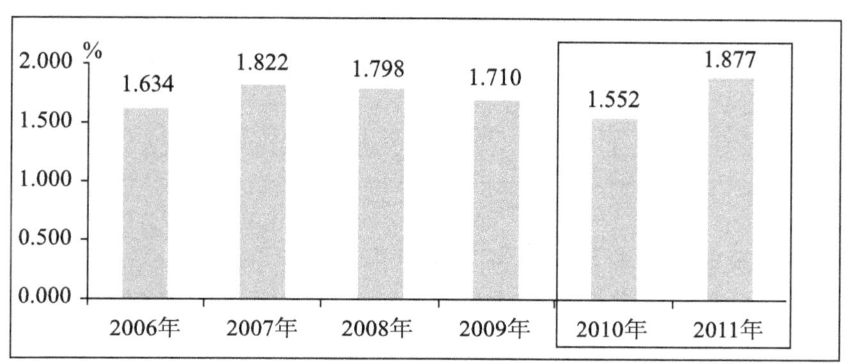

数据来源：索福瑞北京地区广播收听数据

图 7　2006—2011 年北京地区车上收听率变化趋势

2011 年北京广播市场车上收听的听众规模，以及车上收听市场都有所增加。2011 年每天有 151.2 万人在车上收听广播，较 2010 年增长了 7.6 万人，平均收听时长达到 127.0 分钟，比上年增加了 11.5%。

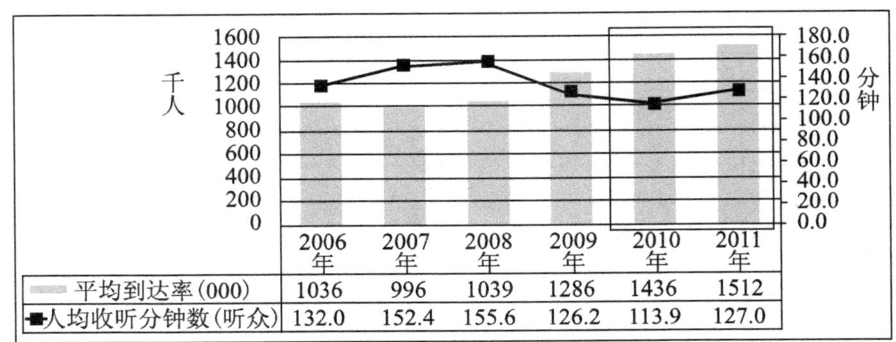

数据来源：索福瑞北京地区广播收听数据

图 8　2006—2011 年北京广播车上收听广播市场情况

从全天车上收听率数据来看，早高峰收听率水平上升显著，8：00—8：30 最高车上收听率突破 7%，较 2010 年提高整整一个百分点。此外，早间仍维持双高峰的状态。除了早间 6：30—9：30 时段上升迅速之外，车上收听的下午和晚间时段，即 14：00—21：00 的收听率有所上升。这也符合了车上广播的收听特点。如图 9 所示。

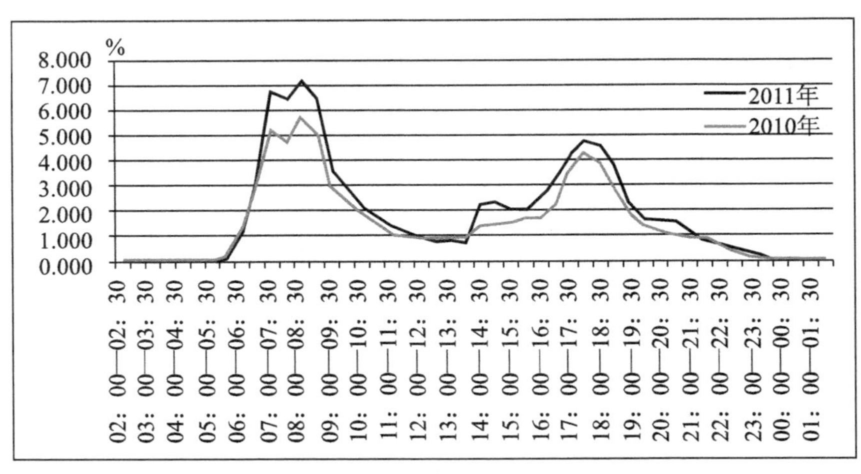

数据来源：索福瑞北京地区广播收听数据

图 9　2010—2011 年北京广播市场车上收听全天收听率对比

（二）北京广播市场三大台竞争情况

1．市场份额：北京电台达到2005年以来最高水平，中央电台创新低，国际电台稳步增长

2011年北京电台的市场占有率达到69.23%，较2010年的66.374%相比，上升了2.86个百分点，占据了2/3以上的市场份额。中央电台数据下降较明显，从2010年的27.484%下降至2011年的22.96%，降低了4.52个百分点。国际电台自2008年以来持续了增长态势，2011年达到5.93%，相比2010年的4.319%，有了显著提高。如图10所示。

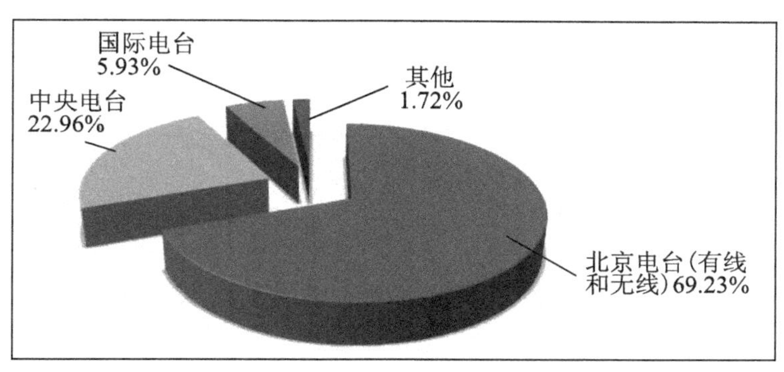

数据来源：索福瑞北京地区广播收听数据

图10　北京广播市场主要电台2011年平均市场份额

2．听众规模：国际电台增长三成

从听众规模来看，北京电台较上年有小幅上涨，平均每天有324.5万人收听。中央电台听众规模比2010年下降了约10%，2011年平均每天有132.9万人收听中央电台。国际电台听众规模上涨明显，较上年上涨了34.317%，在2011年每天有36.4万人收听国际电台。

从收听时长来看，北京电台涨幅较大，2011年听众平均每天收听北京电台达到132.3分钟，较2010年上涨了8.2分钟。国际电台也较2010年上涨了5.3分钟，达到100.8分钟。中央电台有所下降，2011年听众平均每天收听中央电台时间为107.2分钟。

3．北京电台家里、车上等各场所收听市场份额齐增长，中央电台下滑

北京电台2011年在家收听市场份额已经连续5年增长，2011年增长尤为明显，达到63.635%，较2010年上升了近3个百分点；车上市场份

额止住了连续5年下滑的趋势，2011年水平和2010年基本持平。

中央电台2011年在家收听、车上收听以及工作学习场所收听的市场份额均下滑，其中在家收听下滑最为明显。

国际电台2011年在家收听市场份额提升较为明显，较2010年上涨了3个百分点。车上收听与上年持平。

（三）北京广播市场各频率竞争态势

1. 北京电台三大频率占市场前三甲，中国之声退居第四位

北京电台交通广播连续8年稳居市场份额第一位，并与其他频率始终拉开较大差距。此外，交通广播2011年市场份额较2010年上涨了5个百分点，达到27.106%，接近2007年的最高峰水平27.312%。文艺广播较上年市场份额有所下降，从2010年的19.420%降至2011年的16.932%，不过依然位于市场份额排名的第二位。

新闻广播2011年市场份额表现稳定，上升了近1个百分点，排名也由上年的第四位升至第三位。

在2010年以及之前，除了2008年以外，中国之声一直居于频率排行的第三位，而2011年中国之声下降非常明显，从2010年的11.024%跌至7.767%。排名也降至第四位。

其他上涨势头较快的频率有国际电台环球资讯广播，从2010年的1.085%上升至2.393%，排名也由15上升至12。详见表2。

表2　2010—2011年北京广播市场19个频率市场份额变化

频道	2010年份额（%）	2011年份额（%）	2011年排名	2010年排名	排名变化
北京人民广播电台交通广播（FM103.9/CFM95.6）	22.102	27.106	1	1	→
北京人民广播电台文艺广播（FM87.6/CFM93.8）	19.420	16.932	2	2	→
北京人民广播电台新闻广播（FM100.6/AM828/CFM90.4）	8.007	8.951	3	4	↑
中央人民广播电台第一套节目中国之声	11.024	7.767	4	3	↓

续表

频道	2010 年份额（%）	2011 年份额（%）	2011 年排名	2010 年排名	排名变化
北京人民广播电台音乐广播（FM97.4/CFM94.6）	7.651	6.874	5	5	→
中央人民广播电台第二套节目经济之声	4.316	4.924	6	8	↑
中央人民广播电台第三套节目音乐之声	4.576	4.577	7	7	→
中央人民广播电台第九套节目文艺之声	4.749	3.464	8	6	↓
北京人民广播电台体育广播（FM102.5）	3.389	3.214	9	9	→
北京人民广播电台故事广播（AM603/CFM89.1）	1.870	2.674	10	11	↑
中国国际广播电台劲曲调频（CRI HIT FM）	2.343	2.452	11	10	↓
中国国际广播电台环球资讯广播 FM90.5/AM900	1.085	2.393	12	15	↑
中央人民广播电台第四套节目都市之声	1.136	1.454	13	14	↑
北京人民广播电台爱家广播（AM927/CFM92.7）	1.012	1.221	14	16	↑
中国国际广播电台轻松调频	0.891	1.082	15	17	↑
北京城市服务管理广播（FM107.3/AM1026/CFM91.9）	1.640	1.068	16	12	↓
中央人民广播电台娱乐广播	1.174	0.465	17	13	↓
北京人民广播电台外语广播	0.395	0.331	18	19	↑
中央人民广播电台第十套节目老年之声	0.508	0.311	19	18	↓

数据来源：索福瑞北京地区广播收听数据

2011 年市场份额排名前五的频率：交通广播、文艺广播、新闻广播、中国之声和音乐广播。这 5 个频率占据了约 68% 的市场份额。剩下 32% 的市场份额由余下 14 个频率瓜分。

2. 交通广播强势发力，央广频率大都有所下降

2011 年北京广播市场上有 10 个频率市场份额提升，其中交通广播一枝独秀，上升势头最快，其次是国际电台环球资讯广播，而北京新闻广播也上升了近 1 个百分点，进入北京广播市场频率排名的前 3 位。

中国之声下降最为明显，较上年下降了 3.257%，也是自 2008 年以来，第二次丢掉了频率排名第 3 的位置。而中央电台和北京电台的音乐、文艺、娱乐类的频率在 2011 年市场占有率都有所下降。如图 11 所示。

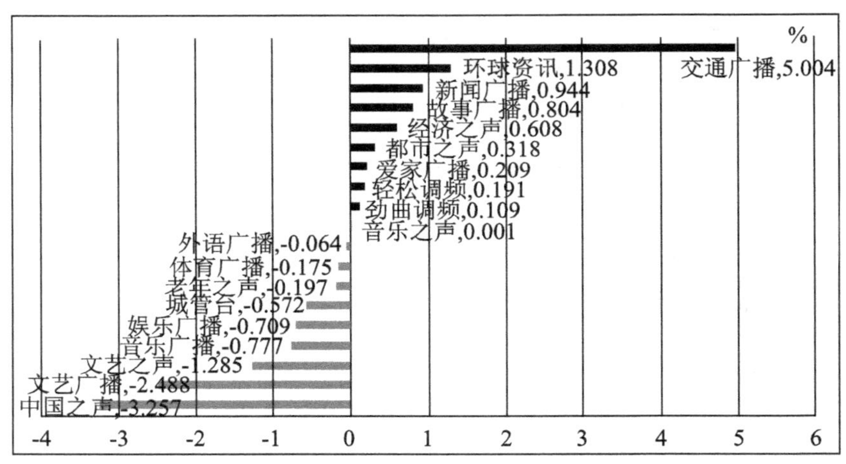

数据来源：索福瑞北京地区广播收听数据

图 11　北京广播市场 19 个频率 2011 年市场份额比 2010 年差值

（四）北京广播市场 3 大台听众构成

1. 北京电台：中高层收入听众增加，学生听众比例逐年上涨

北京电台 2011 年男女听众比例是 55.5%∶44.5%，与 2010 年区别不大。听众收入阶层较集中，1000—3000 元收入段为主要阶层，占到近 80%。高收入听众比例上升，在 2000—3000 元的中层收入听众所占比重最多，达到 31.7%，收入 3000 元以上的听众由上年的 19% 涨至 23.1%。听众职业构成上，退休人员比例上升至 31.2%，为最主要收听人群，排名第

二的是公务员和白领，比例较上年有所下降，由 2010 年的 25.1% 下降到 2011 年的 19.8%，其次是工人（14.3%）以及官员与管理者（10.5%），值得注意的是，学生听众比例近几年稳步上升，2011 年达到 8%。此外，听众的教育程度和收入在提高，接受过高等教育的听众比例每年都在提高，已经达到 18.7%。

2. 中央电台：中青年听众比例上升

中央电台 2011 年男女听众比例均衡，基本各占一半；50 岁以下听众比例上升，由 51% 上升到 60.5%，相对的，50 岁以上听众数量比例下降。听众收入方面，收入在 2000—8000 元的中高层收入听众比例有所上升。听众职业构成上，学生由 2010 年的 7.8% 上升到 2011 年的 10.3%，官员与管理者由 2010 年的 6.9% 上升到 11.3%。

3. 国际电台：男女听众比例逆转，听众各阶层分布更加均匀

国际电台 2009 年、2010 年女性听众都超过男性听众，可谓国际电台听众的一大特点，在 2011 年，男性听众由 2010 年的 4 成猛涨至 2011 年的 6 成，性别比例开始逆转。

在 2011 年国际电台 30 岁以下听众占近半，60 岁以上老年听众比例也上涨，由上年的 3.8% 涨到 14.7%。

听众收入 3000—5000 元的人群再次上涨，达到 29.1%；听众受教育程度较高，受过大学及以上高等教育的听众比例为 40.7%；职业分布上公务员和白领比例最大，占 37.7%，其次是学生 18.3%，退休人员比例也由上年 8.9% 上升至 16.7%。所以相对于前几年表现出来的“三高”特点，2011 年国际电台的听众分布，尤其在年龄、收入方面比往年要均匀。

二、新媒体发展及受众需求变化分析

（一）媒介环境变化引发受众生活方式的转变

1. 社会化媒体时代到来，受众媒体使用习惯改变

据新生代数据显示，以 SNS、视频类、微博类为代表的社会化媒体，是近年来网民们的新宠。2011 年微博类网站第一次进入统计范围，访问比例就高达 21.9%，视频类网站、SNS 类网站访问比例也均有较大幅度的提升。门户类、新闻类等传统媒体受到新型媒体的挑战，比例有所下降。门

户类网站访问比例由2010年的96.5%下降到2011年的93.5%，新闻类网站访问比例也下降4.5个百分点。如图12所示。

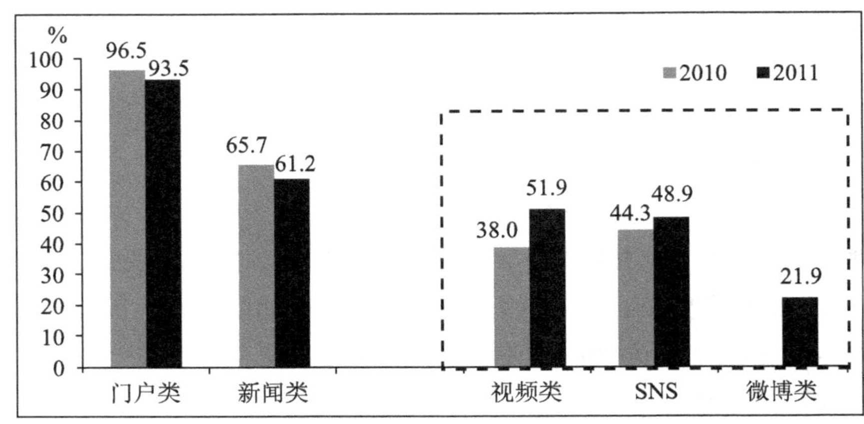

数据来源：新生代市场监测机构CMMS数据·全体网民

图12 社会化媒体网站使用比例对比

（1）受众使用信息方式改变

社会化媒体时代已经到来：了解朋友的近况不是打电话、发短信，而是关注朋友的社会化媒体页面。了解新闻资讯也习惯于通过微博，随时随地迅速获取信息。除了通过传统的社交媒体网站，精细化的信息提供方式2011年也备受追捧。“赶集网”“58同城”等分类信息网站以既有用户为依托，成为整合同城信息的新型平台，凸显区域优势，提供精准细腻的搜索服务。用户在搜索、获取信息的同时发布、提供信息，用户本身的数据资料、需求爱好也不断丰富社会化媒体的数据库，也成为进一步精准化服务的基础，受众和信息的关系不仅局限于简单的获取或者发布，而进入了全方位的“使用”时代。

（2）快时尚时代，“体验—分享”环状模式形成

根据新生代市场监测机构最新研究，一、二、三线城市在消费和流行趋势中都有“快时尚”的趋势，品牌忠诚度下降，而追求潮流时尚服饰的不仅是80后、90后独有的行为特征，同时受到60后甚至70后的喜爱。经久不衰也许依然会存在，但是品牌的“雨后春笋”和“昙花一现”更会发生。别人的分享可能成为用户体验的触发契机，真实体验之后，又会进

入分享模式，快速地通过社会化媒体和各种APP（苹果应用商店）分享出去，环环相扣，周而复始，整个消费群体的体验决定某种商品和服务命运，“顾客是上帝”从客观上成为现实。此时受众对于媒体的需求并未因此而减弱，首先他们需要媒体服务机构帮助他们在众多的“体验”中加以筛选、归类，从而降低选择成本；另一方面，他们需要媒体提供服务，将他们的“体验”传播出去，使更多消费者受益。而对于媒体自身而言，从短期看，把握受众的“体验—分享”模式，做体验式的节目，相信口碑的力量有利于贡献鲜活的节目内容；从长期看，通过对内容的挖掘和长期建立起的受众关系，可以更具说服力和影响力，也可以使媒体本身加强对受众的洞察。

（3）推动社会参与，受众关注并参与重大事件

2011年以微博为首的社会化媒体继续发酵，全面推进公众对社会生活的参与，以“人人热衷参与分享、人人从分享中受益”为核心精神人联网日渐形成。政府也积极通过社会化媒体进行宣传、解惑、征求意见等工作，全国已有近2万个“政务微博”，直接降低了公众与政府的沟通成本。从2011年年初声势浩大，政府、明星和公众齐心协力的“随手拍解救拐卖儿童”，到限购令的颁布、食品安全、环境质量、校车事故和新婚姻法以及个人所得税纳税体系调整，各种关乎公众切身利益的事件、政策和法律在微博上得到广泛传播，政府官员、各路专家各抒己见，公众充分参与讨论、提出质疑，全面提高了公众参与社会生活的积极性。以人为连接节点的互联网传播态势初现，“草根”和“精英”“公众”和“政府”的沟通壁垒在减少。以微博为首的社会化媒体，为公众参与社会生活展开的全面而快捷的平台，人联网的力量在日益彰显。社会化媒体促使公众合议更有效率的形成，公众媒介素养也在一次次发布和澄清错误信息的纠正中得到不断提高。受众通过微博、论坛、SNS等社会化媒体关注重大事件，围观转发扩散，并发表自己的看法，参政议政的意识高涨。

（4）新媒体时代聚群效应，寻找价值归属

聚群效应是指在一个社会系统里，某件事情的存在已达至一个足够的动量，使它能够自我维持，并为往后的成长提供动力。人通过聚群而获得认可和归属感，从而维持自身的价值体系。在快速的生活中，社会中的人

变成原子式的存在后，又通过各种途径发生化学反应重新聚群，这种聚集早已突破地域的界限，也正在突破年龄、职业、教育水平等固有的群体划分，一个人可以贴有多个标签，从而融入多个群体。豆瓣、时光网、Flicker、果壳网、爱范儿，看似小众的网站在提出了明确的关注方向后，群体在慢慢扩张。聚群效应再次说明，需求是创造出来的，现代受众个体的价值属性呈现多元化，个人认知也在不断深化，价值属性的发挥和个人认知的深入都需要碰撞和认可，新媒体时代通过各种形式提供多种“内核”来聚合不同受众的多种价值取向，低门槛的准入机制和随时随地加入的便捷方式使聚合变得更加紧密。传统媒体在以往粗放的面对大众媒体的基础上，可以适当利用既有资源以价值取向为准绳，吸引“小众”，小众的数量和价值都未必小，在长尾市场中仍有很多的受众资源以待挖掘。

2. 手机、移动互联网的普及，改变受众生活方式

手机和移动互联网普及，让受众工作和生活方式正悄然发生改变，据新生代数据显示，2011 年北京地区拥有手机的用户比例已高达 96. 1% ，手机上网—WAP 比例达 17. 6% ，手机上网—WIFI 达 2. 6% ，与上年相比均有大幅增长。手机上网—3G 2011 年首次进入统计视野，占比 0. 7% 。如图 13 所示。

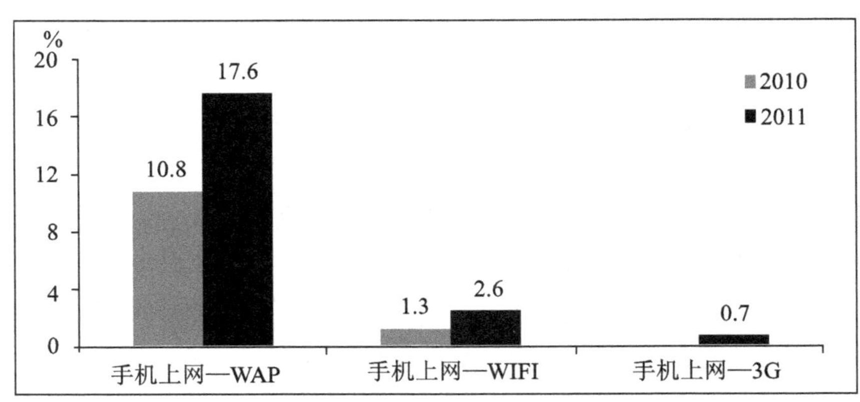

图 13　北京地区手机上网比例

（1）移动互联网促成全天在线，手机填满“碎片时间”

调查显示 97% 的中国城市居民已拥有手机，其中 35% 已拥有智能手机，智能手机使用时间最多的地方是家里、旅途中、乘坐公交时、餐厅以

及商场。中国城市智能手机用户的使用的主要应用是：浏览网页、听音乐、收发电子邮件、使用搜索引擎查询信息、拍照或录像、浏览微博或其他信息平台、玩游戏、浏览报纸或杂志网页版、登录社交平台、查询路线或使用地图。报告从一个侧面反映出当今中国市场受众很大程度上已经脱离了固定网络的限制，所有时间全部被互联网填满。不再是传统媒体和互联网之争，而最恰当的内容和最适合的表现方式，才是抓住受众注意力的唯一手段。平台的融合和优势资源的互相流动成为必然，传播内容和形式的外媒结合，强强联手才能成就最优的传播力，全天在线，提供了最大化接触受众的可能，同时带来了最严酷的传播力考验。

（2）手机上网高峰与广播收听高峰几乎重合

近日，有业内专家公布的调研数据显示，手机上网高峰时间段包括：6 点—9 点、18 点—20 点，以及 20 点—22 点。这与广播的收听高峰时段几乎重合。早上，很多手机网民会频繁地浏览网站、微博、阅读手机报、听音乐或看电子书。而晚上，手机网民多数会上网聊天、看电子书或玩游戏。手机几乎填满了受众所有的“碎片时间”。

手机和广播同样具有移动、便携的特性，手机广播可从移动媒体与音频媒介的自身定位出发，对传统广播的内容和形式进行全方位改造，将会大大扩展传统广播的生存空间，为传统广播提供新的发展机遇。

3. 电商市场日益成熟，受众消费方式正在改变

2011 年电商市场风云再起，主要变化有三：变化一，2010 年大热的团购网站 2011 年进入洗牌寒冬。截至 2011 年 8 月，团购网站总数超过 5500 家。随着国际经济环境逐渐恶化，从下半年截止到 2011 年 12 月 28 日，已宣布倒闭的团购网站达 1800 多家。能否在短期之内寻找稳定的赢利模式并提高赢利能力和用户黏度，增大网站自身价值，成为 2012 年团购网站需要集体回答的生死之题。变化二，2011 年 B2C 电商全面发力，与传统零售行业进行正面交锋的胜利。B2C 电商 2011 年从烧钱到赢利，再到冲击传统经销商，都与长期对服务体系投资建设、提高用户体验、积累口碑和影响力密切相关，B2C 电商是最接近传统零售行业的网络服务形式，却因为其无可比拟的快捷性和价格优势比颇有历史的传统零售行业焕发出更大活力。变化三，淘宝试行新政，电商行业自觉调整行业规范。电子商务市场高速

发展，成为名副其实的“聚宝盆”，但是也存在进入门槛低、商品和服务鱼龙混杂的局面。作为电商巨头，淘宝网身先士卒，2011 年 10 月 10 日，宣布年费和保证金上涨，旨在整顿市场，加强管理。淘宝颁布新政是 C2C 乃至整个电商市场走向规范的一个重要标志，是商家自我觉醒的重要开端。

艾瑞咨询最近统计数据显示，2011 年中国网络购物市场交易规模达 7735.6 亿元，较 2010 年增长 67.8%。2011 年中国网络购物市场交易规模占社会消费品零售总额的比重将从 2010 年的 2.9% 增至 2011 年的 4.3%。

电子商务将受众带入一种全新的交易环境，消费者行为也随之发生改变。

（1）获取信息方式改变

消费者在作出购买决策之前，往往要进行相关产品的信息搜寻。电子商务系统巨大的信息处理能力，为消费者提供了空前的选择余地。

（2）信息沟通方式改变

电子商务时代信息传播模式是双向互动的，消费者与企业可实现即时互动，既有信息源向受众的信息传播，又有受众向信息源的信息反馈，信息沟通实现一对一双向互动。

（3）购物方式改变

受众不再需要耗费体力在商店中搜寻，只需动动手指点击鼠标，实现人在家中坐，货从网上来。

（二）广播网络受众分析

广播网络受众，是既听广播又接触网络的一个群体，他们是传统广播的忠实听众，同时活跃于互联网上，是未来网络广播的潜在受众，是广播媒体需要重点培养的对象，是一片亟待开发的“蓝海”。网络广播的推广对广播业发展有着深远的意义，将会成为继“车轮子”之后广播发展的又一新契机。

1. 广播网络受众特征

根据新生代北京地区数据显示，广播网络受众有如下特征。

（1）拥有家用车比例 3 倍于普通人，与移动人群重合度高

广播网络受众中有 66.7% 人拥有家用车，是普通人的 3 倍，也远高于广播受众和网络用户中拥有家用车的比例，广播网络受众和移动人群有较

高重合度。

移动人群是传统广播的收听主流和高端受众，是较具消费力、社会活动参与性强、较为年轻的高价值群体。所以广播网络受众也是广播媒体的高端受众和高价值群体。如图 14 所示。

广播媒体可多在移动人群收听广泛的节目和频率大力宣传网络广播，让这一群体对网络广播有所了解，并对此收听渠道产生兴趣，在上网的时候有意去主动接触网络广播。

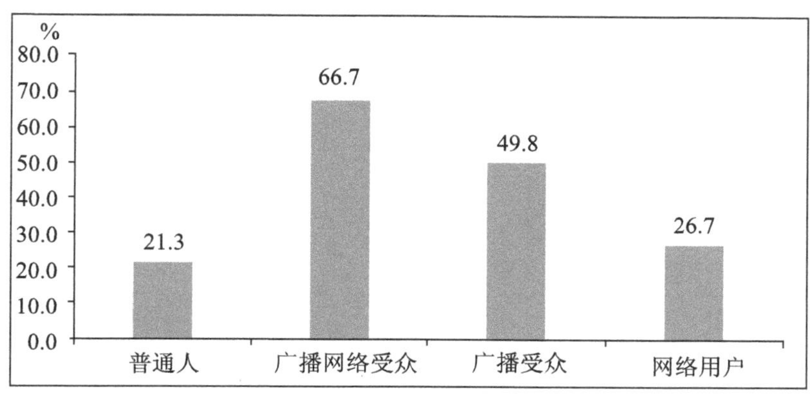

图 14　北京地区广播网络受众拥有家用车的比例

（2）男性比例高达 63.2%，且呈增长之势

近 3 年广播网络受众中男性比例不断上涨，从 2009 年的 58.1% 上升至 2011 年的 63.2%，女性比例不断下滑。如图 15 所示。

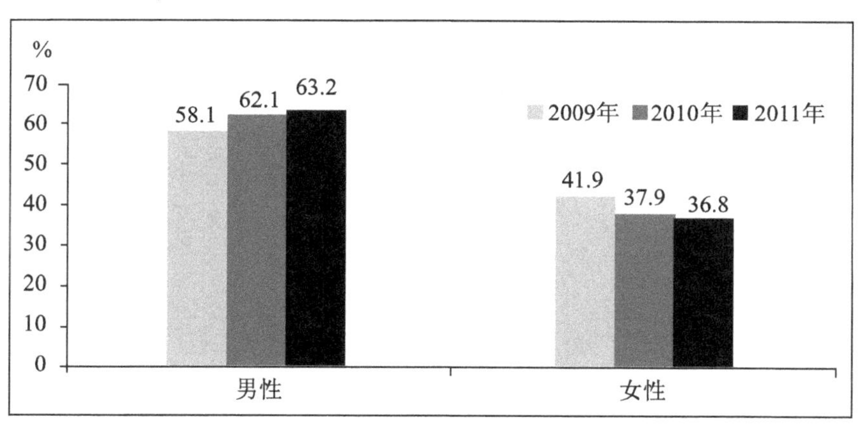

图 15　北京广播网络受众性别构成

（3）年龄构成呈山峰式，中间大两头小

35—44 岁年龄段比例最高，达到 39. 6%，该年龄段人群是目前社会的中坚力量，是社会财富的主要创造者和拥有者。其次是 25—34 岁年龄段，占比 29. 8%，45—54 岁的广播网络受众占 16. 2%，15—24 岁的年轻人和 55—64 岁的老年人占比较少。如图 16 所示。

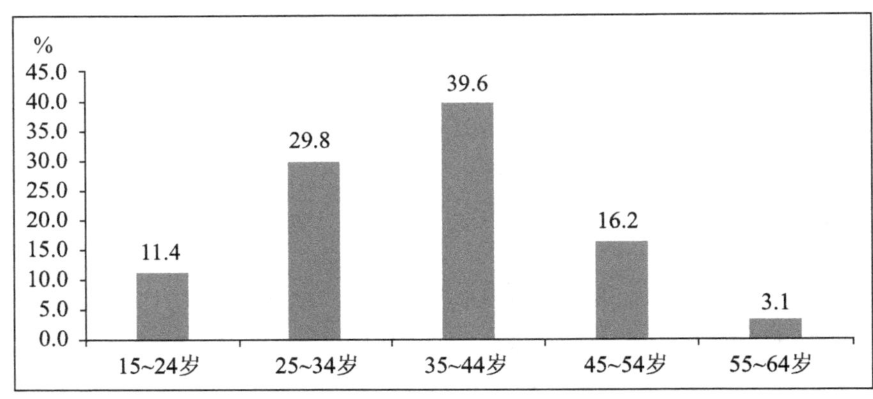

图 16　2011 年北京广播网络受众年龄构成

（4）“三高”特征极其显著

收入高：广播网络受众中，3000—4999 元、5000—7999 元的中高收入以及 8000 元以上的高收入比例均高于平均水平，1000—2999 元的低收入比例则大大低于普通人所占比例。显然，移动听众处于城市中上收入水平，具有较高的消费力。

学历高：广播网络受众中，大专以上的高学历比例高达 60. 0%，是普通人的近一倍。

职位高：广播网络受众中，党政机关/事业单位管理人员、专业技术人员、企业/公司管理人员等高职位人员比例均高于平均水平。如图 17 所示。

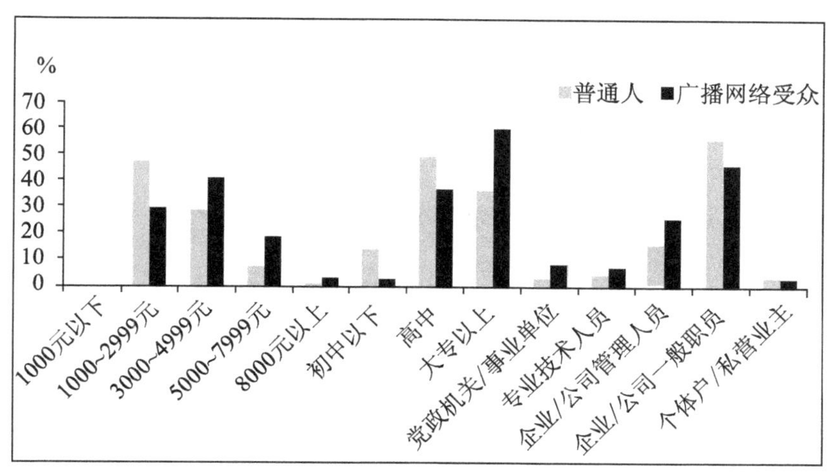

图 17　2011 年北京地区广播网络受众收入水平

2. 广播网络受众的生活方式和态度

（1）喜欢高品质的生活

广播网络受众喜欢高品质的生活，注重身体健康，广播网络受众消费力高，追求物质享受和精神愉悦，他们喜欢购买名牌产品。如图 18 所示。

喜欢高品质生活的人，通常信息获取渠道较多，兴趣广泛，对节目质量要求更高。因此广播应力求在信息的及时性、节目的趣味性、主持人的品位等多方面来迎合该类人群的需求。

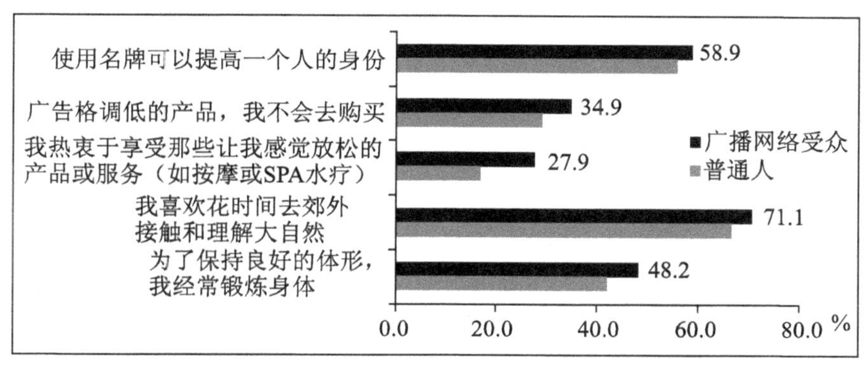

图 18　广播网络受众更注重生活品质

（2）家庭观念强

广播网络受众中，中年人占比较大，已婚人群比例达 78. 1% ，大多数是“上有老下有小”，所以这一群体家庭观念非常强。

夫妻感情问题、婚姻关系处理、孩子教育、老人健康，是广播网络受众普遍关心的问题。如图19所示。

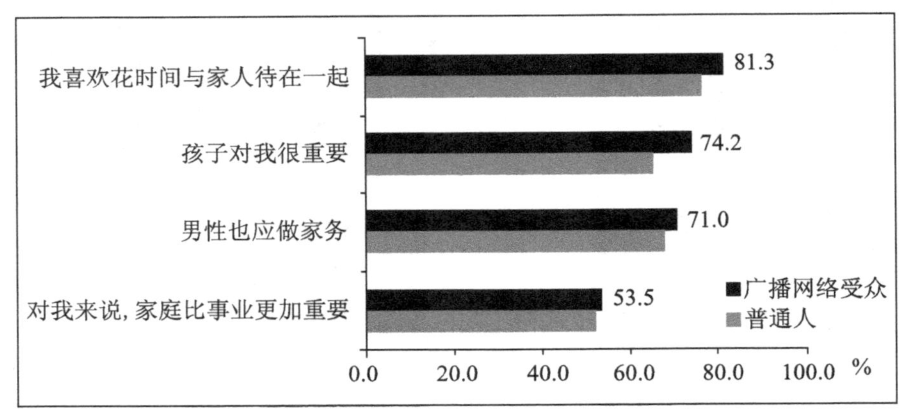

图19　广播网络受众家庭观念强烈

（3）热衷于投资

广播网络受众有可观的收入，手中有部分闲置资金，并且有非常强的投资意识，2011年广播网络受众购买过保险的比例高达70.1%，是普通人的两倍。他们中有1/3的人过去一年投资过股票，是普通人的近3倍。投资国债和基金的比例也均高于普通人。如图20所示。

他们需要财经信息的掌握和专业透彻的分析，能为他们的投资理财提供正确的方向和导航。

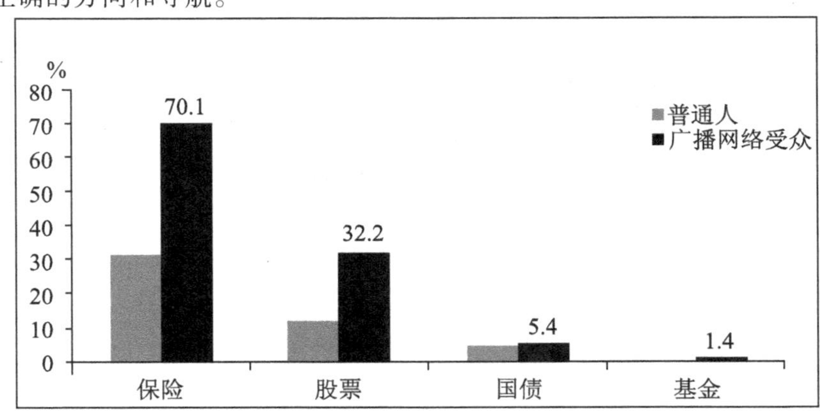

图20　2011年广播网络受众投资理财比例

（4）喜欢面临挑战，追求成功事业

广播网络受众比普通人更渴望事业成功，渴望感受到周边人的尊重，为了成功愿意承担风险。他们中66.0%的人把工作视为事业，59.9%的人对自己的成就寄予很大的期望，53.1%的人为了成功愿意承担风险，69.4%的人认为感受到周边人的尊重很重要，49.4%的人希望被视为领导者。如图21所示。

他们渴望成功，对成功人物有膜拜心理，成功人物专访、名人奋斗史、历史人物传记通常能够吸引他们，让他们产生心灵上的共鸣。

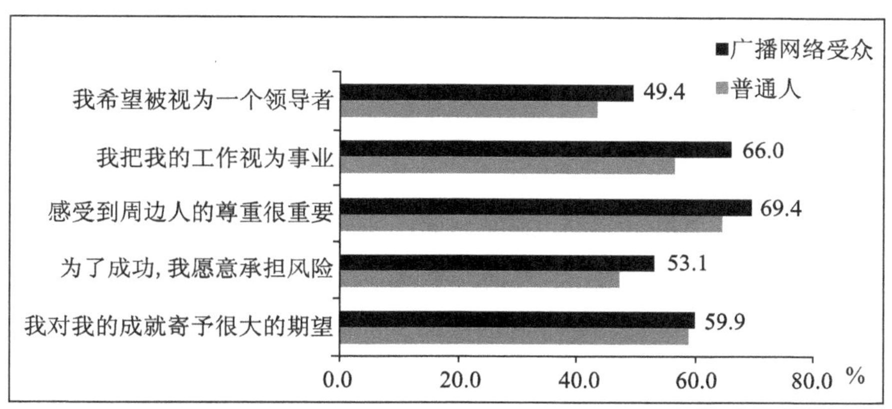

图21 广播网络受众追求事业成功

（5）更喜欢独自、室内休闲方式

据新生代数据显示，广播网络受众看电视、上网、阅读、听广播及听音乐等独自、室内休闲方式的比例较高，且均高于普通人。他们既尝试新媒体，又对传统媒体情有独钟。而对打麻将、玩纸牌、去公园等群体性户外休闲活动兴趣不高，且比例均低于普通人。如图22所示。

他们喜欢上网，也喜欢看电视、听广播、阅读，他们喜欢独立思考，思想开放，却也不失传统。

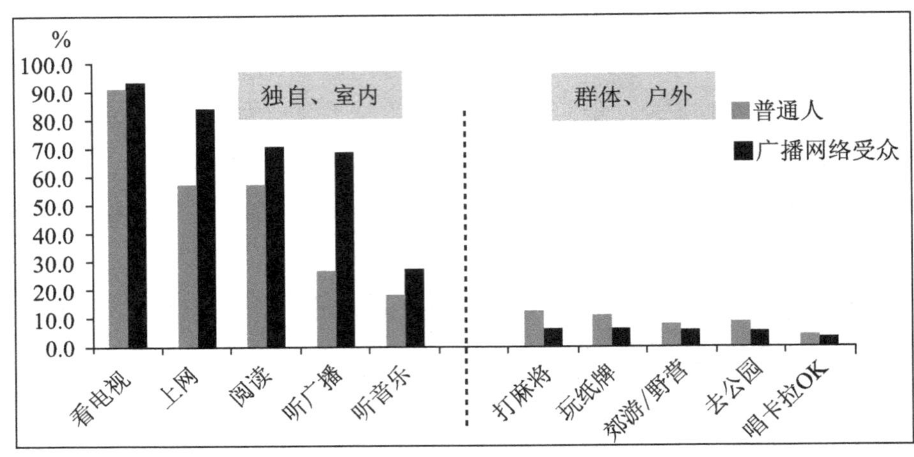

图22 广播网络受众喜欢的休闲方式

（6）口碑传播内容更高端

广播网络受众是良好的口碑传播者，他们口碑传播的内容也更高端。按广播网络受众口碑传播内容比例与普通人差值，排名前5位的分别是汽车、数码产品、金融服务、旅游和家用电器。如图23所示。

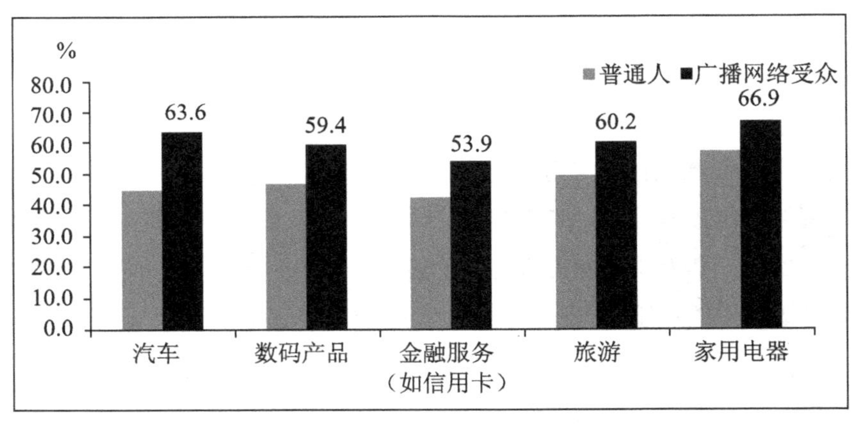

图23 广播网络受众口碑传播更有力度

3．广播网络受众——网络广播值得挖掘的有价值群体

（1）广播网络受众是广播的中重度听众，忠实度高

广播网络受众每天收听0.5—2小时的中度听众比例高达70.3%，每天收听两个小时以上的重度听众占比4.8%。这一群体形成了一定的收听

惯性，具有良好的收听习惯和收听频次，忠实度较高。如图 24 所示。

有收听广播的习惯，忠实度较高，且密切接触网络，广播媒体应该抓住这一群体，将之引入到网络广播。

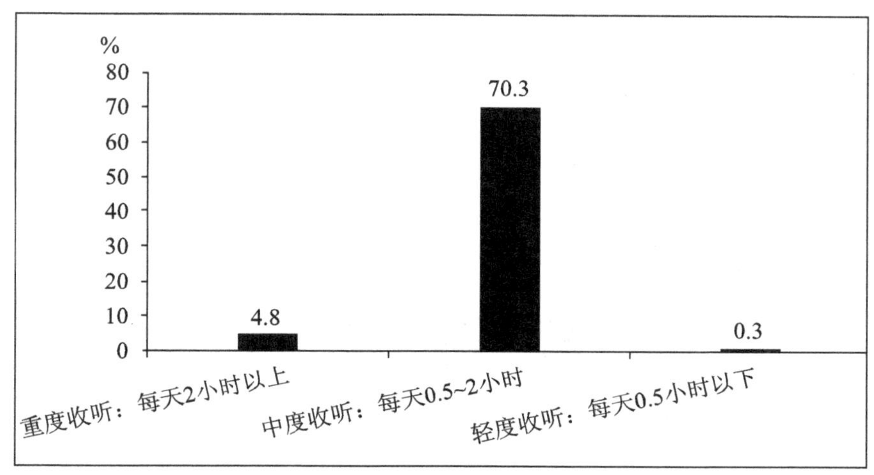

图 24　2011 年北京广播网络受众每天收听时长

（2）网络广播中的新闻资讯、音乐节目最有可能吸引广播网络受众

广播网络受众喜欢的广播节目中，新闻类节目的比例高达 90. 8%，音乐类节目的比例达 69. 7%，这两类节目满足了受众获取新闻资讯和放松休闲的需求。如图 25 所示。

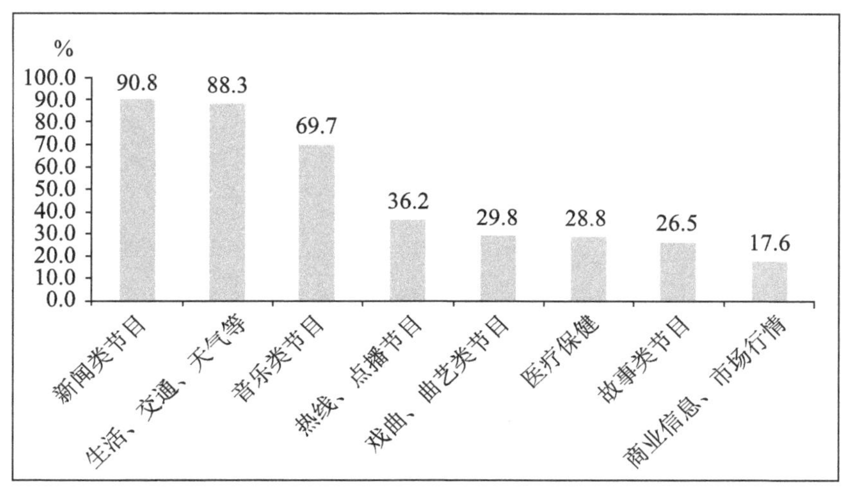

图 25　广播网络受众喜欢听的广播节目类型

在他们上网从事的活动中，阅读新闻和听音乐的占比依然很大（如图 26 所示）。阅读新闻的比例高达 93.4%，网络广播可利用传统广播的资源优势，将新闻资讯节目切片分类，受众可在上网娱乐的同时，收听新闻资讯。收听音乐也是广播网络受众上网从事的主要活动之一，网络广播可对音乐进行分类处理，让网络广播成为受众网上收听音乐的首选。

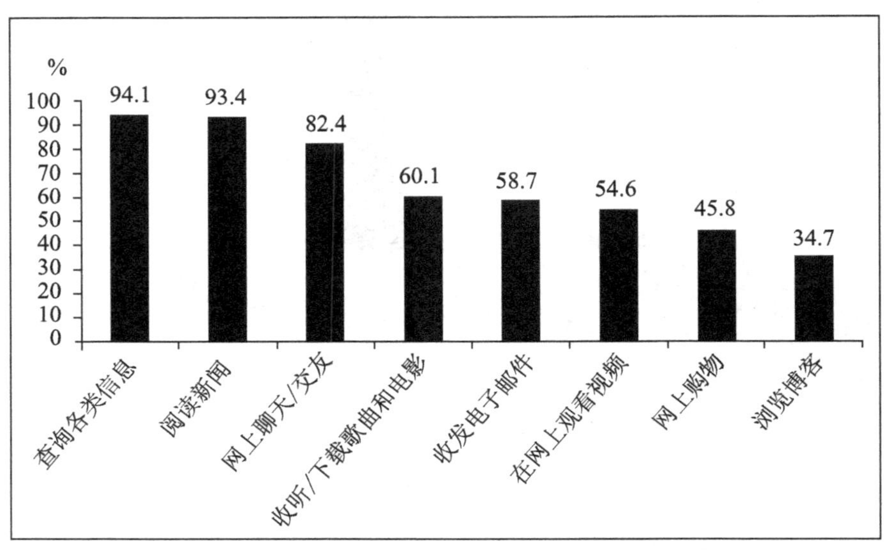

图 26　广播网络受众上网从事的主要活动

（作者单位：北京人民广播电台）

北京广播影视发展研究

（2012年）上册

电视篇

以责任树首善 以品质成大美
——简述北京电视台“品牌媒体”战略

王晓东

时代呼唤文化，文化凝聚力量。十七届六中全会的召开，标志着我国文化改革发展进入了一个新阶段。建设社会主义文化强国，实现社会主义文化大发展、大繁荣新的重要任务目标，历史性地摆在了传媒文化工作者面前。北京电视台作为首善之区的主流媒体，建设与首都国家文化中心示范地位相匹配、与北京深厚文化底蕴和丰富文化资源相承接、与具有国际影响力的世界城市目标相对接、与建设社会主义文化强国的时代要求相适应的首善媒体，践行责任大台、品牌强台的媒体战略，成为北京电视台面临的现实使命和重要课题。

“品牌”（Brand），其概念最早源自商业营销领域。美国市场营销协会（AMA）将品牌定义为“一种名称、名词、标记、符号或设计，或是它们的组合，其目的是识别某个销售或者某群销售者的产品或劳务，并使之同竞争对手的产品和劳务区别开来”。在市场竞争激烈、产品细分的今天，品牌的概念也必然地延伸至传媒领域，成为电视媒体生存和发展的核心要求。《今日美国》资深记者凯文·曼尼在其著作《大媒体潮》中预测：“21 世纪的媒体品牌将成为激烈的战场，无论是同类媒体之间的竞争，还是新兴媒体品牌对传统媒体品牌资源的争夺，都将会使媒体市场更加不平静。”

所谓媒体品牌，是包含媒体名称、节目标志、风格特色、口号宗旨、知名度、美誉度、影响力、观众认同等一系列有形与无形价值的总和。它首先是一种辨识度，是区隔于同类竞争者的先决优势。外至节目标志，内至节目立意与定位，都是塑造品牌的有力信号。2012 年，北京电视台有 4

个频道启用新标志和呼号，“BTV 卫视”变更为“BTV 北京卫视”，强化“北京”概念，提升品牌价值，凸显“新闻立台、文化立台、深度立台、精品立台”宗旨，倾力建设新闻综合卫视频道；“BTV 青少”变更为“BTV 青年”频道，青年频道纯青年节目比例提升至 60% 以上，成为在信息传播、价值影响等方面拥有广泛青年受众群体的全国第一家青年频道；“BTV 公共 · 新闻”变更为“BTV 新闻”，成为强势呈现北京新闻、国内新闻和国际新闻的北京地面第一强势本土新闻发布平台；“卡酷动画”频道变更为“BTV 卡酷少儿”，强化 BTV 品牌，稳固其中国动漫和少儿节目第一传播平台地位。

理念与定位是品牌的导向，内容品质则是品牌的根本支撑。北京电视台的品牌理念紧紧围绕“首善媒体、大美品质”的核心思想，注重品牌的内涵塑造。即坚持内容为王，把节目生产与观众需求深度融合，做观众喜爱的高品质节目，为广大观众奉献异彩纷呈的电视艺术精品。北京电视台坚持推进精品生产，实施精品立台，力求让北京电视台各频道成为国内外文化精品的聚集地。在常规栏目外，北京电视台着力抓好 5 类节目精品：推出快速有效、生动亲切、权威深刻、健康公信的新闻精品；制作主题宏大、情怀宽广、内涵深刻、意义深远的原创纪录片精品；打造定位准确、创意独到、技术精良、艺术精美的原创动画精品；策划气势恢宏、参与广泛、影响深远、引领风气的文化活动精品；选购聚焦现实、思想深刻、题材厚重、震撼心灵的电视剧精品。追求节目品质优良，锻造精品原创实力，以内容塑造品质，以品质铸就品牌。

北京电视台实施品牌战略的过程面临 3 点要求：首先要强化品牌意识，以价值示范、品质示范、创新示范为工作标杆和媒体自觉。其次要整合与挖掘品牌资源，与其他省级台横向比较，国家首都的地缘优势使北京电视台在媒体权威性、受众构成等方面具有较强的资源优势。在比较优势的助推下，有效整合优势资源、聚合资源能力，将是北京电视台品牌战略的发力基础。再次，在打造品牌的过程中，还要注重延伸品牌价值，进一步挖掘 BTV 品牌价值潜力，丰富品牌内涵，拓展品牌效应，推进实施包含以核心品牌、延伸品牌、母品牌、子品牌系统等在内的品牌战略，提高 BTV 品牌的社会效益和经济效益，创造与首善媒体定位相对称的品牌价值。

具体来讲，品牌战略可分为以下 3 个层次。

第一，建设品牌内容产品集群（品牌栏目），塑造 BTV 品牌核心竞争力。内容生产是电视媒体的核心竞争力之一，北京电视台各频道均要培育重点品牌栏目，作为拳头产品、标杆产品，以此拉动频道节目带品牌，综合构建 BTV 整体内容产品集群品牌。例如，北京卫视《养生堂》栏目汇集权威医疗专家，以生动活泼的形式传授健康养生知识，已成长为中国服务类栏目第一品牌；讲述式纪录片栏目《档案》用现代视角解读历史，以独特方式为观众揭秘事实真相，外地收视贡献高达 70%，极大地提升了北京卫视在全国的影响。在首都全国文化中心的建设过程中，在“首善”“示范”的标准要求下，北京电视台将不断提升节目适应传媒市场趋势变化的竞争能力，根据受众特点和需求，不断创新有生命力的节目形态，在多元艺术文化品种交融中诠释“大美品质”；将努力面向全国市场，提高节目在全国市场的竞争力，力争以高收视、高销售实现高品质内容的有效传播，以高收视、高销售实现本地影响和全国影响的最大化。

第二，拓展品牌文化资源集群（品牌文化活动），延伸 BTV 品牌社会影响力。立足北京作为国家政治中心、文化中心和世界城市的地位，北京电视台将充分利用自身信息传播枢纽、文化交流平台的优势，汇集各领域社会资源，打造高品质、高水平文化活动，以提升品质，塑造品牌，全面扩大 BTV 社会影响的深度和广度，尤其是要大力加强全国性品牌节目、品牌活动的策划、培育、推广、营销，加强专业化、品牌化内容建设，提高受众的忠诚度。同时，围绕品牌建设，实行立体化宣传推广、多维度整合营销，提高品牌的资源集聚能力、风险抵御能力、市场竞争能力。例如，围绕“温暖北京、国际北京、财富北京、智慧北京”的主题设计，打造四大季播品牌活动——具有公益色彩的年度爱心活动、具有国际城市文化交流色彩的娱乐竞技活动、具有促进经济发展色彩的中小企业资金扶持活动、具有智慧色彩的创意大赛比拼挑战活动，使彰显 BTV 品牌影响力与透射首都魅力和发展活力相得益彰。

第三，打造品牌产业集群，挖掘 BTV 品牌的商业价值。立足北京文化资源和人才丰富的优势，依托BTV品牌形象和生产能力，打造北京电视台的品牌产业集群，充分挖掘BTV品牌的商业附加值，开发衍生产品，拓展产业链上下游领域，实现赢利多元化，提高BTV品牌的综合竞争力。一是抓住发展机遇，塑造“卡酷”原创品牌，充分依托“十二五”时期国家对动漫的扶持政策，以及北京市动漫产业专项基金和动漫产业研发优势，通过产业平台与播出平台的融合互动，继续巩固放大“卡酷”动漫品牌，打造“卡酷”系列动画故事，以此形成原创优势、播出优势、衍生品开发优势、产品销售优势、儿童演艺市场优势，构筑“卡酷”全产业链。二是发挥地域资源优势，进军影视剧上游创意生产制作领域。依托北京地区创作人员多、明星演员多、制作机构多的优势，从电视剧下游购剧播出积极进军上游，通过联合制作、量身打造、独立制作等方式，占领电视竞争的新高地、娱乐产业竞争的新高地，力争每年制作2～3部具有永久独立自主版权的优秀自制剧产品，通过台内投资、社会融资、广告植入、衍生品开发等多种手段，实现电视剧赢利方式的多元化，通过紫禁城影业公司，策划生产推出主旋律特色突出、兼具商业价值的电影力作，逐步树立北京电视台在国产影视剧领域的品牌形象。三是立足人才及市场优势，开展演艺经纪产业。依托北京演出市场和BTV播出平台的综合优势，培养服务于北京电视台大型媒体活动、影视娱乐节目、文化演出市场的主持人及演艺明星，努力将北京电视台京视传媒公司发展成为北京演出市场有一定影响力的经纪机构。四是扩大版权经营业务，提升BTV节目的商业价值。节目版权经营是有效利用资源，实现节目价值最大化、平台影响最大化的重要传播手段，北京电视台将通过搭建“中国电视栏目版权交易平台”等途径，拓展版权经营业务，扩大经营规模，提升商业价值。五是在此基础上，进一步延伸BTV品牌，建立一个与BTV强大的内容播出平台相匹配、相贯通的产业运营平台，全面提升北京电视台的市场竞争力。

在百舸争流的媒体角逐中，品牌是一种竞争力；在产品同质的市场形势中，品牌是一种吸引力；在价值多元的社会潮流中，品牌是一种亲和力；在受众分化的消费环境中，品牌是一种向心力。实施“品牌媒体”战略，构建有力的自主品牌，以责任引领品牌，以品牌提升影响，以影响创造价值，打造传媒核心竞争力，建设与首善之区定位相对称的品牌媒体，树立行业标杆典范，是北京电视台不容动摇的目标与定位。唯有以责任树立首善标杆，以品质成就大美典范，才能不负使命，将北京电视台建设成为与首都地位相称的有影响力强台。

（作者单位：北京电视台）

电视媒体的社会主义核心价值体系传播与文化构建研究

赵多佳

电视是当今社会覆盖最广、影响最大的媒介工具之一，是融入社会群体日常生活过程的重要公共平台，也是中国共产党在中国社会构筑全面建设小康社会共同思想基础的主要载体。中共十七届六中全会通过的《中共中央关于深化文化体制改革，推动社会主义文化大发展、大繁荣若干重大问题的决定》，在科学分析文化发展形势、奋斗目标和指导原则的基础上鲜明地提出："社会主义核心价值体系是兴国之魂，是社会主义先进文化的精髓，决定着中国特色社会主义发展方向。必须强化教育引导，增进社会共识，创新方式方法，健全制度保障，把社会主义核心价值体系融入国民教育、精神文明建设和党的建设全过程，贯穿改革开放和社会主义现代化建设各领域，体现到精神文化产品创作生产传播各方面，坚持用社会主义核心价值体系引领社会思潮，在全党全社会形成统一指导思想、共同理想信念、强大精神力量、基本道德规范。"这对中国电视媒体如何进一步明确自身的发展定位、目标任务、运行模式，提出了新的更高要求。

本文在于认真分析研究电视媒体在社会主义核心价值体系传播与先进文化构建过程中扮演的角色、承担的责任、具备的特点以及所能发挥的作用，进而为北京电视台的内容生产、荧屏传播实践提供更加清晰的思路。

一、中国特色社会主义制度环境下媒体的传播定位

（一）文化构建与价值传播

一般意义上的文化，是指一定范围内人们普遍的精神财富和社会习惯的总和，包括制度规范、行为习惯、思维观念、价值准则等。文化构建则

是指在具备一定社会条件的前提下，通过宣传、教育、褒奖、惩戒等手段，将相对分散的个体行为升华为一个群体在思想上共同推崇、在行为上共同遵循的普遍准则的过程。

价值传播是指依托于语言、文字、图像等传播实体，通过引导、灌输、正反例证等途径，将某一类人对于社会存在和自身存在的总体看法在一定时期内进行持续推广，试图将其延伸为一定范围内乃至整个社会群体普遍认同的价值态度的过程。

价值传播与文化构建具有内在的因果关系。首先，社会价值是社会文化的核心，确立社会的共同价值准则对于确立社会的制度规范和人们的思维观念、行为习惯，具有决定性意义；其次，价值传播是价值构建的基础，也是文化构建的必要条件，价值传播的成败直接关系到文化构建的内容和效果；再次，文化构建的目标对价值传播的内容、形式、形态、时限等提出了鲜明而具体的要求，具有指导作用。因此，价值传播是文化构建的前提，价值传播过程必须始终着眼于文化构建的规律，遵从于文化构建的目标，为文化构建服务。大众传播媒介的根本传播目的，就是推动社会文化的构建朝着有利于自身意识形态的方向推进。

（二）中国主流媒体的传播定位

与西方传播业态相比，中国传播媒介同样具有体现媒介社会功能的两方面基本实践：一方面是记录和反映社会现实，以新闻生产的“5 个 W”为基础（互联网时代已成为 5 个 W + How），传递社会信息，及时、准确、快捷地为社会群体提供关于社会生产生活状态的描述；另一方面是创造提供公共休闲空间，开发各种不同类型的媒介产品，丰富传播形态和内容，满足社会群体的精神文化需求和身心愉悦需求。

但是，意识形态属性又具有大众传播无法回避的特征，公共传播媒介在本质上都是为特定的利益集团服务的，在整体传播倾向上体现主导其生存发展的政治、经济、文化组织的阶级主张。因此，作为中国共产党领导下的社会主义国家，就意识形态方面来说，中国主流媒体在定位上至少还具有以下 4 个方面的特点。

1. 以马克思主义为指导，鲜明地体现中国共产党的主张

始终坚持以马克思主义新闻观为基础的舆论导向，坚持把政治宣传放

在首位，一切传播平台在必要的情况下必须毫无保留地让位于宣传中共的理论、路线、方针、政策和重大决策部署，任何时候不得在任何传播信息上出现有悖于中共的领导和社会主义意识形态的内容。

2. 代表中国最广大人民的利益，坚持反映社会的主流状态和主流声音

必须把维护社会群体的公共利益作为出发点和落脚点，以正面宣传为主，无论是时政新闻、社会新闻、新闻评论等新闻信息产品，还是文艺、娱乐、体育等文化服务产品，乃至小说、影视剧、动漫等虚构内容，都要真实体现社会现实中的主流价值观。

3. 承担对社会公众的引导教化责任，营造健康、积极、向上的舆论氛围

把传播与宣传紧密结合起来，寓教于乐，寓社会发展进步趋势于一切传播产品中，严格区分正反、对错、真假，对于重大社会事件和矛盾问题，必须严明是非，表达明确的媒介立场，通过对受众的感染、触动、警示，引领正确的社会发展方向。任何的猎奇或哗众取宠的低级迎合，都是对社会健康文化生活的破坏。

4. 维护国家声誉和民族利益，不断增强中华文化的国际影响力

要把创作、生产、传播展现国家和民族文化气质、历史品格、时代精神的媒介产品放在重要位置，在对内提供丰富文化服务的同时，提升自身品牌和产品的传播力，积极参与国际传媒市场的竞争，推动中华文化在国际传播体系中占据更加有利的地位，为国家经济社会发展和中华民族伟大复兴提供坚实的思想保障。

（三）新的历史条件下中国媒体的责任和使命

改革开放30多年来，中国共产党团结带领中国人民，坚持以经济建设为中心，巩固和完善社会主义制度，确立社会主义市场经济体制，经受住了各种风浪的考验，在经济建设、政治建设、文化建设、社会建设、生态文明建设等方面取得了举世瞩目的伟大成就，为实现全面建设小康社会宏伟目标奠定了重要的物质基础和思想基础。

然而，我们必须看到社会主义建设的长期性、艰巨性、复杂性。经过一个时期的发展和积累，社会主义制度与市场经济体制之间的不适应性，

以及物质条件限制与人民群众期待过上更好生活之间的差距依然存在，宣传思想文化工作与经济发展之间的不平衡性，形成了一个社会矛盾凸显期和部分群体思想焦虑期。在这种背景下，2006 年党的十六届六中全会中央提出了建设社会主义核心价值体系的要求，到 2011 年十七届六中全会党中央更加明确其“兴国之魂”的重要战略地位，进一步彰显了推动以社会主义核心价值体系为根本的文化大发展、大繁荣的宏伟目标，这对于中国未来的改革发展、提升中国的软实力具有深远影响和独特意义。

加快文化建设和社会主义核心价值体系建设，对做好传媒领域的工作、营造良好的社会舆论环境，也提出了一系列新课题、新要求。

1. 坚持指导思想

在市场经济环境下，面对西方敌对势力的挑唆和蛊惑，社会上出现了一些片面追求经济利益、背离价值信仰的现象，个别人在理论上、思想上、作风上、行为上偏离了马克思主义的立场和观点，甚至在互联网等传播媒体上公开发表非马克思主义、反马克思主义的言论，一部分人的人生观和价值观发生扭曲。作为党领导下的主流媒体，在这样一个历史时刻就更要牢牢把握方向，毫不动摇地高举旗帜，占领舆论阵地，增强坚持马克思主义思想指导地位的坚定性和自觉性。

2. 维护社会稳定

近年来国际政治、经济形势的深刻变化，引发部分国家和地区的局势动荡和社会事件，并引起其他国家和地区出现连锁反应的异常状况，如 2011 年先后发生的中东、北非政治事件和美国“占领华尔街”运动等，对维护中国社会稳定提出了新的考验。面对复杂情况，各类媒介在传播信息过程中都要立足国内改革发展稳定的形势，做到坚持原则、谨慎处置，防止过分渲染和炒作。

3. 缓解社会矛盾

在社会矛盾凸显期，经济快速发展过程中伴生出一些难以避免的诸如城乡二元发展、收入差距扩大、利益分配不均、社会保障不足等问题，加上个别地区、个别党员领导干部服务群众意识淡薄、组织纪律涣散、矛盾处理不当，影响了党群干群关系。在这些大是大非问题面前我们主流媒体必须义不容辞地妥善处理好矛盾纠纷，在维护党的形象和群众利益的同时，发挥好信息公开、交流沟通、舆论监督的作用，积极帮助党和政府发现和解决社会矛盾。

4. 改善道德环境

近一个时期以来，在食品、药品、工程质量、交通安全等方面发生了一系列引起群众广泛关注的严重事件，反映了部分社会成员道德失范、诚信缺失、唯利是图。2011 年发生在广东的“小悦悦事件”，暴露出个别领域存在的道德问题正在社会上延伸和扩大，对社会主义核心价值体系建设提出了严峻挑战。社会传媒机构要认清自身使命，勇于承担责任，对媒体自身失语于道德建设乃至某种程度上助长不良风气的问题进行深刻反思，充分关注、参与、主导社会诚信体系建设，积极提升舆论引导水平。

5. 培育民族精神

推动文化大发展、大繁荣，建设社会主义核心价值体系，必然需要不断培育和提炼具有时代特征的民族精神，构筑全党、全社会共同团结奋斗的思想基础，找准中华民族在人类文明进步过程中的方向和坐标。主流媒体既要注重对基层社会群体精神状态的发现和收集，又要加强对体现新风新貌精神力量的推广和渗透，还要积极致力于对民族精神内容的分析和精炼，在积累、推动、提炼 3 个方向上付出艰辛的努力。

二、电视媒体在价值传播与文化构建过程中的独特作用

（一）电视媒体的特性

电视媒体在当代传播领域具有不可替代的价值和地位，也必然能够在今后一个时期发挥更加重要的作用。首先，相对于出版、广播等其他传统媒介来说，电视是视觉、听觉功能组合使用，可以被动态化感受的直观媒介形态，传输的信息量大、可靠度高、便捷性优；其次，相对于以互联网为代表的新兴传播媒介来说，电视的视音频传输技术是新媒体赖以生存和发展的基础技术，电视节目产品是互联网受欢迎程度最高的内容产品之一，电视发展为新兴媒体的发展奠定了主体形态、常规资源、基础受众；再次，从电视媒体自身以高科技为依托的发展规律来说，高清晰度电视、3D 电视等新的技术形态不断涌现，展现了电视未来若干年发展的强大生命力。因此，电视媒体拥有价值传播与文化构建的基本外在条件和稳定发展

前景。

（二）电视媒体传播价值、构建文化的优势

与其他传播形态相比，电视媒体在社会主义核心价值体系传播和文化构建过程中具有独特的优势，主要表现在以下几个方面。

1. 受众面广

目前，全国电视机保有量超过5亿台，受众覆盖率达到全国人口总数的97%，电视传播的触角几乎可以延伸到各个角落，随着有线网络和无线、卫星等传输技术的不断拓展，观众可以在不同区域接收到同样的文化传播内容。

2. 时效性强

电视信号即使在远距离环境下也能实现实时传输，是广大受众了解权威信息、统一思想行动的主要窗口，在特定情况下可以有效避免由于传播延误而产生的问题。

3. 信息精准

视屏信息的准确度明显高于文字叙述和语言表达，有利于对复杂传输内容进行有效的传播和解读，有利于宣传和灌输统一的思想观念，增强信息传递的便捷性和可控性。

4. 通俗度高

电视媒体采用具象化的表现形式，可以将生涩抽象的文字内容转化为生动具象的镜头语言，在很大程度上破解了知识层次差异导致的对表现内容产生理解上的差异，更具传播力、亲和力和感染力。

5. 影响力大

多年来，电视媒体的传播内容因其真实、生动、可亲近性已衍变成为社会生活中的热议话题，不但有利于传播内容的进一步扩散和普及，而且为思想层面的交流、交往、融合创造了条件。

6. 运行规范

电视媒体在中国实行特殊的管控体制和准入政策，整体上具有明确的事业地位，传播渠道的安全性和规范化程度较高，可管、可控、可查、可防，这对于加强价值传播与文化构建的节奏把握和内容控制至关重要。

（三）电视媒体参与社会主义核心价值体系传播与文化构建的实现路径

电视媒体在建设社会主义核心价值体系，推进社会主义文化大发展、大繁荣的实践中，要坚持履行传媒责任，立足自身优势，通过有力、到位、持续的宣传引导，推动形成统一指导思想、共同理想信念、强大精神力量、基本道德规范，促进建立思想政治稳定、文化气息浓郁、道德素质良好、社会关系和谐的中国社会共有精神家园。具体做法是：

1. 明确判断标准

通过深入细致的学习思考，切实把握社会主义核心价值体系的基本内涵，结合对相关节目产品的分析研究，细化传播社会主义核心价值体系节目产品的特征和要素，确立相对稳定、易于操作的判断方法。

2. 注重宏观把握

在电视媒体自身的宏观发展定位，特别是在频道规划体系、节目生产体系、产品考评体系中，将传播社会主义核心价值体系、传播先进文化的要求明确列入舆论导向要求，作为第一位的标准。每年至少两次对过去一个时期节目产品传播社会主义核心价值体系情况单独列出，进行分析梳理，对下一个时期的相关节目生产工作作出明确安排，形成阶段性分析报告。坚持总编辑亲自抓，在编委会层面确立价值传播和文化构建的任务。

3. 加强任务分解

把核心价值的传播体现到内容生产的全过程，在每个频道和节目（活动）的说明书、文案中明确列出传播责任和完成标准，在节目策划阐述、节目审看结论等材料中列载该节目对于传播核心价值、传播先进文化的意义和作用，从思想上、源头上规范节目创作要求。

4. 突出人员教育

在着力加强采编创作人员日常思想政治教育的基础上，重点通过优秀节目推介、节目讲评和领导示范等方式，解读创作思路和策划手法，帮助节目策划人员掌握在节目中注入、添加、分析传播核心价值的有关内容元素和符号元素的技巧方法，学会将价值传播与新闻信息、文化品位、娱乐效果和其他专业内容进行有机整合，学会用电视文艺手段将核心价值通俗化、具象化、大众化，学会把宏观理论通过现实生活落小、落细、落实，形成潜移默化的传播效应。

5. 及时总结完善

在不同层面、不同领域、不同节目形态中，对社会主义核心价值体系传播与文化构建成效进行分析把握。一要不断充实党和国家推动文化改革发展、建设社会主义核心价值体系的新要求，在新的节目内容中及时准确地体现新的价值准则；二要建立健全相关的奖惩工作机制，对于违背社会主义核心价值体系的节目内容实行一票否决并追究策划、创作、制片、监制的连带责任，每年推出弘扬核心价值的优秀典范作品，予以重奖；三要注重受众反馈，通过回访、调查问卷等方式，了解受众对节目在价值传播方面成效的反馈情况，提出改进方向。

三、北京电视台推进社会主义核心价值体系传播和文化构建的实践方向

（一）北京电视台传播核心价值、构建先进文化的地位和使命

北京电视台是北京市属唯一一家综合性电视媒体。北京电视台在传播核心价值、构建先进文化过程中，必须重点把握好3个要素，明确自身的传播职责。

1. “地方”意识

作为地方电视媒体，要坚持北京特色，反映北京现实，用好北京资源，促进北京发展，把做好北京地区社会主义核心价值体系传播与文化构建作为基本责任，当前特别要做好北京精神的宣传，构筑面向北京市民的荧屏价值传播平台。

2. “首都”意识

首都的特殊地位决定了北京电视台在地方电视媒体中的特殊性，要以“首善”的标准处理好价值传播与文化构建实践中的各种问题，致力于最成功的价值传播与文化构建。

3. “历史”意识

北京电视台在30多年的传播过程中始终走在全国电视媒体改革发展和内容生产的前列，北京作为拥有建都800年历史和深厚文化积淀的古都，

如何将传播优势和历史的资源有效融合并不断将这种优势巩固和传承下去，形成更多经验，北京电视台要在全国各电视媒体的价值传播和文化构建中作出表率。

（二）近年来北京电视台价值传播与文化构建的实践

近年来，北京电视台按照“高举旗帜、围绕大局、服务人民、改革创新”的总要求，在节目产品的创作生产工作中牢牢把握正确的舆论导向，把传播社会主义核心价值体系、构建荧屏先进文化作为基本职责，进行了一系列有益的理论探索和工作实践，积累了一些工作经验。围绕价值传播与文化构建，主要开展了以下6个方面的工作。

1. 初步建立起符合价值传播要求的节目考核评价体系

北京电视台提出了“首善媒体、大美品质”的整体发展目标，从2012年起推出以价值传播成效和节目品质为核心的节目考核评价体系，分解为社会责任、品牌价值、文化品质和专业品质4个可测量的指标，全面融入社会主义核心价值体系的传播要求，将价值传播与文化构建在制度层面上予以确认，得到了社会各界的广泛关注和充分肯定。

2. 积极推出具有价值传播直接功能的道德类节目

北京卫视2011年起推出的栏目《好人故事》，主持人、编导、记者走进基层、走近群众，对身边的好人好事和当事人进行访谈，走进他们的精神世界，挖掘他们的崇高品格，反映生活中真实的好人故事，不但健康、有益，而且生动、耐看，体现了建设社会主义核心价值体系的本质要求。《北京新闻》等主要新闻栏目先后推出的专栏《温暖一家亲》《幸福绽放》《我在基层》等，也都注重把社会生活中体现个人品德、职业道德、家庭美德、社会公德的形象挖掘出来，充满了价值关怀。

3. 注重对传统文化题材的挖掘和塑造

初步打造形成了每年春节期间“春晚播出带”的活动品牌，并以清明、端午、中秋等主要传统节日为载体，通过大型晚会、专题节目等形式进行推广，营造传统节日氛围，弘扬民族传统文化。精心策划推出《笔墨春秋》《国粹生香》京剧票友段位赛、《书香北京》等具有传统文化特色的专题片、大型活动和栏目，强化了北京电视台荧屏的价值传播和引导力度。

4．坚决抵制节目过度娱乐化、唯收视率等倾向

2011 年，北京电视台对 10 个频道和所有栏目进行了全面梳理，对北京卫视等频道进行了改版调整，加大了对新闻类、文化类栏目的投入力度，在激烈的市场竞争环境下，坚持文化品位和价值立场，有效杜绝了盲目陷入市场竞争、背离社会主义核心价值体系的节目形态。这一立场将会始终坚守下去。

5．加强节目产品创作生产制度建设

2010 年以来，北京电视台先后制定或修订了非常规节目审批办法、节目内容安全管理规定、传达宣传精神的管理规定等节目生产领域的规范性制度，编纂形成了《北京电视台节目生产管理文件汇编》。这些制度文件，从价值传播与文化构建的要求出发，初步搭建起了内容生产工作制度体系，使节目生产得以“有章可循”。

6．深入开展“走基层、转作风、改文风”活动

通过“走转改”活动，加强人才队伍建设，培育新闻从业人员的职业精神和价值态度，先后有 4000 多人次投入这项活动，接受教育，净化心灵，推出新品，对北京电视台价值传播和文化构建起到了强有力的推动作用，也在社会上进一步树立起了北京电视台贴近生活、贴近实际、贴近群众的良好形象。

（三）北京电视台在价值传播和文化构建中需要解决的问题

围绕加强社会主义核心价值体系传播与文化构建，北京电视台在目前实践的基础上，还将进一步研究解决好以下 3 个问题。

1．如何对北京电视台的价值传播成效进行整体性的评估

要建立一套系统化的评价手段，动态化地把握价值传播与文化构建的实践过程，对进一步做好工作提供科学准确的分析依据。

2．如何促使电视荧屏的价值传播过程连接成为深入人心的文化自觉

我们将积极探索对价值传播内容进行提炼、再推广、再升华的有效途径，将仅仅追求个体节目的价值正确，升华为追求荧屏呈现清晰的完整价值链条。

3．如何将北京电视台的价值传播过程与从业人员的职业发展需求结合起来

努力把在节目中传播社会主义核心价值体系的规范性要求，转变为从业人员的文化追求和职业习惯，通过参与价值传播过程，实现自己的职业理想和人生价值，为北京电视台荧屏呈现奠定根本性的保证。

（作者单位：北京电视台）

解读电视在全媒体环境下的突围之策

韩 鹤

"全媒体"在英文中为"omnimedia"，是前缀"omni"和单词"media"的合成词。百度词条所记载的"全媒体"概念如下："全媒体的概念并没有在学界被正式提出。它来自于传媒界的应用层面。媒体形式的不断出现和变化，媒体内容、渠道、功能层面的融合，使得人们在使用媒体的概念时需要意义涵盖更广阔的词语，至此，'全媒体'的概念开始广泛适用。"

在其价值特点说明中，有一条是本文论述的一个基本点："全媒体体现的不是'跨媒体'时代的媒体间的简单连接，而是全方位融合——网络媒体与传统媒体乃至通信的全面互动、网络媒体之间的全面互补、网络媒体的自身的全面互融，总之'全媒体'的覆盖面最全、技术手段最全、媒介载体最全、受众传播面最全。"

在这个价值特点中，最为突出的问题就是作为内容提供者的电视媒体和我们惯常理解为传播渠道的网络媒体的竞争与融合。电视媒体与网络媒体的这种"竞合"的关系，是全媒体时代一个非常值得注意的问题，因为融合并非是将电视内容简单地嫁接于网络，或者是网络物理性地延伸了的电视传播渠道。换言之，以电视媒体为代表的传统媒体和以网络媒体为代表的新媒体，双方存在着"不对等介入"的关系。网络媒体已经有非常成熟的"全国一网"的业务脉络，电视媒体想要自己建一个遍及全国的传播网络却非易事。网络媒体如果染指影视内容就可以迅速膨胀，而电视媒体因为网络分散削弱了自身的传播力量。

目前，在行政力量的保护下，电视媒体依然按照传统的方式进行运营，然而，面对新媒体强大的生产力，电视的内容会变得不再独家，加之以网络媒体为代表的新媒体庞大的传播脉络，仅凭电视媒体自身，如何存续自己的媒体地位。作为电视媒体的从业人员，我们应该对此怀有深深的忧患意识。如何让电视在新媒体环绕的媒介环境下突围？如何让电视找到突围必胜之策？

一、电视自身挖潜

在很多年前，CNN刚刚成立的时候，它所倡导的理念是“你在这里可以看到最快的新闻”，时效性是它最看重的一个特质。然而，近几年，它的理念更加向BBC的“你在这里可以看到最真实客观的新闻”靠拢。这种悄然的变化也正是电视媒体生存之道的一个暗示。随着越来越多的媒体进入人们日常生活，受众获得信息的渠道越来越多，信息量猛增的同时，有效的信息质并没有相应增加，反而由于沉渣泛起、鱼龙混杂而更加让人无所适从。2011年7月京城连降大雨，网络上飞传“七月北京来看海”的水涝照片，7张照片中有3张是假照片，尤其是那几辆轿车泡在水中的一张，是几年前的旧照。其后，“台胞被拆迁逼得自杀”“某婚礼现场出动千名警察护卫”等多则网文，通通被证伪。越来越多的谣言、假新闻、不良信息，充斥在我们的生活中，“伪信息时代”的说法一时甚嚣尘上。

电视媒体尤其是新闻类栏目的垄断式管理和自上而下的管理方式避免了一些信息杂质的进入。长期以来，电视从业人员相比于其他媒体从业人员在信息的选取、视频的加工以及新闻的编辑方面具有无可替代的优势。作为势头正旺的网络媒体，电视媒体与之抗衡的策略应该是“田忌赛马”，用自己在信息选取、加工、编辑、处理等方面的专业优势同网络媒体进行比拼，胜在公信，胜在精致。

1. 巩固强化电视的公信力

由北京师范大学张洪忠博士和“现代广告”课题组共同发起承担的“中国媒介公信力系列大调查”之一的北京媒介公信力调查报告已出炉。媒介渠道绝对公信力这一选项中，电视、报纸、广播得居前3位，手机媒体不及格；媒介渠道的相对公信力方面电视占据明显优势。

这项调查报告选取了中央电视台、北京电视台、凤凰卫视、湖南卫视、东方卫视、江苏卫视、安徽卫视7家电视台来进行相对公信力考察。

统计结果显示，中央电视台的相对公信力最高，接近八成的北京居民在7家电视台中选择最相信的是中央电视台。北京电视台在7家电视台中获得最信任的第二位，凤凰卫视获得第三位。

由数据而知，电视在公信力方面有着无可比拟的优势。长期以来电视媒体对新闻审慎、尊敬的态度赢得了公众的信任。而这种信任的价值是巨大的，在面临着节目内容的选择时，这种信任的作用是决定性的。因此，保持、巩固、加强电视媒体的公信力，保持新闻的专业主义精神，是电视媒体在节目生产制作过程中最先要强化的一种态度。

2. 对电视内容的精细加工

电视媒体长久以来的制作方式积累了大量的制作经验，而相比于网络媒体的流于表面，电视媒体更擅长对节目呈现的内容进行“深加工”。从业人员的专业性也是其他媒体无法相比的，以下3个层面的改善，将有助于电视媒体的长远发展。

在技术层面，从模拟信号到数字信号的转变：由模拟变数字，电视画面更清晰、声音更逼真，会提供更加愉悦的视听享受；同时，数字电视具有一些交互功能，弥补了电视线性传播的方式，观众将由单纯观看电视节目，变为能动、多样化地利用电视功能。

在内容层面，电视内容应该更深入地发掘，作出新媒体无法企及的深入的调查、辨析与思考。尤其是新闻类节目，不单单以时效定输赢。深度、客观、事件背后的调查，这些思辨性的内容，将有利于电视媒体在与网络媒体竞争中获得完胜。

在人才层面，电视从业人员通常具有多年的拍摄经验，对于画面的编辑和逻辑性有着更好的处理方式，在节目制作流程中，画面的镜头感、逻辑感、精致感更强，蒙太奇、镜头叙事、表达时空关系，电视媒体中“电视语言”也使得内容生产更专业、更具表现力。

二、相信内容为王

目前，电视媒体面临着网络媒体冲击的焦点就是类似于“IPTV”的这类业务和因此而形成的多种互动业务。然而，在一个拥有着这种模式成熟运作经验的国家——美国，日常生活中电视媒体与新媒体所呈现的关系又是什么样子呢？在2011年3月的《新闻战线》中，学者高红波在《在美国体验“三网融合”》中有着这样的描述：“IPTV及其互动服务”在美国并没有掀起什么热潮，美国电视上的互动业务并不频繁，美国人买东西依然去超市商场，水电费依然用银行卡支付……唯一不同的是，电视栏目会借助互联网搜索观众反馈信息，电视台纷纷把节目搬到网上，同时为互联网和移动新媒体提供内容，包括专门为手机量身定做的手机短剧，等等。

无论我们愿意与否，我们确实已经走进了一个全媒体的时代。如同广播没有取代报纸、电视没有取代广播一样，电信网与互联网的出现，相比于它的内容生产的角色，它们的渠道意义更加显著。如果我们把整个电视节目的生产渐次细分为内容生产、渠道传输和市场终端3个部分，电视媒介目前的价值重心仍然停留在内容生产这一环节上，长年积累的制作经验足以让电视长时间地盘踞产业链上游，“电视”目前所要做的，不是急着去拓展网络，而是让其内容生产能力更强，具有不可替代性。用开放式的视角，我们可以在BBC的内容生产方式上，学到很多可以精进和改善我们自身内容生产的方法。

1. 以销定产

在多种媒体融合方面，英国的BBC目前的操作方式最为成功，也走得最远。它拥有一条投资、研发、生产、销售及配套服务的完整电视内容产业链。2010年4月，BBC旗下的iPlayer可以提供1.23亿音频和视频的流媒体节目，可以在超过40种不同移动设备和平台上使用。

如今，受众收视的诉求随着媒介的多元而细分。除了社会普遍的、公共的、共性的“宏大”需求之外，一些潜在的收视诉求的“触角”深深植根于人们的“生活圈”“消费圈”的环境终端。类似于分众传媒、卖场视频、移动电视等新媒体，本质上属于植入终端的“环境媒介”，它们进入到人们生活、消费的场景当中，成为人们媒介消费基本的构成要素。电视媒体要适应这样的传播，并且要进行与个性化、情境化、对象化的“微内容”的节目生产制造，“以销定产”是一种高效的赢利思维，“有需要再生产”，也需要电视媒体与新媒体抗衡背景下电视制作中的一种专业精神。

2. 制作模式

BBC的节目内容生产团队打破了按频道和类型划分结构的方式。以新闻团队为例：将原先独立的电视、广播和网络新闻运营平台整合成一个跨平台多媒体新闻中心，将某一新闻资源按照受众不同需求与传播途径的差异进行调整，使其适合在电视、广播、网络、手机、互动电视等多个平台上播放，节约新闻成本。其实，我国在当下一些走在前列的电视机构已经具备了这种操作方式的基本条件。比如，中央电视台的 CNTV、北京电视台的 BTV 在线，已经拥有了这种人力资源配置方式所需的专业人才和这样流水式节目制作操作雏形。用多个平台传播同一内容，这样相当于摊薄了节目制作的成本，电视媒体可以投入更多的资金进行节目制作，精良与收益并存，形成良性循环。

三、超越“二次售卖”

传媒界有一个非常经典的“二次售卖”理论，即第一次售卖，媒介向受众提供信息，满足受众对信息的需求，消除信息的不确定性。这里售卖的是信息，信息是商品。第二次售卖，将受众的注意力售卖给广告商，受众的注意力是商品，第二次销售是“注意力经济”和“影响力经济”，根本目的是争夺广告，取得收入。

同样遵循这一理论，电视媒体以广告收入维持运营的赢利模式非常单一。而网络媒体能带给电视媒体的渠道，恰恰使得电视具有通过其他渠道另外获取收入的可能。在这一点上，CNN 的操作方式最为灵活，也能够带给我们更多的启示。

1. 嵌入式服务

“在与众多新媒体的融合中，CNN 与 Facebook 的合作也算得上经典。2009 年，CNN 与社交网站 Facebook 共推网页报道了奥巴马就职，上演了一把老牌内容媒体与新兴社交媒体的绝妙合作：网页左上侧的 Facebook connect 嵌入了来自 CNN 的直播视频画面，右侧是 Facebook 网友的个人状态信息，Facebook 用户能够在直播同时即时评点，在页面下侧，则是其他好友和有关就职典礼的信息。结果，CNN 大获全胜，在奥巴马就职报道中傲视群芳。”抛开 CNN 强大技术支持因素，这个例证给我们最大的启示就是，电视媒体可以这种“嵌入”式方式实现的节目售卖，其内容本身进行整合就可以成为强大的获利资源，而在某种程度上脱离了广告的束缚。这种内容的供给不同于传统意义上内容简单提供，而是在一个与新媒体共赢的概念下充分发挥着自己的视频优势，在一个真正内容为王的时代里，这种传播无疑是强势的。加之本身节目资源和广告赢利，电视媒体可以获得的最大利润就是品牌化传播，牢不可破的内容嵌入让电视在任何渠道上都将依托内容为继，具有不可替代性。

2. 跨平台销售

“电视媒体可以利用的媒介有三：一是互联网，二是流媒体，三是无线通信网。相比于不断更新、苦苦地研发能够提供互动的节目样式，探索跨平台的营销增值服务对于电视来说，赢利回报可能更快更多，跨平台销售是个更加讨巧的办法。电视媒体首先要进行必要的市场细分，制订营销计划，推出捆绑了各种增值服务的营销套装，提供以数字信号为基础的内容，出租、出售以及免费推送相关节目。2010 年 CNN 营业利润大幅增长，其中 80% 的广告销售收入来自捆绑了不止一种服务的跨平台销售套装。所以，在未来的新老媒体抗衡的境况下，电视媒体的可持续发展来自于资源与资本的运作。同时，电视媒体的收益也不再是传统意义上的内容与广告的置换，而是更多地来自于带有营销意义的对内容进行再包装和再出售，提供跨多媒体渠道和格式的内容。

中国的媒介环境正在因为网络媒体以及其他一些更新颖的媒体样式的介入而进行着最深刻、最复杂的变革。电视媒体的从业者也应该一直保持着一种与时俱进的敬业态度。我们的市场环境不再是垄断的、无竞争的，直播卫星、IPTV 环伺在侧；看电视也不一定非要在“电视”上看，互联网、手机网络，甚至在不远的将来，在任何一个可插网线的地方，也许都可以“看电视”。政策法令在变，竞争环境在变，市场语境在变，在各种跨界竞争、分类整合的过程中，没有一个法则可以永远适用。出于电视人的责任感，我们也应该不断地探索，找到适合电视媒体、符合国情，既能获得商业利润又能保持媒体品格的发展之路。

（作者单位：北京电视台）

论电视节目的传播新模式

宋园园

目前，移动互联网正逐渐渗透到人们生活、工作的各个领域，移动音乐、手机游戏、视频应用、手机支付、位置服务等丰富多彩的移动互联网应用层出不穷，正在深刻改变信息时代社会生活的方方面面。而未来所有互联网与移动互联网的用户，都可以在线或移动在线观看电视节目，电视台作为网络电视的主要内容制作机构与传播平台，在网络视频飞速发展的今天，必须非常清晰地认识并且重视这个骤变趋势，而且网络电视在Touch终端日趋普及的群体间进入了互动传播模式。互联网、移动互联网的电视节目传播与传统电视播出变化与差异很大，它是我们电视媒体人未来研究与关注的新课题。

一、电视节目传播模式改变的背景

1. 互动终端呼唤电视节目传播新模式的到来

中国电子商会发布了旨在帮助消费者理性选购的《平板电视选购指南》白皮书，书中认为，平板电视已经进入了“互联、互通、互动”的3C融合时代；已经从单纯、被动地“看电视”的TV1.0时代，进入了以我为中心、主动地“用电视”的TV2.0时代！而TV2.0时代就是网络电视的互动时代。为此，对我们电视媒体人来讲，要么转换思维方式，抛弃固化传播概念，转变观众被教育的录播单向性节目形式，结合全新的云时代网络新传媒的互动表现力，在Touch多点触摸智能手机、3G或者WIFI到轻量级iPad终端个性化电视节目定制，升级的移动智能电视以及与互动新媒体内容结合的编播新模式，赢得传统电视台节目新表现、新业务、新受众、新市场的到来。

在未来的3—5年中，电视的有线、无线台概念会逐步模糊，网络电视、移动终端视频与海内外镜像站点建设，全球云平台概念与互联终端移动平台的传播无限放大，世界正在变得更小，而且世界不仅是平的，会变得更加透明。随着人们快节奏生活与跨地区交通的便利性生活大圈的形成，收视时间的不确定性，移动环境因素与数字信号的密集会越来越普遍，轻便、轻量级的终端视频设备正在智慧地球上漫游。其小屏幕大市场的碎片时间正在不断地聚集增值。这种变化新价值从短短的5年时间，让分众传媒瓜分大块广告空间，领先的数字化媒体，使受众的碎片时间被整合利用，商业楼宇视频媒体、卖场终端视频媒体、公寓电梯平面媒体、户外大型LED彩屏媒体、手机无线广告媒体、互联网广告平台等，新的传媒模式使得分众传媒成功登陆美国纳斯达克，成为海外上市的中国纯广告传媒第一股，并以1.72亿美元的募资额创造了当时的IPO（首次公开募股）纪录，近期市值超过70亿美元，是纳斯达克中国上市公司龙头股。

2. 运营商与平台的竞合，触发了电视新媒体产业的变革

目前，电信整改后三大运营商：中国电信、中国联通、中国移动，都在筹划进入传媒业。其中，中国移动把进入传媒业作为自身的重大战略，并一直致力于构建自身的传媒产业价值链，从2011年中国移动北京分公司组织的数据业务部培训课程来看，移动互联网新传媒的策略及应用正指向电视传媒与广告的一大板块，中国移动已经构建起了相对完善的传媒产业或者信息服务业价值链，规划了其进入传媒产业的路线图。

然而，从云计算中心到互联网平台以至网络电视终端，未来的运营平台一定是开放性、兼容性、虚拟化、自动化、弹性服务管理、数据优化自编排等功能很强，目前这项技术已经十分成熟。因此，作为文化创意产业的电视台，应打破封闭式“高台”概念，走更加大众，甚至草根的“平台”概念。从原有有线与无线台编播业务，向互联网、移动互联网、多样性终端等更加多样立体的多渠道业务方向发展。既要有大投入的录播精品，更要有即时互动的“民品”，节目源的制作从单向“门禁内”生产到“产、供、销、消”，再到虚拟管理的“制、播、传、存、视”五环链的形成，从单向式节目制作播出，向互动传播至反向搜索相结合的节目形式和内容方向发展，让数据互联无围墙的社会化SNS和开放式的互动创意节

目，在资源管理与制播流程整个产业链更趋适应新市场的要求。

作为独具制播优势的电视台其非常重要的核心竞争力，依然是在创意节目作品的开发、生产、采购、整合的大融合优势，而其节目形式和内容要紧紧围绕着平台可表现形式，在传统电视节目与新媒体电视之间资源整合与互补性方向努力。在未来，“三网融合”及多网融合使得网络资源更加有效整合、互联互通，而且会形成新的服务和运营机制，并有利于信息产业与影视传媒产业在跨学科、跨平台的结构上优化。随着产业政策、体制改革、法规的完善，相应的变革与电视节目的传播新模式一定会出现。

“十二五”期间，平台之战不仅在技术与服务上的博弈，更重要的是平台所拥有的合适性内容与数据的运营价值的体现，是特色与个性化创意内容的数据库与运营模式的优势之争。如同风行全球的苹果公司产品，在iPhone 和 iPad 硬件产品优质功能的载体上，关键是其 iTunes 的丰富性内容的竞争力，而且这些丰富、繁多、交互、更新的内容 90% 以上是用户研发上传的，是一个外化的内容供应链、健康的生态系统，因此，外化人才无限、整合资源无限、创意空间无限、经济价值无限。由于从生活应用中来到应用生活中去，其软件的开发方向与节目的受众满意度会很好，在市场应用价值和用户需求上的针对性也很强，自然就适合了大众群体的口味与偏好。

3. 中外传媒共同关注的系统竞争力给电视媒体的启示

2011 年 6 月 7 日，美国苹果公司发布了新版 Mac 操作系统 Lion 和 iOS5，并推出了 iCloud 云服务功能。由此，苹果与谷歌展开全方位竞争。在苹果刚刚领先的几年时间里，开放的谷歌 Android 系统用户在迅猛增加，与封闭的苹果相比，有着互联网开放基因的谷歌提供的 Android 为用户提供了更多的菜单选择与节目源，虽然终端产品选择过多也让人产生些许困惑，但也因此满足了不同层次的消费者需求，高、中、低端用户全都能覆盖。相比，红极一时的苹果却一直高高在上，固执地希望由自己独家来控制终端和软件，企图将其他终端厂商排除在外，同时，苹果坚持收费为主的模式，将高端用户以外的人群都挡在门外。后乔布斯时代的苹果是否会被以谷歌为首的竞争对手绞杀，将成为终端设备与应用系统争霸的焦点。在这里胜负或是双雄强弱并不重要，重要的是这场围绕竞争所展示的不同的系统之争，给我们传统媒体电视台的启示是，在未来网络视频和移动互联网电视的发展格局上，电视台作为内容制作商，在节目的策划、片子的长度、故事剧情的节奏、兼容的播放格式等系统性战略规划非常重要，在未来平板触摸与指尖小窗格中的表现力方面，如何考虑在适用性与兼容性的竞争力上提升，将是所有传统电视媒体工作者，特别是相关技术研发部门必须关注的课题。很显然，在移动新传媒的平台上，其很多内容的电视化渗透所显示出的与电视台的竞争局面已经显而易见。

二、电视媒体未来发展的几个转型

由此，我们相信上述讨论的问题，不仅牵涉到技术部门，而且在管理决策、内容编导、节目演播、广告运营、版权采购等各部门产生连锁反应，它从观念、体制、经营、创作与项目执行等方方面面产生影响。下面本人根据身边所发生的相关现象与自身工作所面临的挑战，我认为传统电视的未来将要遭遇如下几大转型的新课题。

1. 转型一：传统电视节目的时间线改变与非线传输的视频新概念

传统电视台的播出方式是顺时性、一次性的，常常体现为播过之后的再利用价值不高，重播也只不过是又一次的简单循环，观赏者无法主动选择性地调用。因此，电视节目数字化时代的无限次被搜索，即丰富性节目源再利用的价值没有充分挖掘，而随着光纤入户和无线带宽优化，网络资费降低与用户数的增加，数字视频内容可检索意义巨大，个性化节目定制的需求会不断增加，智能化重组编排技术的轻松解决，节目数据库实时调用与素材二度再创作价值很高，尤其是不可再生的原创性节目源价值。实现这些科技手段与再创意特需作品的生成已不是难题。例如，MIMO新概念的无线传输力挑战WIFI的UWB SoC芯片“PN101”，利用iStreamTM技术，实现了高清数据流以无线方式在多个多媒体设备之间以极低延迟和极高传输速率保证高质量的视频图像和用户体验。这样，电视节目的数字化、互动性、主动搜索和交互制作都是非常容易实现的工作，其间电视台不可再生的节目数据源二度创意价值空间将是无限的，特别适合教学、科研、个性化鉴赏等高端需求。

目前，市场上所谓的“三屏”终端产品的手机屏、电脑屏和电视屏都在向互动触摸或多点触摸（Multi Touch）平板智能的新品方向发展，让高清视频传输和智能多媒体共享是一个大趋势，在智能互动的终端机上，未来的视频可以是360度与720度的全景式视频内容，当收视者在浏览视频内容时，可以通过漫游自主调节机位；多点触摸或者滚鼠推拉调整所需的景别；个性化的交互收视需求；打破时间轴的特殊节目编排顺序；互动交流与远程即时在线交通节目；智能网脑概念的交互式培训教育节目等，都将纷纷涌上互动电视平台，让很多传统优秀节目内容，改变单向性节目播出形式，创意性实现互动编播。生活在物质及文化丰富的新生代，追求一切可触及的新生事物，喜欢独立与个性，倡导新生活、新文化、新资讯的新新收视群，他们对于指尖互动Touch的创新电视传播新模式将是首选。

2. 转型二：跨频道的智慧云平台

国家工信部和发改委确定了北京、上海、深圳、杭州、无锡5个城市先行开展云计算创新发展试点示范工作。作为试点城市之一的北京启动的“祥云工程”“131”体系，为传统电视台的转型与升级提供了理想的技术平台。数字概念的网络视频新编播模式将要到来，但是这不是放弃传统优秀的制作艺术手法，而是提高创新表现力的技术手段，我们通常所说的让文化创意插上科技的翅膀，使其艺术想象力与科技表现力充分发挥。当然，实现科技与文化创意的有机结合，还须在采编的初期就要考虑与部署适应互联网数字化新模式节目传播的架构设计，在节目系统策划上，从内容到技术选型都应该有系统规划与节目管理意识，在编辑可搜索作品数据时，根据节目模型架构安排智能化的代码植入，在不同数据源里通过AVS Directshow——一个符合Windows Directshow框架和规模化应用，实现资源共享。因此，在未来智能化跨频道并机联播，智慧云平台节目有效整合，实现新专题节目的新组合将成为编播的新模式。

2011年11月27日，AVS（数字音视频编解码国家标准）开源社区正式对外开放，这是我国自主制定的数字音视频编解码国家标准，为我国数字电视机统一支持的视频解码标准和数字化编播提供了兼容性环境。在数字电视与网络交互编播环境许可条件下，甚至可以根据节目内容及素材关键词代码、二维码等，在镜头与新节目数字要素可拆分中进行DIY新编排，在丰富的节目源与视频资源数据库间，重新整合新创意节目，通过不同经纬度的个性新频道，实现全智能素材数据库在高端智慧云的平台上，完成智能化与超模糊逻辑的轻便终端屏的个性化编播应用。

3. 转型三：互动搜索加快电视内容数字化进程

自从谷歌、英特尔和索尼宣布正在联合开发“谷歌电视”（GoogleTV）的消息以来，有一款预计将搭载 GoogleTV 软件、采用 Android2.1 以上系统、英特尔 Atom 芯片的电视产品便赚足了眼球。这款产品可以时时与互联网连接，用户可以通过其进行搜索、浏览海量的网络视频，在卫星电视节目、有线频道和网络视频之间自由切换，还可以下载安装各种应用软件。用谷歌高级产品经理里什·钱德拉（Rishi Chandra）的话说，这款电视产品的“雄心壮志”便是要将“整个互联网内容引入智能电视机里”。从电视节目的可搜索来看，全国各地方台的优秀节目太多了，但是收视者往往不可同时观看几档好节目，如果有协议智能化每天 24 小时数字化收录，同时在云空间进行智能化编排，以不同的主题分类，通过收视者不同需求的互动搜索，了解收视者所特需的内容，实现网络电视站内搜索，移动互联网智能手机搜索观看，那么其收视率必将倍增，因为拥有手机的用户实在是太多了。当然，如果在未来云计算数字平台上，可以实现市场化的全视频搜索，如同百度、谷歌等搜索引擎搜索当日关键词内容一样，了解视频新闻、经济、文化、生活、知识等。眼下全国各地方台自办节目内容可谓丰富，目前，TV + 互动电视的数字电视和宽带网络、电视收看方式的内容实在少得可怜，而搜视网收集全国各地电视节目单的落后方式，在节目未进入规范的市场采购供应链渠道，进行二次销售传播，其经济价值也就非常有限。

然而，电视内容在宽带互联网的普及与质量的提高，又很快会打破单向传播格局。很多晚会的电视内容现场互动传播效果十分理想，至于当前双向互动数字电视是采用 IPQAM 还是采用 IPTV 来实现是更多专业人士在高清、数字、双向性问题上需要统一解决的问题。只有实现数字化多媒体形式，我们众多的节目源价值才可能在互动的数字平台上实现交互应用。这方面，目前世界上主要的内容生产商，包括时代华纳、新闻集团、维亚康姆等，其下属的各个内容生产部门都在积极地推进内容数字化的进程，加大对传统媒体原创内容的数字化转化进程，以加快实现未来云环境下的资源有效整合再利用。

4. 转型四：手机电视碎片时间整合与多媒体功能设计

在日益普及的智能手机和移动互联网新媒体时代，手机电视定位随身、便利、互动、个性、整合碎片时间等多项特征，其移动便携性和生活连贯性应用价值是中国几亿老百姓不可离身的数字小窗口。特别是手机多功能软件开发的交互性和碎片化自主管理特点，让手机电视成为互联网自由精神的象征。而如何能够成功在手机电视业务方面获得优势，还必须围绕受众偏好设计怎样做内容与规划其新的商业模式。手机的交互式特点毋庸置疑地让内容开发商向往与憧憬，利用交互式培训教育、交通导航、旅游导览、电视购物、便民服务、互动游戏、投票测验、体育赛事、商务博览、论坛会务等即时性、交互性、现场感、参与度和多功能商务应用价值的共享。也是倡导大众电视为大众，“我的平台我做主”在互联网 SNS 微博成功营销模式延伸到视频领域的尝试，是实现受众原创型媒体的创新经营理念的实践。

手机电视是技术与艺术双维度创新驱动下广阔市场需求的新领域，在大举进入前必须有战略性的规划与策略性的管理安排。手机电视将手机、平板电脑作为终端编播载体，它不仅是播放传统的视频节目，更重要的是要创造性地整合互动内容与交互形式的设计，这对于新新人群的受众魅力是无限的。如婚恋网的火爆、电视相亲节目收视好评、百姓参与原创的积极性等成功项目案例。手机电视更符合其生动性、交互性、收视便利特性，其广泛性与普及性程度可想而知。加上移动互联网的多媒体商务功能，方便的搜索、地图、支付、SNS、电子商务等其他手机服务业务和社会资源的有机整合。因此，手机电视的主要应用场景集中在碎片化时间段，如工余、地头、公交、地铁、野外、旅途中等。而内容以新闻、快讯、直播、资讯、短剧、趣闻、交通、寻人、商购等简短、轻松的速递节目和休闲快餐内容为主要特点。这是手机电视顺应百姓生活，让民生服务人性化发展的未来趋势，更是手机电视的差异化定位与竞争优势之所在。

三、电视媒体转型期存在问题及优劣势分析

1．跨行业、跨平台多方位转型的问题探讨

任何成功项目都有其新跨越的门槛与发展瓶颈，如何设计即时性交互形式，在交互现场对主持人和编播管理人员的素质要求会很高，还有火爆的交互、高点击率、收视效果对平台的优化压力等，这些都将使得电视发生一场革命性的变革，单纯的广播式将会被互动式取代，用户从一个完全被动的接受者，将变成要主动地“搜、收、视、存、转、摄、传、编、再搜”的受众外九流程主体到创意主体的循环，是作为互动新媒体 SNS 在互联网和移动互联网环境下，以框搜索或者框浏览模式下，以互动云集群新视频的交互创作概念下的流程，因此，以“搜、收、视、存、转、摄、传、编、再搜”的互动再创作的交互流程，从“受众——再创作——轮回新受众——新创作——复式受众”的恒活体的创作轮回，不然便是传统作品流程中出现非交互的断层，或者称之为死循环的非互动单向受众的作品。这与互联网与移动互联网数字新媒体环境下的“交互游戏式”可轮回的九流程，可能这个“交互再创作活体作品”是受到可增长游戏和交互式动漫的启发，是未来式活体作品的创想，但这是可预见与可实现的，是互动新媒体包括最近海外新游戏作品都已经在尝试实践了。

近年来中央电视台在国际化、数字化传播方面走出了领先的步伐，中国互联网在国际上影响也在加大，而中国的手机用户数已经排到了世界第一。因此，谁在手机新媒体和传统媒体的转型升级的竞争、竞合、共生中抢先一步获胜，谁就将获得广阔的新受众和新概念电视市场的优势。

在电视节目的传播新模式发展的过程中，传统媒体观念与相应的体制转型是基础性的，没有创新的思路很难在新模式的领先领域抢得头筹。至于上述 4 个方面的转型只是相关工作的个人见解与梳理，如何进行转型工作尚需很多方面资源与新模式流程的配合，例如，视频数据滚动自选与地面数字电视传输技术的有机结合；大众传媒社会制作流程与管理监控策略；电视跨界互联模式在互联网时代的换位思考与借力融合；蜕变开放创意发展是电视节目创新传播的关键等课题。以上相关论述还希望在未来的工作实践中，在与跨专业同事和专家的交流中获取更多学习与实践体会后

再细述。

2. 转型期产业链上各方的优劣势简析

当前，在手机电视产业链中，电信运营商在传统通话、短信、手机报等业务项目上很熟悉用户的需求，同时拥有巨大的用户基数和个性化数据，但比起全新的手机电视的有效运用经验来讲还是不足，对于手机电视领域用户的数据挖掘都还处于新起点；终端手机厂商虽硬件产品直接近距离面对用户，在产品初期设计上也考虑到了相关视频软件的植入设置，但由于自身不是内容创意开发商，硬件产品的生命周期相对很短，尤其在近几年里，手机智能化发展速度很快，制造原创产品很容易被整合创新替代，在手机电视上只是一个积极的参与者；最能够改变用户收视群体喜好的还是电视台和视频网站，电视台代表着国家队的电视节目开发生产与播出平台，再就是传统互联网视频门户企业，双双同样拥有自己的用户基数，从节目内容角度看，创意产业的原创开发生产者更善于理解收视群体的所好，这是传统电视广播媒体对于内容制作、控制和广告运营的绝对优势所在，但由于体制原因和互动性不足，传统电视工作者相对离手机新媒体终端用户最远。据有关资料介绍，在手机电视业务发展迅猛的韩国，由于广电运营商拿不到准确的用户数据进行广告精准投放，手机电视广告的收入至今没有成为其主要来源。但是，手机电视群体在与日俱增，我们应该正视传统电视形式被网络和移动互联网电视渗透的事实，我们只有把握并且参与互联网与移动互联网竞争中，让传统电视台在被渗透中主动融合、吸纳并获得涅槃式的升华，只有在思变观念与迫于竞争压力的环境中，创意的传统电视才能在新的媒介平台上，摆脱走向以“夕阳红”群体收视为主的“向夕阳产业”，积极主动参与互联网与手机新媒体业务，才能收获新朝阳的每一天升起。

（作者单位：北京电视台）

传播价值　愉悦大众

张　亮

媒体在传播过程中具有什么样的责任？文艺作品具有哪些社会功能？这是当代中国的电视文艺工作者必须回答的问题。

2011 年春节期间，北京电视台打造了“春晚播出带”，共计播出了 7 个主题 12 台春节联欢晚会（见表 1）。

表 1　北京电视台 2011 春节“春晚播出带”

1 月 28 日	（农历）大年二十五	BTV 网络春晚——网络潮人夜
1 月 29 日	大年二十六	BTV 网络春晚——经典怀旧夜
1 月 30 日	大年二十七	BTV 网络春晚——魔幻传奇夜
1 月 31 日	大年二十八	BTV 网络春晚——喜庆欢乐夜
2 月 1 日	大年二十九	BTV 网络春晚——梦想希望夜
2 月 2 日	大年三十	BTV“卡酷动漫春晚”
2 月 3 日	大年初一	“感受温暖传递幸福”——2011BTV 新春大联欢
2 月 4 日	大年初二	BTV 环球春晚
2 月 5 日	大年初三	BTV 政法晚会
2 月 6 日	大年初四	BTV 美丽乡村主题晚会
2 月 7 日	大年初五	首都迎新春双拥晚会

在这个春晚播出带的打造中，我们坚守了“价值传播、传播价值”的理念，让电视文艺作品不仅带给观众美妙的视听享受，使观众获得审美体验的愉悦，而且让观众实现价值认同和情感共鸣，实现了文艺作品抚慰人们心灵的功能。

我以北京电视台 2011 年春晚播出带中网络春晚、BTV 新春大联欢

（简称“主春晚”）和环球春晚 3 台春晚为例，简单地分析一下文艺作品的价值传播思路。

一、电视文艺晚会的“深度、温度、热度”

在北京电视台 2011 新春大联欢（主春晚）的创作中，我们明确地提出了“深度、温度、热度”的创作要求。

深度——电视文艺晚会的思想性也就是所发现和所要传播的价值观。

温度——电视文艺晚会抚慰人的心灵的功能，尤其在春节这样一个辞旧迎新的特殊日子。

热度——电视文艺晚会的精彩程度与电视文艺手段的技术化表达。

传播的内容是否具有深刻的思想内涵是衡量主流媒体与否的标准。媒体所传播的内容有深刻的思想与主题，并通过这种思想的传播对社会大众产生广泛的影响进而影响到了大众的行为方式，这就是价值观挖掘和价值观传播的过程。完成了这一过程的媒体是自觉承担社会责任的媒体。能够反映一个社会被大多数人接受的价值观，并进而影响大多数人行为方式的媒体也因此成为主流媒体。

电视文艺晚会在创作过程中无疑也应该遵循这个规律。在 2011 年北京台春晚的创作过程中我们第一次明确提出了“温暖与幸福”的主题。当代中国的经济与社会发展使百姓有了比温饱更高层次的心理需求；社会结构的剧烈调整和伴随发展而带来的差距使人们需要更深层的心理抚慰；社会和文明的进步又使对这种广泛的精神慰藉的追求具备了深厚的基础，当社会对“温暖度”和“幸福感”的追求成为广泛需要的时候，“感受温暖、传递幸福”也就成为让观众深思，既而引起情感共鸣，同时可以实现“心灵按摩”的深刻主题。

正是遵循着这个主题我们完成了 2011 年春晚的整体节目设计，“幸福”和“温暖”的主线贯穿了晚会的始终。比如说我们设计的“胡军一家”的段落，其中包括了胡军、胡军的父亲胡宝善以及胡宝善的大哥胡松华，还有胡松华的爱人、当年的《赞歌》中的著名的舞蹈演员张曼茹。他们一家通过《我爱蓝色的海洋》和《赞歌》表达对祖国由衷的热爱，表达对艺术的执着。唱到动情处曾经半身不遂的张曼茹，甩开了众人的搀扶，走到了舞台中央伴随旋律翩然起舞。现场的观众自发地全体起立，爆发出雷鸣般的掌声。这一刻一家人亲情团聚的“温暖”和献身艺术并赢得尊敬的“幸福”深深地感染了现场的每一位观众。再比如我们设计了百岁老人的幸福秀，访谈了京城十多位百岁老人。当96岁高龄的妻子宋桂新老人向她的老伴、106岁高龄的董济民老人幸福一吻时，“温暖”和“幸福”的主题词在每一个观众的脑海中定格。还有我们设计了周立波和杨澜的关于什么是幸福的脱口秀，设计了玉树儿童和北京妈妈的亲情秀，以“向老艺术家致敬”方式让年青一代的歌唱演员簇拥着优秀的老艺术家同台表演，等等。这样的节目形式全都体现了“温暖”和“幸福”的主题。

在春晚播出以后我们统计了收视率，绘制了每分钟的收视曲线。非常有趣的是，我们发现春晚的收视高点恰恰出现在胡军一家人的表演，恰恰是在百岁老人的幸福访谈，恰恰是在玉树儿童和北京妈妈迎接春天的这些段落当中。由此可以看出观众也是对这种有情感共鸣的段落给予了最大的关注。所以从传递价值、抚慰心灵角度来讲这个晚会的实践无疑给了我们一些启示。

如果要想生动地传递价值观还必须借鉴多种电视艺术表现形式，不拘一格以创新的思维尝试多种艺术手段。2011年的主春晚中有一个节目从视听方面给了观众愉悦的审美体验。舞蹈《青花瓷上的鱼》利用了多种技术手段，在舞台搭起了一个巨大的瓷盘，以激光技术加灯光投影，勾勒出了青花瓷盘上的水波轻漾。舞蹈演员像一条鱼，在青花瓷盘的水韵中游动。再比如说，我们也突破了美声唱法的传统表现形式，让杨鸿基、王莹、丁毅这样著名的美声歌唱家，以很欢快、幽默的方式来演唱《柠檬橡树下的爱》，也获得了广大电视观众的热评。

明确的主题、引发观众共鸣的价值观要依靠让观众愉悦的艺术形式来表达和传递。所以一台电视晚会的成功，深度、温度和热度缺一不可，这也正是“传播价值、愉悦大众”的根本。

二、网络世界与文艺创作

网络世界是一个很奇妙的世界，不论你是否熟悉它，不论你是否看得见、摸得着，它都已经在影响我们的思维方式，改变我们的审美习惯。

2010年北京台在全国电视界第一次尝试了网络春晚，之后又尝试了网络中秋晚会。这两次创作还是停留在利用网络、手机等新媒体手段来征集线索、传播内容并同步进行与电视媒体的互动。一句话，网络是被当作一种手段在为传统媒体服务。我们称这时的网络晚会为1.0版。到了2011年的网络春晚我们开始真正深入网络世界，进入了网络时代，创作了一台真正的、我们称之为2.0版的网络春晚。因为，在2011年的创作中我们真正地把网络世界当作一个客观存在，研究什么是网络文化、什么是网络的价值观、什么是网络的传播规律，如何用网言网语和网络习惯来表达它，然后考虑如何用电视文艺的形式去美化它、包装它、表现它。一句话，作为媒体，我们像采访现实世界一样开始深入采访网络世界了。

网络世界是一个很奇妙的世界，这里面有暴力、有隐私、有宣泄；但是这里边也有温情、有执着、有奋斗、有经典、有传奇。坚守主流媒体的价值准则，寻找与主流媒体价值准则相一致的网络事例和网络文化现象，对于网络上广为流传的真情故事、经典传奇、新奇魔幻、梦想奋斗进行再度的开掘和创作来打造网络春晚。2011年的网络春晚一共创作了5台：第一台“网络潮人夜”——一网打尽网络世界中新潮的、新鲜的表演形式；第二台“经典怀旧夜”——演绎网络当中广为流传的经典传奇；第三台“魔幻传奇夜”——充分展现网上的奇思妙想、发明创造；第四台“喜庆欢乐夜”——让网络世界存在的欢乐的、祥和的东西在现实生活中再度欢乐起来；第五台“梦想希望夜”——承载普通人的梦想，让每一个人都对未来充满希望。

对于网络晚会成功与否也应该按照网络时代的判断标准来衡量，所谓“网上来，网上走”。既要看电视播出的收视率，也要看网络的点击量、转帖量、在显著位置的留存时间。

网络世界已经是真实的存在，传统媒体需要像对待真实世界一样来对待它、研究它，为我所用，这样会为电视文艺的创作提供新的源泉。

三、收视环境与文艺创作

电视文艺的创作有一个非常重要的传播学原则，就是要研究受众，研究收视环境。

2011 年，北京台已经连续两年举办环球春晚，主要原因就是针对北京的城市特点。奥运会后北京已经高度国际化，跨国公司总部云集，长期居住在北京的外国人口众多，都市化气质明显。春节是中华民族的传统节日，但是在迎接春天、期盼美好的意义上，它是没有地域、国家和种族的区分的。它表达了人类对未来生活的共同祈愿，它是跨地区、跨文化的。从这个角度出发，我们选择中国春节这样一个特定的日子，提出“在北京一起来迎接春天”的口号，确立了“牵手世界、欢动五洲”的主题。

在实际操作中，我们采用高度国际化的手段，选择中外观众都广泛能够接受的、具有国际化水准的演出团队和曲目，所有的演出全部是现场真演、真唱、真玩。来自瑞典的罗伯特·威尔斯乐队为所有的节目现场伴奏，从头到尾现场录音。这种符合国际娱乐节目特点的晚会，让晚会现场成了一个欢乐的海洋。当晚参加录制的 20 多个国家的大使、参赞等外交使节和现场的观众一起随乐击拍、随音和唱，欢乐得像一群孩子。

晚会播出后引起了巨大的反响。在北京地区不仅赢得了较高的收视率，在高端受众中引起广泛关注和好评，而且引起了国外媒体的密切关注。凡是有演员参与的国家，所在国主流媒体均予以大篇幅正面报道。春节期间美国 CNN 播出了环球春晚新闻，美国 CBS 晚 9 点档娱乐新闻采访了此次来京的美国老牌歌手 Billy Dean 并播出晚会片段；瑞典国家电视台于黄金时间段采访了罗伯特；以色列国家电视台播出新闻《大卫迪欧在中国》；澳大利亚国有电视台播出新闻专题《从部落到长城》；西班牙国家电视台向华人发出新年祝福，并播放晚会节目片段。环球春晚春节期间在香港电视广播有限公司香港亚洲电视台、新加坡广播电视机构、加拿大城市台、美国中文电视台、旧金山英文电视台、美国 ICN 卫星电视、中国电视长城平台等以华人为主要受众的电视台播出。根据版权协议，年内还将在欧盟、南美、以色列、美国、澳大利亚等数十家欧美主流媒体播出。一个“开放的中国、当代的北京”的形象在没有一句说教的情况下鲜活地呈现在世界的面前，出色地完成了外宣的任务。

（作者单位：北京电视台）

“走”出来的新闻最动人
——北京电视台“新春走基层”报道的启示

尧　弘

从2011年8月开始，北京电视台积极践行中宣部倡导的“走基层、转作风、改文风”号召，编辑、记者、主持人深入一线进行采访，在基层体验平凡艰苦的工作，寻找朴实生动的感人故事。在2012年的新春佳节，又推出了“新春走基层——温暖新发现”的记者行动，伴着浓浓的年味儿，记者一路感受基层的火热生活，亲历基层群众的欢乐和期盼，报道基层最真实的感动，在春节期间给北京电视台各档新闻节目增添了一抹亮色。

一、走基层、接地气、现鲜活

从腊月二十五，北京电视台各档新闻节目开始播出《新春走基层》系列报道，《春运中的“铁嫂”温情》《温暖喜庆的公交车厢》《除夕夜坚守岗位的白衣天使》，还有可敬的“消防官兵”“高铁乘警”“清扫工”等，一个个鲜活的形象走进我们的镜头。

佳节欢聚之时，我们的记者“在路上”，他们登上了北京至承德K7711/7712次列车，在这列客车上有北京客运段第一个“铁嫂”乘务组，她们共有36名列车乘务员，都是女性且年龄偏大，而2012年还是她们以“铁嫂”包乘组的名号服务的第一个春运。这群平均年龄48岁的“铁嫂”尽管过了如花的年龄，但她们有着20多年的乘务经验和责任心，让回家过年的旅客提前感受到了“家”的温暖。旅客睡着了，铁嫂走上前拾起掉下的棉衣盖好，旅客趴在小桌上休息，怕弄洒水杯中的水，铁嫂忙把杯盖盖上拧紧，谁家的孩子哭闹了，铁嫂拿出小玩意儿赶快哄直到孩子露出笑脸……每一个镜头捕捉到的每一个细节，都让我们感受到了贴心的服务，以及那份“铁嫂柔情”。正如列车长所说：“我们的工作太平常简单了，当这平常简单的工作换来旅客一声声‘大姐’亲切的呼唤时，她们的心暖融融的，很满足。”也正如有的旅客所说：他们已经是这趟列车上的常客，和“铁嫂”都成了朋友。当我们把镜头对准这些普通群众，字里行间“带着露珠”，“冒着热气”，这样的新闻观众当然爱看。在观众给我们的热线反馈中，有这样一个留言：当你们把镜头对准那些普通人记录普通事时，我看到了新闻工作的崇高和伟大，这样的新闻真实可信，我们愿意看。一位走基层的记者深有感触地说：“‘基层是最好的课堂，群众是最好的老师’。其实，我们只是把他们最真实、最朴实的一面报道出来，而报道生活中的‘鲜、活、真’是新闻工作者责任使命，也是新闻从业者的责任担当。”我们一位走基层的主持人说：“如果不是走基层，我不可能知道，顶着严寒清扫一天倒了一千多个垃圾桶之后累得连话都不想说是什么滋味；我不可能知道，高速公路的收费员每天坐在只能放进一把椅子的小屋里与汽车尾气和噪声相伴几小时之后头有多疼；我不可能知道，每天照顾不能自理的智障人士的吃喝拉撒睡与照顾普通病人相比要多付出几倍的爱心与耐心。”正是有了生活中这些普普通通的人，每日默默无闻付出艰辛，才有了一个个来自基层、原汁原味、鲜活生动的新闻报道，节目才会有一定的社会影响力。

二、重民生、小人物、大文章

在“新春走基层”行动中，北京电视台新闻中心派了十几路记者分赴火车站、医院、农村、居民家等，深入一线采访报道。了解百姓所思所想，反映基层所求所愿，突出报道了各地惠民生、解民忧、办好事、办实事的生动景象。

《阳光照进我新家》《红灯笼照亮新生活》《棚户区居民新居庆新年》等一组鲜活的亲历式报道，让人们看到生活的巨变，感受生活的美好。除夕前夜，我们的记者走进了门头沟棚户区改造安置小区，走进刚刚入住的居民家。在石门营一区的一户居民家，记者正赶上这户居民贴福字挂春联，一家人欢欢喜喜在布置节日的新居。看到记者这户居民陈大姐急忙把大家领进了家门，只见电视、沙发、橱柜焕然一新，陈大姐说：为了迎接春节里串门的亲友，她把新家当擦了又擦。笑意写在了陈大姐的脸上，阳光照射进来，屋里显得温馨舒适。陈大姐原来住的是门头沟区采矿工人依矿而建的棚户区，房子小不说，周边环境也不好，晴天一身土，雨天一身泥。随着棚户区改造工程的开展，通过政府投资，陈大姐一家没花一分钱就搬进了新家，居住条件完全大变样。一说到新房、新家，陈大姐就有说不完的欣喜。我们的记者不无感慨地说："在这次的采访中，我看到了居民们宽敞的新家、充裕的年货，日子过得红红火火，而说起新年新家新社区，棚改居民的欣喜之情更是溢于言表，虽然现在是数九寒天，和他们在一起我感受到了浓浓的暖意。"

大年初五，我们的记者走进了怀柔九渡河灯笼镇专业合作社，见农嫂任新荣正在扎灯笼，每天她都像这样在合作社上班，每年凭这一项手艺就有 2 万多元的收入。其实，两年前她在城里打工，一次意外事故她的腿受了伤，不得不回到乡村，为了解决她的生活困难，灯笼专业合作社留用了她。她告诉记者：现在她再也不用到城里打工了，在乡村她有了份固定的工作，还能照顾家照顾老人和孩子。她说，有时逛街或在电视上，一看到她们制作的灯笼高高挂起，她就觉得实现了人生价值；一看到红红火火的灯笼，她就觉得生活有希望。是啊，由此也让观众真切地感受到灯笼给任大姐带来的改变，灯笼不仅点燃了她对生活的希望，也照亮了她对未来生活的向往。

"走"出来的新闻最动人。在这一系列的报道中，我们的镜头始终聚焦在这些小人物上，以每一位小人物的故事来折射时代的大变化，通过展现他们的平凡生活，捕捉他们的幸福和美好，让人们看到由这些小人物书写的"和谐社会、幸福绽放"的大文章。

三、落点低、零距离、站位高

深入一线，深入基层，用心去感受，用镜头去捕捉，因为最好的新闻就在这里。在大年初一的凌晨两点钟，当欢庆过后，家家户户进入梦乡之时，我们的记者穿上了燃气巡检员的工作服，和巡检员史良一起穿行在城市的大街小巷。夜色中，这辆闪着警示灯的车缓缓地行驶在路上，尤其是春节期间，漫天飞舞的烟花爆竹更是让这些巡检员马虎不得。一路上，史良的话很少，他时刻注意查看着埋着燃气管线的路面周边是否有明火、燃气井盖是否漏气。史良告诉记者，管线是埋在地下的，如果有没灭的火苗，一旦出现问题那后果不堪设想。就这样，他一条街一条街地检查，一个站点一个站点地巡视，一圈巡查下来，已经接近凌晨5点钟了，而他的工作才可以告一段落。当记者向他送上节日的祝福时，史良感慨地说："在我心里没有节日的概念，365天脑子里都绷着安全这根弦，就是希望老百姓用上安全的气。"这感人的话语让我们明白：原来家家户户能够用上安全充足的燃气，离不开背后这么多工人辛勤的劳动。带着真实的体验和炙热的情感，《燃气巡检员：百姓安全用气有我的一份职责》的新闻报道播出。

元宵节之夜，清扫工付桂荣比平时早两个小时赶到了单位，因为她知道，今晚的工作不会轻松，所以，她得早做准备。爆竹声渐渐地小了，付桂荣和她的同事推着车拿上扫把上街了，当晚五六级大风气温又低，爆竹屑飞舞，不敢洒水怕路面结冰，影响第二天人们的出行，她就一扫把一扫把地扫个不停，一干就是近4个小时，她说："因为有风扫起来很费劲，而且要讲技巧，所以，别以为很容易。"夜色中，她的身影在我们眼前高大了。凌晨4点钟，付桂荣她们所负责的51条大街已经焕然一新，又恢复了那份洁净。新闻《烟花元宵夜　清扫员扫街忙》播出后，一位观众打来热线电话说："通过你们的报道，我知道了清扫工有多么的辛苦、多么的不易，我敬佩他们，感谢他们——这些城市的美容师。"

而在《连夜巡查保供电》的报道中，电力工人周伟在谈到除夕期间工作的时候这样说道："气温特别低，很冷，我们干活还必须穿薄衣服戴薄手套，冻得手都麻木了。"

没有听到一句豪言壮语，甚至除了家人和同事几乎没有人知道他们的名字，可就是他们在合家团圆之时，默默无闻、毫无怨言地在各自的工作岗位上坚守着，他们的付出保证了每一天、每一个人的平安。一位从基层归来的记者感言：我时常会琢磨新闻是什么，到哪里能找到最鲜活的素材，怎么能把一个故事讲得生动……当我们走进去深入进去融入进基层时，我真的找到了答案。

"新春走基层——温暖新发现"的新闻实践启示我们：最鲜活的新闻

在基层，最生动的报道在基层，基层是新闻报道的源头活水。新闻工作者越是走出去、走下去，越能增进同群众的感情，找准自己的位置，更好地发挥作用。十多组“新春走基层”的报道，不仅感动了编辑、记者，也感动了观众，产生了一定的社会影响力。伟大的战地记者卡帕有这样一句名言：“如果你拍得不够好，那是因为你离得不够近。”走近了，基层群众的“精气神”跃然纸上；走近了，百姓生活的“人间温情”得到展现；走近了，新闻报道就镌刻在了大地上，写在了人民的心坎上。

（作者单位：北京电视台）

让农民看什么
——我国对农电视市场供给状况分析

李岭涛　姚　远

“三农”是我国的根本性问题，在和谐社会的构建中起着举足轻重的作用。但是，作为农民文化娱乐和获取信息的主要渠道，我国对农电视市场处于一种令人担忧的状态，对农节目供给严重不足，与“三农”在国民经济发展中的地位很不相适应。毫无疑问，如果对这一问题不及时采取有效措施加以应对，将大大影响“三农”问题的解决，影响我国的城乡一体化进程。

一、对农电视市场供给严重不足

1. 对农频道少、含农量低

对农电视市场供给严重不足，首先表现在对农频道少。

2009 年和 2010 年，全国省级以上电视机构共开办对农频道 7 个。其中，中央级频道 1 个，即中央电视台 7 套军事·农业频道，在中央电视台的 15 个中文频道中所占比例为 6.67%；省级频道 6 个，在全国 31 家省级电视台拥有的 244 个频道中，只占省级电视台频道总数的 2.46%。

对农频道不仅数量少，含农量也普遍偏低。对农频道内容单薄、更新缓慢、制作粗糙，播出的对农栏目数量少、时间短。在 6 个对农频道中，含农量最高的是陕西农林卫视，对农栏目为 9 个，占频道栏目总数 11 的 81.82%；含农量最低的是山东农科频道，开办对农栏目 3 个，仅占频道栏目总数 13 的 23.08%。其余几个频道的情况也不乐观：浙江公共新农村为 42.86%，吉林乡村频道为 40.00%，河南新农村频道为 31.58%，河北农民频道为 31.25%。根据以上数据，5/6 的对农频道含农量低于 50%。

为了提升频道的关注度和收视率，不少对农频道选择用娱乐类节目、综艺类节目、都市类节目和电视剧来吸引观众。对农栏目数量少、时间短，丢失了原本的频道主体地位，甚至沦为填补电视剧、娱乐节目空白时段的“可选项”。

2. 对农栏目少、地位低

对农电视市场供给严重不足，另一个表现是对农栏目少、地位低。栏目是整个电视台运作的基本单位，没有一定数量的栏目做基础，很难保证对农电视栏目的质量。

2010 年，中央电视台 15 个中文频道在播栏目 222 个，其中包括 14 档对农栏目，对农栏目占央视栏目总数的 6.31%；中央 7 套军事·农业频道在播栏目 25 个，包括 13 档对农栏目，对农栏目占 CCTV7 栏目总数的 52%；中央 1 套综合频道在播栏目 18 个，包括 1 档对农栏目，对农栏目占 CCTV1 栏目总数的 5.56%。

中央电视台尚且如此，对农栏目在省级电视台的境况更是窘迫。处于收视市场强势地位的省级卫视频道，绝大多数选择了都市化路线，有意无意地忽视了自己对“三农”问题的责任。

省级卫视对农栏目的发展状况更加严峻。随着竞争愈发激烈，各频道纷纷创新编排，开办新的栏目，省级卫视频道在播栏目总数达到 550 个，对农栏目的数量却在减少，在省级卫视频道播出的对农栏目只剩下 4 档，占省级卫视频道栏目总数的 0.73%。

省级卫视频道一般都通过无线信号传输，覆盖面广、覆盖率高，而广大农村地区有线电视、数字电视尚未开通，能接收到的只有有限的几套无线信号频道。数亿农民受众，拥有的专业电视资源不足 1%，可见对农电视市场供求关系严重失衡。

对农频道含农量低，省级卫视对农栏目寥寥无几，非对农地面频道中对农栏目的情况也并不乐观。

安排在地面频道播出的对农栏目，多数归属于经济频道或公共频道。这些对农栏目时长较短，多为 10—20 分钟，播放时段一般在早晨或中午。

2010 年，全国 31 家省级电视台共开设非对农地面频道 213 个，在播栏目约 3168 个，共有 10 家电视台的 13 个频道开设 16 档对农栏目，对农栏目占地面频道（不含对农频道）栏目总数的 0.51%。

3. 对农题材少、影响小

无论是新闻类栏目，还是经济、人文、生活等专题类栏目，现有电视栏目多以城市为核心，表现农业发展、农村生产、农民生活的题材少、分量轻、影响小，对农题材陷入“上不着天、下不着地”的尴尬处境。这是对农电视市场供给严重不足的又一表现。

以中央电视台《新闻联播》栏目为例。作为我国收视率最高的栏目之一，《新闻联播》的导向作用尤为明显——它报道什么，人们就关注什么。遗憾的是，对农题材在《新闻联播》中所占比例极小。据统计，2009 年 1 月 1 日至 12 月 31 日，《新闻联播》中与农村、农民、农业相关的报道为 282 条，仅占所有报道数 10183 条的 2.77%；对农题材播出总时长约为 366.4 分钟，仅占栏目播出总时长 10950 分钟的 3.35%。2010 年 1 月 1 日至 12 月 31 日，《新闻联播》共播出 10043 条报道，总时长 10950 分钟，对农题材报道只有 285 条，播出时长约 470.3 分钟，占总数的比例分别为 2.84%、4.29%。同样的情况出现在中央电视台新闻频道的各档栏目中。

新闻栏目对“三农”题材的忽视，充分说明了电视存在对农题材少、影响小的问题，再次反映了对农电视市场供给严重不足的现状。

4. 对农电视剧少、关注度低

电视剧是广大农民喜闻乐见的艺术形式，但是反映农民身边人、身边事的电视剧不多，大部分电视剧的内容离农民的生活很远。

作为中央电视台电视剧播出的两大窗口，CCTV1 和 CCTV8 播出的对农电视剧同样是凤毛麟角。2009 年和 2010 年，CCTV1 共播出电视剧 160 部，CCTV8 共播出电视剧 389 部。但是，与农村、农民、农业相关的电视剧不多。CCTV1 全年共播出对农题材电视剧 11 部，占该频道播出电视剧总数的 6.88%；CCTV8 播出对农题材电视剧的数量相对较多，为 35 部，但也仅仅占播出电视剧总数的 8.99%。

在全国范围内，31 家省级卫视 2009 年和 2010 年播出电视剧约 3891 部，播放集数超过 137600 集，其中对农电视剧约 80 部 2220 集，部数和集数所占比例约为 2.06% 和 1.61%。

数量少是一个方面。另一方面，对农题材电视剧的影响力、关注度低。提及对农电视剧，大部分受访者的第一印象就是《乡村爱情》，而对其他对农电视剧了解不多。现有农村电视剧题材大多集中于讲述农民创业和新农村建设，以《乡村爱情》《欢乐农家》《刘老根》等剧为代表，农村轻喜剧成为对农电视剧的“主旋律”，呈现出同质化倾向，更加不利于对农题材电视剧的发展。

对农频道、对农栏目、对农题材以及对农电视剧（电影），从不同层次、不同侧面反映了对农电视市场的供给状况。从这几个方面可知，我国对农电视发展规模远远低于农村受众的实际需求，对农电视市场供给严重不足，现状堪忧，必须引起高度重视。

二、对农电视市场供给严重不足的成因分析

找准原因是解决问题的前提。造成我国对农电视市场供给严重不足的原因是多方面的，既有主观的原因，又有客观的原因；既有体制的原因，又有运作方面的原因。必须对不同的原因加以科学分析，才能有的放矢，采取有针对性的措施。

第一，对精英意识的强烈迷恋滞缓了对农电视市场的供给动力。

中央一再强调，“三农”问题是我国的根本问题，是当前工作的重中之重。但是，由于整个行业存在的强烈精英意识的影响，电视媒体对于“三农”问题的理解只停留于政策层面，只是从理论上知道“三农”问题对于国家社会经济发展的重要性，在主观上表现出漠视“三农”的倾向，在实践中回避了自己应当承担的社会责任。行动上表现为不愿意深入农村，对农民缺乏深厚的感情，最终导致很多电视人不食人间烟火，不识五谷杂粮，不知时令节气，大大滞缓了对农电视市场的供给动力。

电视领域的精英意识主要表现在两个方面。电视人属于社会上的精英阶层，他们中的绝大部分都没有在农村工作和生活的经验。他们生活在都市，生活和社会活动的圈子也局限于较高层次，与“三农”的接触程度明显低于城市受众。除非是特意为之，他们很难有机会深层次、全方位、零距离地去接触农业，去认识农村，去了解农民，形成了对农民的疏离和漠视。在这种情况下，他们很难做到既从形式上，又从内容上，更从心理上实现对“三农”的“三贴近”。即使勉强去做，也只是隔靴搔痒、隔山

打牛。

另一方面，精英意识造成电视媒体“大众性”一定程度上的淡化。他们“更乐意向处于社会强势地位的受众群体提供信息，却常常忽略弱势群体的媒介需求，从而造成公共信息平台的倾斜”。社会上的各种精英成为媒体追逐的对象，大部分电视栏目也在为所谓的“主流人群”“强势人群”服务，真正的“大众”——农民的信息需求则被电视媒体忽略。“精英文化”的突出，削弱了大众（特别是农民）的话语权，导致了电视媒体在“三农”问题上的经常性失语。

第二，对农村所处发展阶段的片面认识误导了对农电视市场的供给方向。

多年来，我国农村发生了巨大变化。特别是一些临近城市的地区，城市化进程大大加快。但是，很多电视媒体被这种局部的现象蒙蔽，对我国农村所处的发展阶段缺乏全面的认识，认为全国的农村都已经彻底脱贫致富，认为农民的需求和城市居民没有两样。因此，对农电视市场供给不光严重不足，而且忽略了农民的心理差异，为他们提供的电视信息，大多是以城市文化规则来进行取舍和编码的，源自农村社会的信息在电视显示中所占比例甚微。

实际上，我国大部分农村与城市的差距还很大，相当多农民的生活还不富裕，他们的知识水平和心理诉求与城市居民不同。由于生活环境和认识水平的差异，农民在接收信息时的心理反应与城市受众存在很大差异，他们对于信息的编码方式也有不同的理解。正是因为认识到这一点，中央才提出要统筹城乡发展。

第三，对经济效益的刻意追求降低了对农电视市场的供给能力。

随着电视领域的市场化改革不断进行，市场机制逐渐在电视资源的配置中占据主导地位。这在激发电视领域巨大活力的同时带来了很大的负面效应。很多电视媒体由原来的为了追求社会效益而不计成本，不考虑投入产出，蜕化为为了追求经济效益而无意忽视，有时甚至是故意撇弃自己的政治属性和“喉舌”功能，把党性原则指导下的社会责任抛到九霄云外。

在以追求经济效益为核心诉求的影响下，广告客户主导成为很多电视媒体经营中的主要理念。由于各种原因，我国大部分农村的发展水平还很低，农民的消费能力普遍还不高，尤其是与城市居民比还有很大差距。广告客户一般不愿意把农民定位为自己的目标消费者群。在广告收入仍然为电视媒体主要收入来源的情况下，没有广告投放，广告收益少，就没有经济效益，投入产出比就低。因此，电视媒体不愿意开设对农频道、对农栏目，不愿意拍摄对农电视剧，这导致大大降低了对农电视市场的供给能力。

第四，对单一收视率评价体系的严重依赖削弱了对农电视市场的供给愿望。

收视率是很长一段时间以来电视唯一的市场化评价指标。收视率独大导致实践中出现了令人堪忧的“唯收视率论”，收视率与生俱来的表面性和片面性等各种问题越发显现，很多业内人士甚至痛斥“收视率是万恶之源”。

对单一收视率评价体系的严重依赖也对对农电视市场造成了很大的负面效果。收视率指标评价的是在看电视的观众总数中有多少人看某个电视媒体的节目。显然，它对于没有看电视的人是否了解某个电视媒体以及所持的看法等却无法评价。更要着重指出的是，目前的收视率调查主要采用抽样调查的方式，先选取样本城市，再在样本城市抽取样本户，样本户绝大部分取自城市。因此，尽管农村人口占我国总人口的绝大多数，但是现有的收视率调查基本上把农民的意见排除在外。也就是说，即使有再多的农民看电视，他们对收视率的贡献度也是微乎其微的。

评价标准是导向。特别是在评价指标单一、没有其他指标作补充和替换的情况下，评价标准的强制性作用就更加明显。由此可知，现有电视评价方式基本不能反映和反馈农民的意见和需求，对农节目对电视媒体的收视率提升和品牌影响力扩展很难有大的影响。因此，电视媒体认为对农频道、对农栏目可有可无，对农电视市场供给严重不足，对农传播逐步边缘化也就不足为怪了。

三、应对对农电视市场供给严重不足的策略

由上述分析可知，对农电视市场供给严重不足问题的解决是一个综合性的社会系统工程，涉及国家政策的制定和调整、电视媒体运行机制的改

革、内容的生产方式等很多方面。实践中必须“坚持以政府为主导、鼓励社会力量积极参与，坚持城乡、区域文化协调发展，逐步实现公共文化服务均等化，坚持把建设的重心放在基层和农村……着力提高公共文化产品供给能力，着力解决人民群众最关心、最直接、最现实的基本文化权益问题，推动文化建设与经济建设、政治建设、社会建设协调发展”。有计划、有步骤地采取措施，形成合力，有效提高对农电视市场的供给，充分发挥电视在公共文化服务体系中的重要作用。

1. 强化理念

应该说，没有农村的现代化就没有国家的现代化。而农村的发展不仅仅体现在农民的脱贫致富上，更体现在依靠农民综合素质的提高、农民意识的升华和农民思维方式的转变，农村、农业所获得的可持续发展的支持力上。电视媒体是农民接触最多、依赖性最强的媒体，必须“与人民同命运、与时代共发展”，确立服务“三农”的理念，履行自己在为解决“三农”问题提供强大思想动力方面承担的不可推卸的义务和责任。

2. 调整政策

要解决对农电视市场供给严重不足的问题，必须对相应政策作出调整，确保对农传播的公益性。

第一，增加专门的对农频道和栏目。

中央级和省级上星频道在各省市收视市场处于强势地位。因此，对于中央电视台可以考虑把CCTV7改为专门的农业频道；对于卫视频道，可以考虑要求它们必须在规定时段开设规定时长的对农栏目，这样能够发挥它们覆盖范围广、受众人数多、传播效果明显的效果。对于地面频道和各城市台，也可以要求它们必须保证在规定时段开设规定时长的对农栏目，在有条件的省市，可以考虑增加对农地面频道，从而保证对农频道和栏目的数量。对农频道栏目必须播出对农内容，禁止播出与“三农”无关的内容，做到对农频道和栏目名副其实。

第二，对对农频道和栏目提供专项财政支持。

目前，经济效益仍然是电视媒体运营的主要目标之一。在现有机制和运营方式下，对农频道和栏目单纯依靠市场化运作根本无法做到自给自足。管理部门应该去除经济利益和市场竞争带给对农传播的制约，以使对农传播媒体进入良性竞争，使对农传播的基本职能得以充分发挥。因此，管理部门可以作出规定，要求各级电视台把对农频道和栏目作为单独的考核和运营单元，不按照常规的收视率进行考核，而是把它的质量和受农民欢迎的程度作为考核的主要指标。对于其运行经费，由其所属的行政区划的本级财政列入专项预算，每年按时拨付。同时，为了消除电视媒体旱涝保收的想法，可以根据每年的考核情况，作出增加或者减少经费支持的决定，以起到激励作用。

对于对农电视剧等的拍摄，可以采取政府补贴和定向采购的形式给予支持，鼓励各电视剧制作单位拍摄更多受农民欢迎的电视剧。

第三，为对农电视节目内容设立专门奖项。

评奖在电视节目创新创优中有着很强的激励作用，是节目创新创优的风向标。要提高对农电视市场供给，可以发挥评奖的作用，鼓励电视媒体选择更多的对农题材进行创作。具体做法是，在中国新闻奖和中国广播影视大奖中为对农节目开设专门的类别，使对农题材的评奖列入政府奖的范畴。这种方式很可能起到一般方式所达不到的效果。

第四，把一般性文化活动进行电视节目化。

一般性文化活动的特点是农民参与度高、体验性强，但缺点是惠及面比较窄、投入产出比不理想。而电视节目的优点是覆盖面广，能让更多的农民欣赏到高水平的文化内容。近几年来，各级财政都在农村文化活动中投入了大量经费，却与预想的效果有一定差距，根本原因就在于惠及面拓展不开，受益的往往是少数文化活动积极分子，而一般的农民感受不到政策的温暖。

为了改变这种状况，各级财政可以把对一般文化活动和对农电视节目的经费投入做统筹考虑，设立专项经费鼓励文化部门和电视部门把一般性的文化活动进行电视节目化，把电视节目进行一般性的文化活动化，从而通过舞台与电视媒体的有机结合，起到用更少的经费既能让农民直接参与，又能使更多农民受惠的作用。由此，电视媒体可以结合一般性文化活动，打造出富有本地特色、受众喜闻乐见的对农栏目。例如，东北地区的扭秧歌，西南地区的山歌，西北地区的花儿、舞蹈，等等，都可以作为新颖的对农栏目形式。

总之，“三农”问题涉及广大人民群众的根本利益，关系到社会稳定和国家科学发展。“三农”问题的重要性决定了解决对农电视市场供给严重不足问题的必要性和迫切性。能否解决这一问题，是电视媒体使命感和责任感的重要体现。对此，必须给予足够重视。

（作者单位：大兴区广播电视中心）

如何讲好“好人故事”
——卫视上星综合频道思想道德建设电视栏目的现状和思考

张冬林

从2012年1月1日起，国家广电总局《关于进一步加强电视上星综合频道节目管理的意见》开始实施。《意见》明确要求“各电视上星综合频道还要开办一个弘扬中华民族传统美德和社会主义核心价值体系的思想道德建设栏目”。为此，各上星综合频道陆续开办了弘扬社会主义核心价值体系和中华传统美德的道德建设栏目。据统计2012年年初全国省级上星综合频道已开办道德建设栏目36档。其中北京卫视的《好人故事》、吉林卫视的《身边发现》、东方卫视的《大爱东方》等8档节目安排在晚间黄金时段播出，19档安排在周末（五、六、日）播出。详见表1。

表1　省级上星综合频道已开办的道德建设栏目

卫视	名称	时段		样态
北京	好人故事	周三	21：38	演播室访谈
天津	中国人	周一	00：30	专题纪录片
河北	真心英雄	周三	23：00	演播室访谈
山西	最美中国人	周五	22：35	演播室访谈
内蒙古	额吉	周日	18：05	专题纪录片
辽宁	中国好人	周日	13：00	专题纪录片
吉林	身边发现	每日	19：30　21：27	专题纪录片
黑龙江	一周道德观察	周日	6：44	新闻
东方	大爱东方	周四	21：20	专题纪录片
江苏	廉政时空	周一	11：48	专题纪录片
	时代风范	周日	06：48	专题纪录片

续表

卫视	名称	时段		样态
浙江	爱心浙江	周日	07：12	新闻
安徽	天下安徽人	周二	00：35	专题纪录片
东南	福建志愿者	周日	22：50	专题纪录片
江西	人民好儿女	周日	21：40	专题纪录片
山东	天下父母	周日	21：37	演播室访谈
	齐鲁先锋	周一至周日	18：20	专题纪录片
河南	根在中原	周日	17：55	访谈纪录片
湖北	荆楚风流	周日	12：40	访谈纪录片
湖南	平民英雄	周一、二	21：20	纪录＋访谈
广东	公民	周四	22：37	专题纪录片
广西	让爱住我家	周日	12：30	专题纪录片
旅游卫视	泰学	周一至周日	12：35	讲座
重庆	重庆好人	周一至周日	20：30	专题纪录片
四川	公益中国	周四	23：50	纪录＋访谈
贵州	道德星空	周六	12：00	新闻
	美丽心灵	周六	21：20	演播室访谈
云南	情暖人间	周日	08：37	专题纪录片
西藏	今日西藏	周三	18：30	专题纪录片
陕西	孝影贤声	周六	12：10	专题纪录片
甘肃	好人在身边	周日	12：00	专题纪录片
宁夏	感动	周六	12：40	专题纪录片
青海	成长实验室	周三	23：10	专题纪录片
新疆	真情关注	周一至周六	20：40	专题纪录片
兵团	走近他们	周日	12：30	纪录＋访谈
深圳	温暖在身边	周日	11：30	专题纪录片

一、特点

全国地方卫视思想道德建设类节目体现出如下特点。

第一，就主体和主题而言，体现“好人故事”的主体和“大爱东方”、

“公益中国”的主题。

思想道德建设类节目普遍是人物类节目，就其主体人物故事分类而言，基本可以借用全国道德模范评选的5类概括，就是助人为乐、见义勇为、诚实守信、敬业奉献、孝老爱亲5大类。

（1）助人为乐类：东方卫视《大爱东方》1月12日讲述广西支教女孩汤玲玲和武汉红娘老人兰毓云的故事；东南卫视《福建志愿者》1月15日讲述福建省云霄县七彩虹爱心志愿者服务队队长张瑞勇为救治王春凤老人孙子小浩泽多次发起募捐的故事；广东卫视《公民》2月2日讲述残疾人李计划在自强之路上的邻里情；四川卫视《公益中国》2月2日《特殊捐赠者》讲述四川一位签署捐赠遗体协议的保安杨跃章的故事，他同时是重庆献血最多的人。

（2）见义勇为类：湖南卫视《平民英雄》多数选题属于这一类型；河北卫视《真心英雄》1月11日讲述3位的哥见义勇为的故事。

（3）敬业奉献类：新疆卫视《真情关注》1月12日主题“妙手仁心”，讲述一位医生全身心救治患者的故事；辽宁卫视《中国好人》1月15日主题“检察官和女囚”，讲述广州市女检察官杨斌挽救帮助过失杀害自己亲生女儿的女囚周模英的故事。

（4）孝老爱亲类：山东卫视《天下父母》1月8日主题“渴望父母”，讲述国家体操队前运动员杨波和父母的故事；广西卫视《让爱住我家》1月15日展播了自治区孝星评选获奖人物的事迹；贵州卫视《美丽心灵》2月4日第一期讲述一对夫妻的穷困患难情；陕西卫视《孝影贤声》从题目就能看出选题范围。

（5）诚实守信类：这类因事件性比较强所以暂时还没有形成规模。

第二，就节目模式而言，基本有两类：专题片模式和演播室访谈模式。

一类是专题片模式，基本采用主持人串场+专题片模式。《大爱东方》《中国好人》《让爱住我家》《重庆好人》《道德星空》《孝影贤声》《真情关注》《福建志愿者》《公民》等属于这种类型。主持人串场大多数为演播室串场，也有外景串场的（《福建志愿者》）。有的没有主持人串场（《身边的感动》《重庆好人》）。

一类是演播室访谈模式，基本采用访谈 + 专题片模式。《平民英雄》《真心英雄》《美丽心灵》《梦想新生活》《公益中国》等属于这种类型。

许多栏目根据选题不同兼顾两种模式，如《好人故事》《天下父母》等。

二、意义

首先，它将改变传媒生态。传媒的娱乐化是近年来一个突出的问题，娱乐化本身没有问题，因为娱乐功能本来就是媒体应当发挥的功能之一，但是泛娱乐化和娱乐低俗化倾向极大地污染了荧屏，并对社会心理产生了负面效应。思想道德建设类节目的设置将极大改变这一生态环境，它既是传媒生态改变的产物，也是因子，不但丰富了节目类型，而且已经产生发酵作用，公益性和思想道德建设的要素已经成为众多类型节目包括娱乐类节目的配置，比如《非诚勿扰》中对男嘉宾中普通劳动者的礼赞、《非常了得》大量增加有公益色彩的嘉宾，乃至中央电视台《梦想合唱团》、湖南卫视《天声一队》等明显承载道德和公益责任的娱乐节目的出现，都是这一生态不断改善的结果。

其次，它将改变传媒面目。道德建设类节目改变了媒体里大人（领导）、名人（各类明星、精英）充斥荧屏，普通人只能成为奇人、雷人才能被媒体垂青的局面，使好人、凡人成为电视荧屏的主角之一。电视荧屏人物图谱更加丰富。

最后，它将打造讲述中国故事、传播中国价值的平台。中国的文化产品和工业产品一样，都面临一个如何从“中国制造”向“中国创造”转型的迫切问题，如何在借鉴国际上符合传播规律的节目模式的同时，注入中国价值内核是当前文化建设面临的紧要课题，思想道德建设节目本身的主题优势和主体优势，都有可能为探索中的中国传媒业增加一种可能，使得我们在“拿来主义”中，解决好“洋为中用”的问题，打造出用国际化手段讲述中国故事、传播中国价值的平台。

三、问题

当前思想道德建设类节目面临的主要问题有以下两个。

第一，如何避免“围观”，实现“共情”。避免围观，就是要思考如何避免说教问题，如何解决中华民族传统美德和社会主义核心价值体系的大众化、时代化问题。道德建设类节目特别容易出现两个问题，一是“晒穷”“晒苦”，博取廉价眼泪，有自然主义的展现，无现实主义的关怀；二是自作多情、自说自话、顾影自怜，我们展示的好人给人的感觉是“吃亏”和“悲催”，受众容易得出“好人难当”的结论，在世俗价值观上否定了我们传播的价值体系，不能实现“共情”。

第二，如何避免“同质”，实现“创新”。思想道德建设类节目的规模上马，也容易出现另外一种雷同化和同质化，现在已经出现一周同时看到多家卫视播出同一人物的情况，未来这种情况估计还会出现。同时如前文所述，当前思想道德建设类节目模式还比较单一，创新问题十分紧迫。

四、对策

那么如何解决上述两个问题？我认为思想道德建设类节目应当在如下几个方面着力。

（一）应当在主题的当下性和建设性上下功夫

当前思想道德建设类节目的主题视野普遍比较狭窄，过分集中于好人故事，应当说思想道德建设的内涵是极其广泛的，好人故事是其中突出的代表，但不是全部。

应当关注在现代化进程中的道德重建问题，关注中国特色社会主义建设进程中的道德体系建设的焦点问题和热点问题，敢于回应当下热点，关注体现这一价值观的“新人”而不只是“好人”，同时改变重道德宣教轻道德建设的问题。

我们以广州市女检察官杨斌挽救帮助一位过失杀害自己亲生女儿的女囚周模英的故事为例。辽宁卫视《中国好人》以《检察官和女囚》为题为我们讲述了一个好人故事；南方电视台辩论类节目《公民议事厅》关注的是主人公作为检察官在提起公诉时主动为被告求情申请减刑是否“合法”“合适”，从而探讨职业道德和社会道德之间的关系；《南方都市报》则以《女检察官“解救”女囚》为题，这是此事第一次被公开报道，也是2010年南都新闻奖金奖唯一作品。记者吴秀云在手记中这样写道：“在传统新闻视觉下，这肯定是一起典型的‘好人故事’。有细节丰满的故事，最后形成高大全的人物形象，转而讴歌这个人物所代表的一类人群。”而作者用5年时间，跟踪这个案件及其所有相关人物的轨迹。《南方都市报》总编辑曹轲在点评中写道：“关注案件，关注案件中的人，更关注案件背后的社会成因和人性张扬。”“把一个传统新闻视觉下典型的好人故事锻铸成深邃的社会报道。”同样一个题材不同定位的节目可以有不同的解读，但是从建构当代道德体系的建设性上讲，我们应当承认这3个同题报道的现实意义是依次递进的。

（二）应该在话语体系的感染力和引领力上下功夫

思想道德类建设栏目应当在人物选取、话语语境等方面增加感染力、引领力的考量。我们现在思想道德建设的语境还比较老套，没有建立适应当代中国的话语体系。经常上网的人都知道，网络有自己的火星文，不懂这些文字的含义在网络上就无法生存了，同样我们当前核心价值体系建设要与当下语境相吻合。在这里我觉得思想道德建设类节目的理念要向低碳环保理念的成功传播学习，其实低碳和我们说的节俭有相似之处，当然也有许多不同，但是节俭就经常不被年轻人接受，比如从节俭的角度报道一盆水有好几种用途，在年轻人看来就是抠门、小气，但是如果从低碳环保的角度，就成为一种时尚。所以思想道德建设类节目的选材和语境要创新，才能实现对当代人的引领。

（三）应当在基调的向上性和欢乐感上下功夫

在节目基调上，应当避免“悲催”，体现向上和欢乐。我们不应当把所有好人都表现成殉道者、个人利益的牺牲者，这和当代社会主流价值观是不相吻合的，因而是不会得到大家共鸣的，而应当展示他们内心的安宁，也就是说用当下的语境去关照当下的好人。东方卫视《大爱东方》给我们的最大启示是基调。以第一期为例，两个人物都很快乐，支教女孩汤玲玲放弃万元月薪和城市生活自愿到广西，通过700多天坚守为山野乡村孩子搭建50多座图书馆，武汉70多岁退休教师兰毓云坚持50多年免费红娘服务，手工抄写6000多本相亲资料，让数百对男女走进婚姻殿堂。《大爱东方》的定位就是“选取城市化进程中的人和事，通过镜头去发现‘善意公民’发自内心的善行善举，他们的奉献虽小，但充满着感动人心的温暖。对于这些‘善意公民’来说‘为善最乐’”，再加上节目明快的编辑节奏，让受众很快乐。

（四）应当在选题的观众缘和讲述的技巧性上下功夫

思想道德建设类节目如何赢得受众是一个很重要的问题，这里有选题的观众缘和讲述技巧问题。在这点上湖南卫视《平民英雄》又一次表现出了非同一般的能力，《平民英雄》在题材选取上是十分讨巧的，它选取了见义勇为这一类型，说实话，就是选取了法制题材，新瓶装旧酒，同时在讲述上采取层层剥笋、步步惊心的方式，引人入胜，使人欲罢不能。同样，北京卫视《好人故事》2 月 29 日《远亲不如近邻》以见义勇为选题类别，首先集纳式报道了一组全国各地发生的众人勇救危难者的好人故事，增大节目信息量，然后重点再现了沈阳铁西区邻里救助跳楼女的故事，同时在形式上进行创新，主持人由采访者变成讲述者，注重故事性呈现，北京地区收视率达到 2.91，达到该节目 2012 年以来收视率最高值，而此前该节目 2012 年播出 7 期，平均收视率为 1.66。当然我们不是说大家都应当去做见义勇为的法制题材，而是说我们应当在接近受众上多些思考，只有先让受众接受才会有传播，只有用受众喜欢的方式传播才能实现传播效果。

（五）应当在样态的创新性和表现的丰富性上下功夫

在演播室访谈模式中，不少栏目进行了内部的节目样态设计。北京卫视《好人故事》增加了固定环节爱心基金捐赠；四川卫视《公益中国》突出互动性和评论性，设置 3 个环节：公益行动、公益关注、公益传播。

在人物关系上，除了基本的主持人、主人公、利益相关方的三角关系外，有的增加了其他关系方，像上面提到的《公益中国》增加了公益关注人等，使演播室关系更加丰富。

但这还不够。如前文所述，思想道德建设类节目总体上均为人物类。那么是否可以借鉴热点述评类节目和有些综艺类节目的模式。《东方直播室》《公民议事厅》以及现在许多卫视的社会热点辩论类节目是否也是一个很好的节目样态？此外，综艺节目丰富的表现手段是否可以为我所用？东方卫视 2 月 3 日首播的劳动技能展示类节目《劳动最光荣》给了我们启发，这是东方卫视和上海市总工会联合开办的一档劳动技能类节目，节目借鉴选秀节目的模式，比如在第一期搬家工人大比拼中，来自4个搬家公司的劳动者在“劳动秀”中展示他们的专业技巧和职业精神，也体现了外地在沪打工人员的艰辛与不易，具有很强的可视性和感染力，道德建设类节目是否也可以借鉴？定位为全国首档大型道德建设公益节目的湖北卫视《你值得拥有》借鉴益智节目，让公益人通过层层闯关完成公益目标，其样态是否也有可吸取之处？

（六）应当在实现品牌栏目和品牌活动的联动上下功夫

许多栏目已经注意到这一点，《大爱东方》表示7月、8月、9月推出优秀党员、基层党员系列，并将在年终推出“大爱东方榜”；《平民英雄》也表示要打造和推广品牌，线上线下结合；《天下父母》自2006年起连续5年举行“中国演艺界十大孝子推选活动”和颁奖盛典，2011年又推出“《天下父母》亲情进校园（社区、企业）系列活动”。

但这还不够。道德建设类节目普遍采用栏目模式播出，迄今尚未出现有影响力的栏目或节目，未来我们能否将活动化和季播的模式引入到思想道德建设类节目中，比如2011年舆论普遍关注的免费午餐问题、2012年央视新春走基层和经济频道《春暖2012》关注的留守儿童问题，我们如果一年选取3—4个主题，每个主题一个季播，3—4个季播主题构成年度节目，在季播中将其活动化，从而凝聚社会力量、形成共同关注，可能也是一种避免同质化的方式。

（作者单位：北京电视台）

公益性节目的市场生存空间

张丽文

电视公益节目的类型纷繁复杂，广义来讲，电视公益节目是指以电视为传播媒体，节目性质是为公共利益服务，即宗旨更多地在于服务大众而并非仅为经济利益的所有节目。当然，对于电视公益节目，人们更多地还是从狭义的角度来考虑，往往觉得电视公益节目的内容要包含“扶危济困、关爱他人、助人为乐、无私奉献”等利他成分。因此，狭义来讲，“电视公益节目是指以电视媒体作为传播媒介，以谋求社会公众利益为出发点，关注、理解、支持、参与和推动公益活动、公益事业，促进文化事业发展和社会进步，以形成扶危济困、形成良好社会风气，具有公益性质的电视节目形式”。

公益性电视节目在中国的发展历史可谓悠久。早在1978年，中央电视台就开始播出类似公益广告的节目。今天，公益性节目的市场生存空间不但是关系到电视生存发展的现实问题，也是一个如何协调经营性目标和公益性目标的重要理论问题。

一、公益性节目的发展背景

1．公益性节目的政策环境

国家历来十分重视公益性文化事业的发展。《国家“十一五”时期文化发展规划纲要》把“一手抓公益性文化事业，一手抓经营性文化产业”列为我国文化发展必须坚持的方针。《国家“十二五”时期文化改革发展规划纲要》进一步指出：“坚持把社会效益放在首位，坚持社会效益和经济效益有机统一。”“按照公益性、基本性、均等性、便利性的要求……完善覆盖城乡、结构合理、功能健全、实用高效的公共文化服务体系。”

作为公共文化服务体系的重要组成部分，电视的公益性作用十分突出。公益性节目直接与社会文化生活相联系，是深入到人们的精神世界、促进人们日常交往和交流的活动，并承担着满足和引导观众的欣赏习惯、生活模式乃至思维方式的责任。有针对性地发展公益性节目，是实现电视作为大众媒体的社会效益的重要手段。

2. 公益性节目的市场环境

随着电视事业的发展，电视节目的竞争也日益激烈。国家广电总局统计快报显示，截至 2010 年年底，全国已有电视台 247 个、广播电视台 2120 个、教育电视台 44 个。另外，国外电视节目正等待放开管制，伺机进入中国市场。电视事业的发展，给观众带来了丰富的节目资源和更多的选择余地，一般家庭都可收到 40 余套电视节目，但对各电视台来说，这种状况加剧了市场竞争的激烈程度。

电视节目重复建设，公益性节目的竞争优势没有得到应有的重视。目前，为了在竞争中赢得更多的生存空间，各电视台都在“频道专业化、栏目个性化、节目精品化”上下功夫。但从实际情况来看，频道的类别设置仍然严重重复，仅就省级电视台情况来看，仍没有超出新闻、都市、经济、生活、综艺、体育、科教、影视等几个类型，尤其是省级卫视几乎都是新闻与综合频道。这不可避免地造成频道资源重复浪费，导致了电视媒体之间的无序竞争。大力发展公益性节目，实现差异化竞争优势，应该是各电视台的明智选择。美国哈德森学院调整政策研究的负责人艾文·斯塔尔泽曾经说过，在商业节目不能填补市场空白时，应该大力提倡公益节目。

3. 公益性节目的主要内涵

如何界定公益性节目，是我们首先需要解决的问题。许多电视节目的划分方法都没有包括明确的公益节目类型，这充分体现了当前对公益节目的模糊性认识。造成这个问题的主要原因是对“公益”的多元理解。19 世纪末，日本人把英语的“public welfare”译成汉字的“公益”并传入我国。有学者认为“公益”就是指能使较多的人享受到某种利益或快乐，而不是仅为某个人服务。还有一些学者认为公益性是与经营性相对的概念，是指使公共整体获得利益而其自身没有获得相应超额补偿的行为。

哥伦比亚大学的 Eli M. Noam 教授认为，公益节目是指不包括体育、流行音乐等纯娱乐节目在内的，提供文化、教育、信息服务的节目。这里面不仅包括慈善节目，而且包括新闻类、少儿节目、科教节目、医疗节目、法制节目等。总而言之，只要节目的主要内容涉及公共利益，都可以称为公益节目。以上界定未免失于宽泛。我国电视节目分类和统计口径都没有明确的公益性节目的概念，造成这个问题的原因是，不管从内涵还是从外延来看，公益性节目都具有复合性特征。

二、复合性特征决定了公益性节目具有坚实的发展基础

1. 共同性是公益性节目的根本属性

社会中多数人的利益（Majority Interest）就是公益性。公益就是与多数人的选择、支持相一致。如果说多数理论只片面强调达成公益的手段而没能明确说明公益的本质的话，那么共同理论对公益本质属性的说明就更为恰当。共同理论认为，公益就是满足集体所有成员共有的欲求。公益性节目关注的对象是全体社会公众，不分年龄，没有知识水平之分，所要达到的目标是全体社会公众综合素质的提高。这样的目标决定了公益节目传播的内容必须是社会整体利益的反映，达到的效果势必引起社会公众的关注和共鸣，其传播的内容要包罗万象，从个人的言谈举止到与他人、与自然的交往，涉及社会的各个层面。

公益性节目能够吸引甚至激发大多数人的关注和参与热情，这正是电视活动所努力追求的。例如，《感动中国》以“感动公众、感动中国”为主题，通过评选“感动人物”的方式发挥电视媒体的教育功能，塑造公共价值观念。

央视综合频道全力打造的大型公益节目《梦想合唱团》以娱乐节目形态出现，发挥第一媒体平台的作用和明星的号召力，没有渲染煽情，关注小人物的命运，成就普通人的梦想，也实现了明星们的家乡公益梦。不但创造了收视佳绩，而且承载着主流价值观的表达，传递了一种直击人心的力量。

2. 层次性是公益性节目的内容特征

公益性节目需要满足社会中所有成员共有的需求，而这种共有的需求体现为不同的层次，这就决定了公益性节目从内容特征上也是具有层次性

的。根据美国社会心理学家马斯洛的需要层次理论，人类需求的层次由低到高可以分为生理需求、安全需求、归属需求、尊重需求、自我实现需求5种。公益性节目的层次也可以作相应的划分（见表1）。

表1　公益性节目的层次性

需求	生理需求	安全需求	归属需求	尊重需求	自我实现需求
服务内容	生活资讯	法治、环保	求职、婚恋	教育类	慈善
代表节目	《养生堂》	《今日说法》	《非诚勿扰》	《百家讲坛》	《温暖在身边》

把握好层次性特征，公益性节目可以根据观众需求心理定基调，满足不同民族、地域、性别、年龄的多样化需求，尤其是可以有针对性地满足残疾人、老人、儿童、农民等弱势群体和特殊人群的需求。

3．互动性是公益性节目的演绎手段

一般电视节目的观众都有不同程度的互动性。例如，现场观众参与节目录制，电视机前的观众通过移情效应也实现了节目的再创作。但是，绝大多数观众还是无法改变“沙发土豆”的尴尬境地。与此形成鲜明对比的是，公益性节目无论是从物质层面还是从精神层面都深入到观众的日常生活中，借助手机和电脑等多媒体的发展，观众更容易产生成为电视活动参与者的冲动。公益性节目互动性的存在，使得观众实现了传统欣赏者向参与者角色的转变。

例如，山东卫视的《惊喜！惊喜》节目，定位是给有故事的人惊喜和善意的帮助，所有的当事人都是在不知情的情况下被邀请到演播室。在节目中，一个老人可以见到失散多年的战友，一个母亲可以见到离家出走的孩子，一个追星的少年可以见到喜爱的明星。当他们看到主持人将他们心底里一直想实现的愿望变成现实的时候，那种自然流露的真实情感可以感染每一个人。在这个过程中，互动性使观众实现了第二次角色转换——参与者成为了节目的表演者。

4．关怀性是公益性节目的精神实质

公益性节目富含人文关怀的精神，容易通过形象化的情感元素来传播社会公益观念。由于传统电视节目明显的宣教功能，逐步形成了生硬僵化的叙事和思维惯性，节目主题显得肤浅，情节缺乏丰满的感性元素，由此也给许多观众造成了一种潜在却强烈的逆反心理。在这样的背景下，公益性节目是改变现状的最好切入点。

中央电视台播出的公益节目《等着我》，坚持弘扬“忠诚、守望、等待、团圆”的现实情感，在讲述中俄之间的寻亲故事时，有亲情的苦苦思念，有友情的纯真牵挂，有爱情的坚贞持守，更有超越个人悲欢的高尚情怀。这里没有刻意煽情，却达到了最大的情感释放效果。抓住观众关注的话题、满足观众迫切的需求、抒发观众内心的情感，这就是公益性节目关怀性的最好体现。

5. 教育性是公益性节目的社会责任

规范的理论（Unitary Theory）认为，公益的概念应基于规范的价值标准，也就是说社会规范和价值标准就是评价公益性的尺度。例如，受儒家思想影响很深的多数亚洲国家通常认为，夫妇有别、长幼有序等儒家思想即是公益的基本概念。这一理解是基于普遍的道德概念，在一定时期内根据一定的社会惯例行事就是公益。

公益性节目通过公众接受公益思想进而提高公民道德水平。电视公益性节目通过对社会问题的关注，提升各类社会群体对普世价值和传统道德的认可，从而带动主流社会价值观的成长，它可以通过新颖独特、贴近人心的感性化诉求方式，以潜移默化的形式向人们传达节目的主题思想，让教育功能在无声无息中发挥作用，并形成一个长期反复的过程。公益性节目突破了其他节目呆板的教育方式，因此更容易使受众接受。

三、多维化方向决定了公益性节目具有很大的生存空间

1. 共同性有利于拓展公益性节目的观众群体

在传统的模拟信号电视时代，媒体的公益性意味着制播高水准的电视节目。在观众只是被动地接受节目的灌输式体制下，提高节目质量、提高特定群体艺术品位的节目就成为了公益的主要传播模式。而在观众可以根据自身需要选择接受的互动式多媒体传播时代，对于公益概念这一层面的理解显然是不够的。可供观众选择的节目只有在充分体现其多样性时才具有真正的意义。公益性节目就是在高质量的基础上，旨在全面体现不同视角、不同观点、不同群体呼声而忠实于共同性特征。

首先，公益性节目拓展观众群体，可以在单一节目上实现高收视率。公益性节目的共同性特征完全可以得到市场的接受，例如，央视播出的《百家讲坛》，曾经名列第10套节目的收视率第一。“雅俗共赏，让学术走向民间”是《百家讲坛》得到大众收视认同的一个根本原因。

其次，公益性节目拓展观众群体，可以通过公益性的多元内涵实现整体突破。公益性是一个整体概念，其内涵是多元化的。因此，公益性节目可以选取不同的切入点，制作满足不同需求的节目内容，实现市场的全方位突破。从北京和上海的收视率调查来看，公益性节目在收视排行榜前十名中占有很大的比例（见表2）。

表2　城市收视率排行榜

收视率排行	北京	上海
1	《天气预报》	《新闻透视》
2	转播中央台《新闻联播》	《观众中来》
3	《风声传奇》（29—30集）	《天气预报》
4	《家常菜》（1—38集）	《新闻报道》
5	《北京新闻》	《庭审纪实》
6	《大家说法》	《案件聚焦》
7	《治安播报》	《一呼柏应》
8	《BTV赛场》	《东方110》
9	《动作90分——让子弹飞》	《回家的欲望》（1—19集）
10	《法治进行时》	《抗日奇侠》（11—30集）

调查时间：2011年4月1日至2011年4月30日。

在收视率排行榜上，包括大众化的《天气预报》《新闻透视》等公益性节目，也包括针对特殊受众的节目，如《大家说法》《庭审纪实》，等等。这些节目的收视率，经常排在影视剧等非公益性节目之前。

2．层次性有利于定位公益性节目的细分市场

公益性节目取材广泛，内容的层次性丰富，为电视台寻找不同的细分市场提供了契机，为节目形成差异化竞争优势提供了方向。在公益思想的指导下，公益性节目的内容有多种选择，可以是满足人们生活需求的家政类节目，可以是满足人们安全需求的法制类节目，可以是满足人们尊重需求的教育类节目，也可以是满足人们自我实现需求的慈善类节目。

在选择和坚持不同的公益性题材的基础上，各电视台最终可以建立差

异化竞争优势。例如，湖北卫视在多年公益性题材的探索过程中，逐渐在环境保护方面具备了一定的影响力，先后推出《幸运地球村》《阳光行动》等公益性栏目，打造出一条风格化生存之路。湖南卫视在黄金时段推出3档公益节目《把谁带回家》《那是我妈妈》和《少年成长说》，号称首创“中国第一档家政服务类真实选择节目”，在社会上也产生了一定的影响。

3. 互动性有利于调动公益性节目的参与热情

公益性节目选取观众喜闻乐见的热点题材，但最终需要传导的是主题思想，这是一个隐形知识向显性知识的转化过程。隐性知识是迈克尔·波兰尼（Michael Polanyi）在1958年从哲学领域提出的概念，他认为显性知识是能够被人类以一定符码系统加以完整表述的知识，如电视图像，而隐性知识是指那种我们知道但难以言述的知识。日本知识管理专家野中郁次郎提出知识转化过程分为4个阶段：群化（Socialization）、外化（Externalization）、融合（Combination）、内化（Internalization）。如果把这个过程应用到公益性节目的传播中，将能够比较理想地激发观众参与节目的热情（如图1所示）。

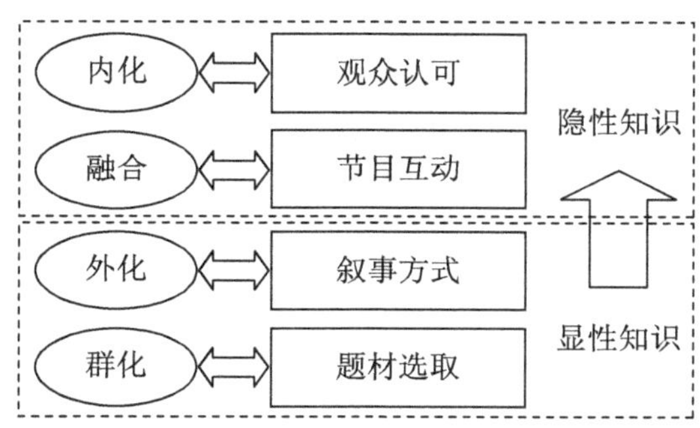

图1　公益性节目互动性的过程

群化是指节目题材的选取，公益性节目在这方面具有天然的优势，因为公益性节目的题材很容易引起观众的共鸣，容易得到广泛的关注；外化是指节目的叙事方式，公益性节目一般涉及人们的精神层面，往往以情动人，这种叙事方式很容易把节目制作者和观众联系起来；在以上两个环节的基础上，观众参与节目的热情就被激发出来，能够顺利地实现节目的互动性，最终达到使观众接受节目、认可节目的目的。

4. 关怀性有利于培养公益性节目的忠诚受众

公益性节目是一个服务产品，具有服务质量的多维度特点。把握好服务产品的服务过程，最终是要把握好公益性节目作为服务产品的关怀性。美国的服务管理研究组合 PZB（A. Parasuraman，Zeithaml，V. and L. Berry）在他们开拓性的研究中确认了有关服务质量的5个具体维度（如图2所示）。

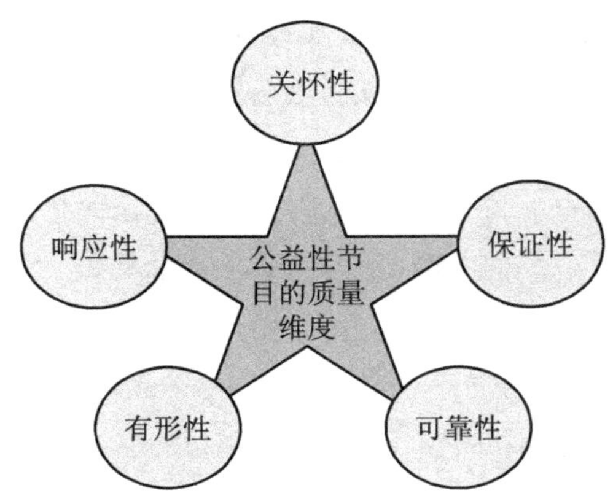

图2 公益性节目的质量维度

有形性是公益性节目的切入点，观众借助某些话题、情感等可视部分来认可、接受乃至参与到节目中；可靠性是公益性节目的立足点，通过题材的选择建立节目基础；响应性是公益性节目的传播方式，通过互动推动公益性节目的逐步深化；保证性是感情纽带，以共同认可的价值观建立信任和认同；关怀性是公益性节目的终极目标，通过理解观众的实际需要并给予满足，使整个服务过程富于“人情味”。

5. 教育性有利于实现公益性节目的社会效益

公益性节目归根结底是促进社会文明进步的一种手段，影响、改变着人们的人生观、价值观和道德观。从这个意义上说，公益性节目是一种社会的意识形态，具有正确的思想导向。思想观念是公益性节目的内核因素，公益性节目无论通过何种创意方式、传播手段，最终的目的都是把其蕴含的深刻的思想传达给受众，以期影响受众的行为。

公益性节目，不管它有没有文字说明，都在表达某种思想、观念，体现某种价值评判和价值追求，人们接受公益性节目的过程就是对其蕴含的思想、观念、价值取向的解读过程。公益性节目所能蕴含和表达的思想观念可以是多层次、多方面的，它既可以表达人们的实践观念，也可以表达深层次的哲理观念。由于公益性节目的价值导向和教化功能是在人们“欣赏”过程中不由自主地接受的情况下产生的，是潜移默化的过程，所以它比较容易渗透到人们的精神世界里。

（作者单位：北京电视台）

北京电视台生活频道优化提升发展策略报告

赵 彤 李 志

一、电视市场发展环境及生活频道困境

（一）电视市场发展速度趋缓

近年来，电视开机率呈逐步下滑趋势。北京地区电视机开机率3年间从70%下降至30%。电视行业受到视频网络以及平板电脑、智能手机等移动终端的冲击。同时，电视观看人群的年龄结构显现出老龄化趋势，40岁以上的人成为收看电视的主流人群。

（二）北京地区收视竞争加剧

2012年以来，中央电视台集中改版，新节目频出。其他地方卫视在“限娱令”要求下也各出新招。北京地区收视受到央视和其他卫视挤压。特别是江苏卫视、天津卫视、浙江卫视表现突出。

（三）BTV生活频道发展困境

北京电视台响应广电改革号召成立专业化频道——北京生活频道，已经走过16个年头，是相对较早确定专业化道路的频道。10余年来，频道以专业化的精准定位，在生活服务领域深耕细作，推陈出新，频道迅速发展壮大，获得了首都地区观众的高度认可，取得了很好的品牌影响力，也成为同业者学习的榜样。

随着中国经济腾飞，改革开放不断深入，中国文化传媒业也进入飞速发展期。电视业在改革和创新的推动下，不断突破自我，以更高品质的节目服务观众，以积极的态度参与市场竞争，全国电视业获得了瞩目的成绩。然而，在各电视台积极进取之下，竞争也日益激烈，市场格局不断变化。作为地面专业化频道的生活频道一方面遇到自身发展的瓶颈，另一方

面要面临各大强劲卫视带来的市场压力。

（1）内部因素：生活频道作为地面频道，市场资源有限，在现有民生新闻、美食旅游、情感法制节目等主打内容已经被高度开发的情况下，原有的品牌栏目面临一边呈老化趋势，一边创新提升空间不足的两难困境。2011 年下半年，通过专家研究和频道内部调研发现：在北京生活频道飞速成长之后，在保有优势的同时，频道发展中存在着一些问题。定位模糊化、品牌弱化、内容窄化、栏目软化、受众老化等成为频道进一步发展中不容忽视的问题。

（2）外部环境：一方面来自各大卫视的强劲发展带来的竞争压力。近年，各电视台将资金、人力、资源向卫视转移，同时创新力度不断提升，卫视对地面频道市场的挤压效应越来越明显。BTV 生活频道在新的竞争格局下，收视和收入有呈小幅的下滑趋势，要继续保持北京市场一线地位，压力不小。另一方面，近年各卫视全面进入生活服务类节目的开发集中期，在所谓“限娱令”的规范下，泛生活服务类节目增多，整个播出市场呈现供大于求的局面。

二、BTV 生活频道提升优化思路

经过 2011 年频道专家调研和内部调整，以及一段时间的改版实践，经过再次思考和总结，生活频道从 5 个方面提出了频道提升优化的思路：① 频道定位优化：以倡导主流价值观、引领美好生活为核心诉求，打造全面介入北京人生活的专业都市生活服务平台，更体现价值观，更贴近百姓生活；② 频道品牌优化：以和谐诉求、温暖格调、善意传播为基调，强化频道的先进性、引领性、大众性、都市感和现代感；③ 频道内容优化：强化社会热点关注，提升文化含量，实现更多引领、更多热点、更多主流、更多题材、更多文化含量；④ 受众结构优化：维护忠实观众，吸引都市主流人群；⑤ 频道资源优化：拓展和深挖生活题材，重组和放大优势资源。

三、BTV 生活频道差异制胜策略

结合生活频道 2011 年调研结果，总结 2012 年改版运营后半年来的提升收获以及不足，应对日益激烈的市场竞争，承续确立的“五个优化”思路。生活频道从专业化频道的定位出发，确立“差异制胜”的发展策略，围绕“坚守定位、做强品牌、紧抓人气、拓展题材、做大资源”等核心词展开，最终做到差异制胜。

（一）差异制胜策略之坚守贴心品牌的定位

坚持2012年明确的“先进性、引领性、大众性、都市感、现代感”的频道定位。继续在“爱生活，每一天”的宣传口号下，推出系列宣传片，彰显“爱北京、爱家、爱生活”的频道核心理念，凸显“我们的生活频道”和“家一样的生活频道”的品牌形象，打造真正具有“首都风范”“大美品质”的王牌生活频道。

（二）差异制胜策略之明晰职能、重点突破

2012年改版创立生活频道“服务”“热点”“情感”和“乐活”4大板块的播出新格局。优势资源的集中使节目影响力有了很大提升。在严酷的收视环境下，努力做到了坚守根基，稳定收视。

重点突破带——热点板块：以《生活2012》和《生活面对面》为未来重点突破；

观众黏合点——服务板块：保有生活服务节目竞争力，维护忠诚观众；

强势支撑带——情感板块：《选择》做高品质、高品牌、高影响力，强力支撑频道收视；

未来增长点——乐活板块：拓展新资源、研发新形态，为频道增量作贡献。

频道对栏目资源进行整合，放大优势资源提升竞争力的同时，重组栏目资源，使发展有重点、有层次。

（三）差异制胜策略之升级服务、做强品牌

持续做强旗舰栏目的品牌，继续努力打造黄金档、周末强档品牌栏目，塑造经典品牌，并不断挖掘和培养其他潜力品牌栏目。

1. 引入频道大编辑部思路，热点板块实现栏目间联动

以《生活2012》为龙头，建立频道层面大编辑部的策划和联动机制，与《生活面对面》《生活调查》《生活实验室》《幸福厨房》等栏目，形成选题策划层面的联动和播出层面的联动，突出热点选题的多视角解读，提

升观众黏度，放大品牌节目影响力，形成全频道一盘棋的整体工作格局和各栏目间多赢的良好局面。

2. 打造重点品牌栏目：《生活2012》《选择》

（1）《生活2012》。

作为重点打造的新闻资讯旗舰栏目，以其贴近民生的态度和第一时间的新鲜资讯迅速获得了观众认可。栏目将在坚持正确舆论导向的前提下加强新闻时效性、实用性和专业性；加强栏目管理，优化工作流程，完善新闻化的工作制度；坚持“走转改”，贴近生活，提升栏目的知名度和美誉度，培养收视习惯。《生活2012》继续以人文情怀坚持贴近民生，报道北京好人好事，挖掘感动，传播美好。

（2）《选择》。

在“全国电视相亲热”大潮依然强劲之下，《选择》栏目的目标为“稳中求升”。重点坚守“关注普通人的真情故事”这一价值观，坚持“真实”和“服务”这一核心竞争力。做好周末特别节目《纪念日——记录100位普通人的感动瞬间》，稳固收视地位。同时寻求突破，例如，适当增加青年选题比例，凝聚青年观众，提升节目的现代感和时尚感，契合生活频道整体品牌定位。栏目还将加强特别活动的策划，如集体婚礼等，加深与观众互动，聚集人气，扩大栏目的品牌影响力。

3. 塑造黄金档品牌：《生活调查》《生活面对面》

《生活调查》和《生活面对面》作为紧扣生活热点，解读事件、人物的节目与强势的电视剧竞争，差异化的选择让生活频道满足了细分观众的需求。

（1）《生活调查》。

找准差异化竞争的点，分析和研究观众实际需求，清晰地确定选题方向，多利用观众热线的解答，贴近生活，注重服务功能。栏目还将加强与《生活2012》栏目的衔接，通过栏目之间的及时沟通与配合，紧抓最有时效的热点，努力在频道打造一个强档的深度生活调查播出带。

（2）《生活面对面》。

坚持针对热点人物和事件的焦点访谈定位。以此出发，经过一系列选题的试验后将逐步确立和统一选题方向。栏目成立选题组，建立针对选题方向、故事内容、精神升华的策划3层策划会制度。坚持一种选题类型，即在社会热点下挖掘人物故事，通过讲述小人物的命运折射他所代表的一类人的生活状态。在北京“‘7·21’特大自然灾害”发生期间，以连续播出的形式邀请在雨灾中伸出援手的好人、抢险英雄，传播温暖，弘扬首都大美品质。

4. 强化周末强档节目：《咱爸咱妈的美好时代》《幸福厨房》

周末是“家庭生活”时间。生活频道以《咱爸咱妈的美好时代》和《幸福厨房》展现和传播老年家庭的天伦之乐、年轻家庭的幸福甜蜜，获得观众认可和好评。

两档节目将重点在整合资源、优化嘉宾人物选取、情感故事挖掘、养生美食技巧传达、强化节目形式、提升可看度等方面下功夫，扩大节目市场份额，提升收视率。

《咱爸咱妈的美好时代》，继续整合资源，与各城区老龄办加强联系，深入街道和社区，寻找极致的选题内容和富于表现力的嘉宾，挖掘极致的人和故事，弘扬亲情孝道。

《幸福厨房》，强化节目的故事挖掘，在欢乐的真人秀中完成情感故事的讲述，展现年轻人的真实生活状态，传扬辛勤奋斗、追求幸福、营造自己美好生活的积极人生观和价值观。

（四）差异制胜策略之紧抓人气、强化互动

BTV生活频道在网络媒体、传统媒体、电视媒体等全媒体平台体系下，不断通过特别策划活动走入基层，贴近观众的生活，加强与观众的互动，提升和聚集频道人气，强化频道品牌形象，赢得口碑和美誉度。针对重点、热点事件如伦敦奥运会，生活频道重点策划了百名“生活八大员在伦敦”和“生活奥运会”的特别报道和活动。

（1）百名“生活八大员”在伦敦——《生活2012》栏目在奥运期间邀请前往伦敦的体育界、文化界等人士和普通人以及当地留学生等加盟“八大员”活动，以多种形式手段发回报道，从生活的角度看奥运。

（2）“2012北京生活奥运会”——为响应2012年盛夏奥运季，作为第三届奥运城市文化节的组成部分，北京电视台生活频道集合广泛的社区资源与具有民间特色的游戏竞技项目，在奥林匹克广场打造为期17天的

“2012 北京生活奥运会”。现场邀请体育界和健身界名人、前世界冠军、运动员、主持人等参加比赛或担当评委，聚集人气，扩大频道影响力，打造成为今后暑期在北京市民中有影响的电视活动。

（五）差异制胜策略之开拓题材、做大资源

2012 年 4 月，生活频道分析近期北京台提升较快的频道的经验，确立了“资源优化”的策略，明确了开拓社会资源，拓展重点项目和都市化、国际化报道空间的方向。在这一理念指导下，生活节目中心《生活 +》栏目围绕家装资源延伸栏目资源范围，拓展房地产行业资源。频道还将继续以《时尚装苑》《北京话话北京》《四海漫游》等重点栏目为载体重点开拓文化、旅游、时尚等社会资源。

（六）5 大管理保障机制

1. 节目研发机制

进行新节目研发是为频道注入新的血液，为观众提供更多的选择，也是稳固和提升频道收视率，争夺市场份额的重要途径。频道将逐步组建节目研发团队，关注和分析节目市场动向和趋势，学习和研究其他卫视以及国外电视新节目形态，根据生活频道观众定位和品牌形象，在原有节目类型和资源基础上作新形态节目的研发。

频道还将筹建特别节目制作团队，坚持做创意征集，争取将该团队打造成频道新节目的“孵化器”。分析和紧跟市场和观众需求的变化，不断推陈出新，持续提升频道的竞争力。

2. 团队激励机制

频道制定了针对各栏目从制片人到编导、记者的团队激励机制。制片人设立绩效奖金制度，与栏目收视目标达成程度挂钩。频道对完成收视目标的栏目编导和记者全体给予额外奖励，奖励根据栏目时长、收视目标完成程度不同而有所差异。

3. 良性竞争机制

频道计划在栏目中打通人才的合理流动和引入机制。《生活调查》栏目在长期人员紧缺的情况下，将招募的资深观察员纳入到节目制作团队中。节目策划顾问，甚至直接担纲一期节目的主编，让观众真正参与节目的全程制作，做真正的百姓节目。《生活面对面》3 大制片人、《生活调

查》4 大主编（调查员）比学赶帮超。

4．节目评估机制

从收视贡献率和收入贡献率两个维度对现有栏目进行考核，实施栏目优胜劣汰。

5．人才培养机制

频道逐步加大对人才的培养。各栏目建立长效的业务指导和学习交流机制，资深主编深入栏目制作一线，指导新人；主编、编导团队建立定期集体学习和交流制度；建立评片会制度，互相学习，取长补短；引入业内专家学者为团队培训。

在泛生活类节目不断增加，以及各大卫视的激烈竞争之下，生活频道面临的挑战前所未有。生活节目中心将坚持不懈努力，坚守市场一线地位，有信心通过创新进取，不断奉献出观众喜爱的节目，着力将生活频道打造成百姓生活最有价值的平台。

（作者单位：北京电视台）

创造娱乐体验
——21 世纪以来中国生活服务类电视节目新变化

于　烜

中国生活服务类电视节目是中国电视的一个重要节目类型。自中央电视台 1979 年播出《为您服务》以来，生活服务类节目随着中国电视节目的发展而丰富，随着中国社会的转型而变迁。《为您服务》《今晚我们相识》《电视商场》《生活》《天天饮食》《玫瑰之约》等栏目曾在不同的历史时期影响着人们的生活，形成了观众对于一个时代的集体记忆。30 年来，生活服务类节目呈现出巨大的变化，特别是近 10 年来在已有的生活资讯服务之外，出现了新的“娱乐体验”类节目，并且成为生活服务类节目发展的新方向。

一、娱乐体验类服务节目：中国生活服务类电视节目新类型

21 世纪以来，中国生活服务类电视节目的形态和内容都发生了巨大变化。内容上，从家庭生活延伸到了社会生活和经济消费生活，从外在的衣食住行扩展到内在的心理、情感。形态元素从单一走向多元杂糅，情景剧、脱口秀、综艺、真人秀等娱乐元素都融入了生活服务类节目中，同时涌现出了题材各异的生活服务类真人秀节目。功能上，从注重实用服务到强调娱乐化的表达以获得收视。最为典型的是以《非诚勿扰》为代表的交友节目，原本一个电视红娘类的征婚节目在 20 年间变得面目全非。21 世纪以来的交友节目、情感纠纷/家庭矛盾的调解、心理帮助、民生帮助、职场帮助、购物互动体验、居室改造等节目，形成了服务节目发展的新变化。

然而不管是节目题材的扩展还是形态的变异，这些生活服务类节目区

别于新闻、娱乐类等其他类别节目的核心特征没有消失，即节目为人们实际生活的直接需求和需要服务，强调与实际生活需求的直接关系。因此本文将生活服务类节目定义为：为人们实际生活的直接需求或需要，提供知识、信息、实际帮助的电视节目，从题材内容上包括对衣、食、住、行、用等具体、外在的日常生活需求的服务，对婚恋交友等社会交往需求的服务。既包括对购物、时尚、享受等物质消费需求的服务，也包括对心理困惑、情感纠纷等内在精神、情感的具体需求的服务，以及来自于人的生命健康和安全等需求的服务。

本文将近年来生活服务类节目的新变化类型统称为娱乐体验类服务节目，这是相对于实用服务类而言。娱乐体验类节目是指借助于他人的情感纠纷、他人的人际冲突、他人的实际诉求，利用综艺、真人秀和故事化等手段，为观众创造消费体验、提供情感娱乐的节目；对观众而言，节目提供的不是实用服务，满足的不是观众的实际需要，而是内在的情感欲望。此类节目改变了过去服务节目以使用价值为主的资讯和服务模式，并不强调节目对于观众的具象的、外在的使用价值，而是转向了观众内在的情感参与和娱乐体验，因此节目呈现出明显的娱乐节目的特点。在形态上故事元素、游戏元素、综艺元素、真人秀元素、谈话互动元素交织在一起，这都使得此类节目的边界更加模糊起来。

尽管如此，这些节目却是生活服务类电视节目研究的对象。这是因为，首先，娱乐体验类节目具有生活服务类节目从人们“实际生活的直接需求”出发的核心特征，所不同的是有的题材针对的是人的内在情感、心理的需求，而非外在物质层面的需求。其次，节目分类具有历史的局限性。电视节目分类是源于实践而非预先的理论，对节目的理论分类永远滞后于节目实践。虽然分类已经作了极大的妥协，依然很难适应电视节目分化和发展的速度，近些年出现的大量集多种类型特点于一身的节目，模糊了原有的类型边界，原有的分类受到挑战。最后，职场帮助、居室改造、互动交友节目，本身就是服务节目的题材，而且每一类都具有历史延续性，都是从传统的信息服务类节目演变而来的，比如20世纪90年代的“人才红娘”、“电视红娘”、“美好家居”，没有这些节目新近的变化，生活服务类节目的发展和演变也就无从谈起，正是这些节目的变化体现出了生活服务节目的演变。

二、娱乐体验：21世纪以来中国生活服务类电视节目特征

实用服务类和娱乐体验类共同构成21世纪生活服务类节目的全貌，但娱乐体验类逐渐成为主导。本文将从节目内容、节目形态、节目功能3个层面具体分析。

（一）节目内容：娱乐体验为主流，实用服务为补充

1. 娱乐体验类节目成为主导

央视服务类栏目的整体变化体现出一种实用资讯内容弱化的集体转向。2000年至2004年年底，节目以资讯服务为主，但之后节目出现了明显的集体转向，尽管题材不同，但与实用服务大相径庭（见表1）。

表1　央视生活服务类栏目（2000—2009年）

题材内容	栏目	开办时间	备注
就业/职场帮助	《劳动就业》 《绝对挑战》	2001年5月—2005年 2003—2007年	
心理帮助	《心理访谈》	2004年12月8日	
居室改造	《交换空间》	2005年	
购物游戏	《超市大赢家》 《快乐主妇》 《购物街》	2005—2007年 2007—2010年 2006年8月	
汽车资讯 房产资讯 互联网通信资讯	《清风车影》 《中国房产报道》 《互联时代》	2000—2005年	此3个栏目2003年并入《前沿》，2005年消失

从全国范围看，新出现的较集中的题材内容有：

（1）情感纠纷、家庭矛盾、人际冲突的调解服务。（见表2）

表2　部分地面频道调解服务节目举例

节目名称	播出频道	地区	播出时间	时长（分钟）
《钱塘老娘舅》	浙江台民生休闲频道	杭州	19：35—20：00	25
《杭州老大哥》	杭州台生活频道	杭州	19：10—19：45	35
《和事佬》	杭州台西湖明珠频道	杭州	19：00—19：25	25

续表

节目名称	播出频道	地区	播出时间	时长（分钟）
《新老娘舅》	苏州文化生活频道	苏州	20：00—20：20	20
《新老娘舅》	上海东方台娱乐频道	上海	18：30—19：00	30
《抵拢倒倒拐》	成都台经济资讯服务	成都	22：30—23：00	30

数据来源：CSM 媒介研究。

（2）心理帮助。

（3）民生帮助。（见表 3）

表 3　部分地面频道帮忙类节目举例

节目名称	播出频道	播出时间	市场份额/%
《帮忙》	黑龙江公共频道	21：00—21：40	2.9
《邦女郎》	上海教育台	20：25—21：05	4.0
《邦女郎帮你忙》	安徽经视	17：45—18：15	21.9
《范大姐帮忙》	浙江台钱江频道	18：00—18：45	9.2
《今晚我帮你》	济南台新闻综合	22：00—22：10	20.9
《生活帮》	山东台生活频道	18：00—19：05	5.4
《小莉帮忙》	河南台民生频道	18：45—19：25	6.4
《小吴帮忙》	石家庄都市频道	18：55—19：35	4.4

数据来源：CSM 媒介研究。

（4）职场帮助类。2000 年以后求职资讯类栏目逐渐消失，直到演变成职场真人秀。

（5）家居改造类。如将家装题材与“改造”元素结合形成的真人秀节目《交换空间》。

（6）婚恋交友类。这一类节目与 20 世纪 90 年代的“电视红娘”和“速配”类节目完全不同，已然淡出服务走向娱乐。

（7）生活技能类。

总之，这一时期新兴的娱乐体验类节目成为服务类节目的主导，在各大卫视节目中均占有一席之地。

2. 实用服务类节目主题细分下的实用强化和去实用性的分化

在娱乐体验类节目风头逼人之时，实用服务类节目呈现主题细分下的实用加强和去实用性两种方向。

实用加强是指节目大众实用服务内容的强化。在综合性题材的栏目中，以 BTV《快乐生活一点通》为例，近年来栏目主题更加窄向化，节目明显偏重于“家庭烹饪”的窍门和技法，每期节目家庭烹饪技法的选题比例约占 80%，较原来增加了一倍。对节目进行选题对比的抽样分析结果显示：饮食/烹饪类窍门、技法类的选题 2010 年占节目总样本的 82%，比 2004 年的 37% 增加了 45%（见表 4）。其他综合题材的服务栏目，都表现出通过内容进一步细分来更加突出实用服务的倾向。

表 4　2004 年和 2010 年《快乐生活一点通》选题对比

年度	4 月 19 日	4 月 20 日	4 月 21 日	4 月 22 日	4 月 23 日
2004	1. “羽彤牌”酱牛肉 2. 巧找保鲜膜接口 3. 食盐除锅底锅巴 4. 放饮水瓶节约水	1. 巧编漂亮手链 2. 收拾垃圾的好方法 3. 三明治奶油好抹法	1. 泡绿茶方法 2. 制作西湖醋鱼 3. 养花新花样	1. 巧炸冷冻丸子 2. 怎样让不出油圆珠笔出油 3. 教做萝卜花 4. 教做糖醋丸子 5. 复活吸盘窍门	1. 煮莲藕的窍门 2. 制作桂花糯米 3. 肉不粘锅窍门 4. 如何使毛巾蓬松柔软
2010	1. 川笋红烧肉 2. 快菜小调查 3. 白灼快菜 4. 挑出适合的脚垫 5. 桂花土豆	1. 微波炉热面食的烦恼 2. 挑选木耳 3. 巧做香椿酱 4. 挑选马桶	1. 香辣米粉肉 2. 鹌鹑蛋调查 3. 回锅鹌鹑蛋 4. 蛤蜊焖鸡 5. 西湖醋鱼	1. 花生酥饼 2. 夹沙肉 3. 红烧肉 4. 米发糕 5. 沐春茶	1. 香辣肉丝 2. 节能灯省钱吗 3. 蒸馒头的最佳方法 4. 蒜香北极虾
结论	2004 年 4 月 19 日—23 日：选题总数 19 个，饮食、烹饪类窍门、技法 7 个，占比 37%； 2010 年 4 月 19 日—23 日：选题总数 23 个，饮食、烹饪类窍门、技法 19 个，占比 82%				

按题材分类的栏目同样呈现出主题细分的特征，其中饮食、健康、时尚类题材表现较为突出。饮食节目主题细分表现为两个方向，一是家常菜的烹饪技法，二是大众美食消费推介。以《食全食美》栏目为例，节目从

一个泛饮食节目演变为“寻找百姓私家菜”的栏目定位并一直延续至今。2008年增加了周日版，定位于餐厅、美食消费推介。

健康类栏目主题细化的一个表现是“养生”栏目的崛起，特别是定位于中医养生的栏目。时尚类节目朝着以年轻女性美容/化妆、服饰为主题的方向分化。

和实用加强相反，实用服务类节目主题细分的另外一个方向是去实用性，即节目逐渐偏离具体的实用服务而转向娱乐的一种趋势。这在《生活》栏目的演变中表现突出，《生活》从一个以资讯为主的综合类栏目直至演变为一个离奇、罕见题材的故事讲述节目。那个曾经扛着“为消费者服务”大旗的服务类节目早已不复存在，在如此“故事会”中，无法找到任何带有实用服务的印记了。

总之，21世纪以来，服务类电视节目在实用服务类以外拓展出了新的娱乐体验类节目，其中互动交友、情感纠纷调解类的栏目组群成为卫视频道晚间黄金时段的主打节目，也是众多地面频道的收视热点，娱乐体验类节目正在成为引领服务节目发展的动力。

（二）节目形态：娱乐元素泛化

21世纪以来，服务类电视节目形态纷繁复杂，但普遍性的特征有两个，一是不同形态节目元素的交叉互渗，二是生活服务真人秀流行，体现出了娱乐元素泛化的特征。

1. 节目元素的交叉互渗

节目元素的交叉互渗最典型的就是故事化元素、娱乐元素与其他元素融合。

首先是故事元素的使用。故事元素通常指那些使叙述故事化的元素，也称为故事化元素，具体指将节目内容放置在故事的框架中推进，强调故事题材的反常态以及故事情节的戏剧冲突。在叙述上不是采用新闻报道的方式，而是注重对生活事件进行选择性的结构，突出悬念在结构中导引的作用，多用情景再现的影像表达进行过去时空的叙事，叙述时强化音乐、音效对气氛和情绪渲染等。

2005年以后，《生活》栏目一个鲜明的特征是故事化元素的使用。《生活315》板块是以“故事起因→发现问题/出现问题→调查问题→结果/

解决”这样一个起承转合的故事结构展开，在调查段落往往是将问题设置成一个个悬疑点，逐个进行调查和验证，悬念感十足。《朱轶说计》板块是一个以欺诈案件为题材的故事板块，主持人是按照说书人角色定位，故事叙述采用喜剧短剧和说书人讲述穿插进行。《危机现场》板块是一个完全以叙事为目的的故事板块，选题为惊险、离奇的生命救助题材，或是罕见、反常的情感故事和案件故事题材，叙事时将情景再现并置于纪实现场和当事人叙述中，音乐音效渲染气氛和情绪是每个片子惯用技法。

故事元素是纠纷/矛盾调解、心理帮助、民生帮助节目中常用的表现元素，从题材上看纠纷、矛盾是具有冲突的反常态事件，是天然的故事题材，而且节目中当事人的性格往往具有一些与众不同的特点，多数为人性负面的特点，如偏执、狭隘、自私、软弱等，这些因素都构成了故事化表达的基础。

其次是娱乐元素的使用。如果说“娱乐是那些能够使人对其惬意地保持注意力的东西”，那么电视娱乐元素就是指电视节目中能够使人惬意地保持注意力的那些表现手段，包括情景剧、娱乐脱口秀、喜剧风格的电视短剧、喜剧小品表演、才艺展示、角色扮演、歌舞表演、夸张搞笑的语言和非语言表达以及其他喜剧性的电视修辞手段，目的是用以吸引并保持观众注意力。

喜剧式角色表演的主持方式是服务类节目惯用的娱乐元素。如《生活》栏目主持人曲艺说书式的喜剧表演；新版《为您服务》喜剧化、角色扮演的体验式主持风格在“美食寻访”类的节目中广为使用。

脱口秀也是服务节目中常用的娱乐元素。将脱口秀的娱乐与实用技能操作演示相结合，这一突破始于1999年开播的《天天饮食》。主持人刘仪伟的形象和脱口秀风格彻底颠覆了传统烹饪节目教学片的程式，从此脱口秀主持开始运用到烹饪节目中。2009年《百科全说》借鉴大型群体脱口秀将多人脱口秀形式渗入专家访谈。此外，室内情景剧和喜剧小品、微型喜剧是服务节目中常见的娱乐元素。

2. 生活服务真人秀流行

生活服务真人秀及真人秀元素的泛化，是21世纪以来服务节目形态发展的又一特征。在电视全球性泛真人秀时代，生活服务真人秀的出现是一种必然。

本文中的生活服务类真人秀也包括具有真人秀元素的生活服务类节目，例如，将家装题材与“改造”元素结合形成的家居改造类真人秀节目；以《非诚勿扰》为代表的婚恋交友类真人秀；生活技能类以超市购物作为竞赛内容，节目强调全程参与体验式的互动和娱乐体验；职场技能类真人秀节目完全没有原来资讯服务的踪影。

真人秀是虚构的戏剧性与非虚构的纪实性的融合，服务类真人秀不仅最大限度地体现了元素交叉、融合，更彰显了一种表达的娱乐和娱乐的泛化。

总之，这一时期故事化元素、娱乐元素以及服务类真人秀在服务节目中的普遍使用，使得服务类节目的形态呈现出娱乐元素泛化的明显特征。

（三）节目功能：注意力导向

注意力导向下最大限度吸引注意力是21世纪中国生活服务类节目明确的功能指向。

1. 实用服务类节目：“实用并娱乐着”

这一时期实用服务类节目将内容的实用与表达的娱乐相融合，强化与大众普遍相关的实用性内容，以期从内容上建立和观众的高度相关，从而吸引收视。

在综合类服务节目中，原先占主导的泛综合资讯内容已经被与观众高度相关的实用内容替代，如实用窍门、家政技能和具体家居问题的解决方法；非综合类节目也在强调实用性，如饮食节目专注于实用烹饪技法和提供实用大众美食消费资讯；健康节目从泛健康系统剥离出中医养生这一与大众普遍相关的内容。即使是后来走上了“去实用”道路的《生活》、新版《为您服务》栏目，在2005年之前也曾体现出对于信息实用性的追求。总之，追求大众实用性是此类节目明确的功能指向。

在追求信息实用功能的同时此类节目在追求着表达的娱乐性，通过综合运用故事元素、娱乐元素来达到吸引观众注意力的目的。如《快乐生活一点通》采用室内情景剧和实用内容相结合，当年在北京地区取得了令人难以置信的高收视率，《百科全说》将“大众生活知识”内容，用“娱乐群口秀”形式进行呈现，进入全国卫视排行榜。

总之，“实用并娱乐着”是实用服务类节目的功能特征。内容上强调提供与大众普遍相关的实用价值，通过建立和观众的相关性吸引收视，并且采用娱乐表达，减少实用内容传递过程中的枯燥和单调，加强内容获得的方便性，从而达到吸引并保持观众注意力的目的。

2. 娱乐体验类节目：“服务他，娱乐你”

“服务他，娱乐你”是指对于节目参与者而言节目提供了实在的服务帮助，但对于观众而言，节目提供的是一种体验，观众在消费他人情感和矛盾等故事的过程中感受的是一种内在情感、意义的体验，这种体验是以娱乐为目的的。

如果说实用服务类节目通过提供外在使用价值满足观众的实际需求，娱乐体验类节目则通过提供娱乐体验满足观众的情感欲望。娱乐体验类节目强调观众通过电视消费获得内在满足和快乐感受，这一类节目都强调节目的叙事性。叙事是调动内在情感参与的基本手段。沃尔特·费希尔“叙事范式”认为在传播中我们通过叙事的形式体验生活。故事面对具有人类社会特征的基本矛盾、事件和关系，在本质上是处理人类社会看待自我的基本方式。叙事是人们对现实的一种主观把握。人们表面上热衷于故事，实则意在建立与自己的某种联系。接受一个叙事从本质上说是接受者在故事和自我间通过内心参与建立的相关性。“在以叙事为基础的收视活动中，人们能对剧中人物、故事及所描述的地点具有心灵和情感的参与，人们能对电视刻画的社会行动的深层次性、复杂性，尤其是其发展性进行再建构。叙事传统所阐释的意义变成了他们自己头脑中的意义”。

家庭情感矛盾调节、伤害消费者身心健康的纠纷等叙事文本，在叙事展开的过程中，观众为故事的情节冲突、人物在冲突中非常态的表现和行为所吸引，在戏剧性和悬念的引导下将内在情感投射到故事中的人和情节中，观众因好奇的满足、情感宣泄和释放、价值观的表达，从而获得内在的快乐体验。观众通过消费他人的生活故事，得到内在的情感欲望的满足。

真人秀类节目也是一个叙事文本，是动态的、有目的性的、线性的叙事模型。以《非诚勿扰》为例，“观众通过这种游戏化的感情体验，将自己的异性观、爱情观、婚姻观和人生价值观放进了对节目中不同的男男女女的认同、排斥和观察中。其实观众一边在观察节目中嘉宾们的情感选择，一边在调用和反省自己的情感经验”。这一类节目和电视红娘式的《今晚我们相识》以及早期《玫瑰之约》式节目本质上大相径庭，最大的区别是目的不同，早期节目尽管形态各异，但均是以提供交友服务为目的，而《非诚勿扰》类的节目是以交友这样的服务题材来娱乐大众，在功能上偏离婚恋服务而更多地转向情感娱乐。

无论是实用服务类节目还是娱乐体验类节目都是以吸引观众注意力为目的，以节目收视率为最终诉求的。21 世纪以来，媒介产业的商业逻辑对电视的作用是通过收视率实现的。在收视率导向下追求节目的商业价值是此阶段实用服务类节目和娱乐体验类节目最终的功能追求。

综上所述，21 世纪以来，中国生活服务类电视节目在原有的实用服务类节目之外，开拓出了娱乐体验类节目。无论是娱乐体验类节目成为引领服务类节目发展的新势力，抑或形态上服务节目娱乐元素的全面泛化，还是最大限度吸引观众注意力的功能诉求，都使得创造娱乐体验成为 21 世纪以来生活服务类节目的潮流风向。

（作者单位：北京电视台）

浅析BTV卡酷少儿卫视宣传包装与品牌建设的关系

刘贺春　李　严　谢　杨

作为全国屈指可数的专业少儿动画卫视之一，“卡酷动画”自2004年9月10开播至今，品牌影响力不断提升，在业内赢得了媒体经营与市场经营的双重赞誉。2011年到2012年，经过全新品牌包装的“BTV卡酷少儿”继续向全国近26家重点大中型城市输送最前卫、最优质的少儿电视节目和动漫作品，秉承“我们一起成长”的媒体建设理念，影响着近8亿的主流受众，把全新且权威的“卡酷少儿卫视”品牌形象，深深植根进孩子们的心中。

为了卡酷少儿的品牌建设更完善，推广度更高，频道形象更整体化、更生动，宣传包装工作一直在不断解读和分析电视媒体当下的特点和发展规律，总结并不断探索电视媒体品牌建设的多种思路。在工作中探索更新鲜的表达和呈现方式，也从既往的品牌打造的方式方法中，探寻更有效的品牌与宣传的结合方法。

一、频道的宣传包装与总体品牌形象定位具备高度一致性

（一）电视频道品牌定位的重要性

电视媒体的品牌，强调自身的独立性和媒体特色，是区别其他频道最重要、最直观的方式，也是与同类频道竞争的最有力的优势，更是赢得观众认同、保证良好收视、保证频道长期发展的重要条件。

树立良好的电视媒体品牌，首先要依托优质的节目内容，节目“内容为王”，是任何电视媒体赢得收视的根本，在此基础上，培养观众对频道的整体感知，要依靠频道宣传工作的设计和执行，目的是在收视人群中建

立可接受、可信赖、值得关注的品牌印象，提升品牌的传播度、专业度和美誉度。

（二）电视频道品牌宣传的工作职能

电视频道品牌宣传工作主要是提升观众对频道的认知，强化感性的和直观的印象，扩大品牌知晓度；拉近媒体与观众的距离，帮助观众了解具体频道内容安排，凸显重点内容，为收看提供帮助；同时衔接各个播出段缝隙，尽可能地削弱影响观看、不利于收视提升的各种因素。

（三）卡酷少儿频道品牌形象定位决定宣传工作的重点和方向

1. 宣传定位

“专业动画、专注少儿”是卡酷少儿卫视在内容和服务对象方面各为关键的两大要素，因此对频道的品牌设定有前卫、酷炫、时尚、引领流行、贴近孩子审美感官和内心关注的各类元素，并带有童趣、活泼、动感、生活化的情绪色彩，是多方面的综合体。

频道宣传即是把这一抽象感的综合体具象化，将多方面元素整合化一，在宣传中从画面元素、色彩、音乐、音响、配音等多个方面来提炼频道的整体品牌印象，并进行媒体传播。

2. 重点

卡酷少儿是国内外各类长短篇精品动画的卫星电视展播平台，频道8大剧场时段是播出动画作品、吸引收视的重要保证。同时专注4～14岁少年儿童，拥有独立制作的专业电视栏目，如针对学龄前儿童的《幼乐园》《蹦蹦跳跳》，针对青少年的《七色光》《闪天下》，适宜全龄段收看的《十分开心》，等等。

以上这些卡酷少儿的代表性频道内容，都是宣传工作中的切实重点，是宣传工作要核心解读和推广的内容，把握好品牌的内容构成是做好宣传工作的关键。

3. 文化气质

从宣传工作的角度来分析频道品牌的文化定位，卡酷少儿是以先锋性动漫作品和青少年栏目为依托，其背后渗透秉承传统中华文化精髓的社会文化、积极向上的媒体引领性和时代文化，并且带有自由、纯真、开放、创新的人文启蒙思想。

宣传方式的文化气质与频道品牌形象的文化气质一脉相承，这样的品牌文化气质决定了宣传工作在制作上的严肃活泼和呈现形式的多元百变，也是各种宣传方式方法背后不变的重点和方向。

二、围绕频道品牌形象进行宣传设计和工作开展

卡酷少儿品牌建设过程中的宣传包装工作，以品牌形象为中心，主要分为品牌宣传策划、品牌宣传包装呈现和日常排播 3 大方面。

（一）品牌宣传策划

品牌宣传策划包括品牌包装的在播设计和离播设计。

1. 频道品牌包装的在播设计

（1）功能性内容设计：带有鲜明的“卡酷少儿”品牌识别作用的全方位包装。具体包括：

① 频道宣传片：以电视频道为推广单元，以宣传频道形象、理念、主张、定位为目的的电视推介片。通过卡酷少儿频道宣传片的设计制作，建立卡酷少儿频道品牌形象，塑造卡酷少儿频道品牌个性。

② 频道 ID：在频道宣传包装中，电视频道 ID 是时长最短、暴露频次最多的频道包装品，高频次的“曝光”可使频道在短期内建立起有效的品牌识别。

③“next”和“now”下节导视：功能性包装内容，在节目内容与内容之间起提示、预告、过渡作用，或与频道 ID 配合使用，增加品牌形象的集中曝光度。

④ 频道角标：显示在电视屏幕左上角的频道标志，是为便于观众识别而设计和使用的频道独有的图形标记，是电视频道最基本的品牌信息，本身独特、简洁且富有内涵。

⑤ 特色角标：一般显示在电视屏幕的右下角的动态标志，配合不同时期的宣传内容而改变，具有特定时段的宣传意义，或具有预告下节内容的功能性。

⑥ 字幕：功能性包装内容，实时发布频道各类预告信息、提示信息，或在广告时段弱化观众的收视等待心理等。

⑦ 片头片尾：通过对栏目内容的演绎，将栏目概念化的元素（如定

位、风格等）进行提炼加工，集中展示在栏目的开头或结尾，起提示或总结的作用。

（2）宣传主打元素。

对以上功能性内容设计，进行统一的风格化包装，用个性的宣传主打元素体现鲜明的卡酷少儿品牌特色，代表性元素包括：

① 统一的色调：卡酷少儿一直采用明黄色为主体宣传色，阳光、活泼、欢乐，迎合孩子们单纯、快乐的审美，从视觉上给观众留下品牌的鲜明冲击力。

② 统一的音乐：卡酷少儿采用多种编曲风格的同一段音乐为频道宣传音乐，频道 ID、“next”、“now”、宣传片等位置统一使用，从听觉上强化品牌标志。

③ 动画元素：设计卡酷少儿独有的卡通形象，如蹦蹦和跳跳、机器人 2ku、全博士等动画形象，贯穿在各类在播设计内容中，使其成为品牌的独家卡通代言人。

④ 人物元素：打造鲜明而有个性的主持人，作为频道品牌形象的代言人，依托深入人心的观众缘，实现最好的宣传效果。

⑤ 宣传语：从“北京卡酷动画卫视，璀璨华语动漫星空”到“绝对好玩绝对看卡酷”，再到现在的“我们一起成长”，宣传语一直精练地体现了频道品牌的定位和风格，是最直观、最清晰的品牌表达，尤其便于宣传推广和观众识记。

2. 频道品牌包装的离播设计

电视频道离播宣传包装，是指非电视媒体的报纸、杂志、电台、互联网网站、户外广告、直邮广告、促销礼品、办公用品等，内容包括频道标志（logo）、电视频道形象、栏目形象、广告语等。在电视平台外，为电视观众和电视广告商提供品牌信息。

（二）品牌宣传包装呈现

品牌宣传策划工作完成后，卡酷少儿的宣传包装通常用以下方式进行宣传呈现。

1. 动画手法

考虑到卡酷少儿收视群体的特殊性，用动画的方式能更有效、更生动地体现卡酷少儿的品牌特色，因此动画是宣传工作的重要手段。

动画手法优势在于最贴近卡酷少儿品牌特质，同时满足传统拍摄手法无法实现的内容，满足频道 ID、下节导视、角标、片头片尾等大量功能类内容的制作，实现对动画类宣传元素的运用，同时便于日常工作的修改和更新。

这样的技术支持需要专业的团队，卡酷少儿动画技术团队建立长期动画资源储备库，根据宣传策划方案，制作或调取相应动画形象，进行新的动作和场景设计，独立完成宣传制作，实现品牌包装功能性内容设计的全部需求。

2. 拍摄手法

拍摄类制作是传统电视媒体的宣传方式，卡酷少儿的拍摄呈现以品牌形象定位为中心，进行创意性的镜头设计、情节设计和场景设计。

考虑到少儿频道快乐童趣的整体风格，卡酷少儿宣传包装拍摄多以人物为中心，包括主持人、明星嘉宾、广告演员、热心观众等，并较多设计诙谐、趣味、搞笑的情节或场景，跳脱常规拍摄手法，实现品牌宣传的风格化设计，并从其中渗透卡酷少儿的品牌特性。

3. 后期制作合成

后期制作合成是对动画手法和拍摄手法的进一步完善和延伸，可实现动画和拍摄的双重结合，制作出更有想象空间和看点的宣传效果，同时可满足在色彩、音效、音乐、速度、结构等多方面的调整和提升，满足制作和播出的需要，保证品牌宣传的完整性和最优效果。

（三）日常排播工作

品牌宣传的日常排播是将频道的 24 小时播出内容进行划分，按照分钟时码划分每日 150 个频道宣传段落，其中 40 个 1 分钟时段、110 个 2 分钟时段。根据收视分布的不同，从整体着眼，有针对性地进行宣传内容设置，包括：

1. 品牌宣传运行

（1）根据 150 个宣传段落的划分，提前设计好排播计划，根据宣传侧重和收视情况，安排重点宣传片的播放位置和播放频次，创造对品牌关注的最大化条件。

（2）将频道 ID、下节导视、宣传片、字幕等内容安插到每日播出之中，保证功能性内容发挥作用，实现品牌宣传的密度。

2. 品牌宣传维护

（1）日常更替：根据频道每日播出内容、宣传档期、季节、政策导向、收视需要等多方面原因的变化，宣传工作要做好内容定期更新，包括旧内容的及时下线和新内容的前期和中期宣传，实现品牌宣传的时效性、新鲜性和可观性，保证品牌宣传的丰富和准确，不出现收视疲倦。

（2）临时更改：电视媒体最大的特点就是常变常新，很多意外情况的影响会导致宣传内容的临时上、下线，因此要做好宣传内容的即时更改，同时对品牌宣传内容做日常备播，保证在临时更改中不影响宣传效果，保证频道的正常播出。

（3）宣传出勤：卡酷少儿宣传工作在品牌日常的宣传维护环节，进行了专业化人员分工，实行备播日常轮岗制度，更好地落实了人员责任，提高了日常更替和临时更改的工作效率，保证了制作和播出质量。

三、宣传包装是品牌建设的进一步完善

为了更好地体现卡酷少儿的完整品牌形象，从整体播出的角度出发，卡酷少儿在品牌宣传整体策划的基础上进行了整体化无缝编排。

“无缝编排”就是让两档节目之间的“破口”缩小，甚至等于零，使前一档节目无缝隙地过渡到下一档节目，以防止观众转台的一种编排策略。

（一）“无缝编排”的宣传设计

1. 播出无缝化

在节目进行中，设计插入 3 次中插段，时长 2 分钟，一个频宣段，时长 1 分钟，改良之前“中插 3 分钟 + 频宣 4 分钟”的冗长搭配方式，避免时间漫长感导致的收视降低。

2. 节目无尾化

通过包装手段将上一节目片尾滚屏字幕与下一节目的预告导视并行播出的无缝化编排及包装设计，将观众引导到下一节目中，最大限度降低收视流。

（二）“无缝编排”的宣传效果

通过为期75天的宣传时段收视调查的数据显示：

（1）“无缝化”使频宣段收视大幅提升，节目黏性显著增加，节目与节目间收视顺流效果明显。

（2）在“频宣段无缝化”和“节目无尾化”共同作用下，以半小时为单位的收视曲线波峰宽度明显增加，说明观众停留在频道时间显著增长。

（3）“无缝编排”的宣传形式成功解决了改版前因补时长内容及片尾滚屏导致的频宣段波谷严重扩大化、有效收视时间缩短、收视率提前下滑的问题，且下节内容预告与本节片尾滚屏并行的方式进一步成功地留住了相当一部分观众，有效延长了观众停留在频道的时间，为收视率的整体提升作出重要贡献。

对于卡酷少儿这样的专业化少儿频道而言，“无缝编排”最大限度地实现了不减少观众的换台率，形成绵延不断的节目流，通过节目之间的联动播出提升收视率，从而保证观众对卡酷少儿品牌的熟知、习惯和认可。

四、卡酷少儿的品牌核心的不变与宣传工作的常变互为统一

总体来看，宣传包装工作在形式上不断推陈出新，手法上不断尝试新的设计和试听呈现，从功能上单一的展示性和引导性，不断向电视媒体的服务性和可观性演进，但是所有的改变归属于对品牌的解读。

卡酷少儿在品牌建设的9年中，一直保持着对品牌核心的坚守，打造优秀动漫播出平台和全国一流的少儿服务专业频道的目标一直没有改变，因此，宣传包装工作一直遵循着新潮、酷炫、具有视觉冲击力，同时兼具个性，能够形成统一而鲜明的频道特色，并且在此基础上，切实地为制作、播出、收视提供了更好的条件，与卡酷少儿的媒体平台的功能完全融合。品牌核心的不变与宣传工作的常变既是统一的过程，也是相互完善的过程。

（作者单位：北京电视台）

大型活动是怎样提升频道品牌影响力的

——卡酷少儿频道7周年大型活动的成功尝试

张 磊

卡酷少儿频道作为一档针对全国受众的专业少儿频道，核心受众群体为4~14岁的少年儿童。卡酷少儿频道在这一年龄层次的北京观众群体中有着较强的品牌影响力。但是作为一个全国性的少儿卫视，如何扩大全国性的品牌影响力，以及如何塑造卡酷少儿整体的旗舰品牌形象等诸多问题，一直是卡酷人探索和实践的目标所向。2011年，是卡酷7周岁生日。卡酷少儿通过《我的卡酷 我的七年》7周岁生日14小时特别节目，大胆地作了一次尝试。

《我的卡酷 我的七年》是卡酷为庆祝7周岁生日策划的14小时特别节目，分为“七星七转”整点的互动游戏，集合北京、重庆、上海、天津、武汉、广州、沈阳7大城市，还包括晚间7周年庆典晚会，以及相关的动画集锦和专题节目立体式播出。这是卡酷少儿频道开播以来首次进行的大规模全国互动的大型活动。这次活动开展以后取得了良好的品牌效益。下面就通过几点将这次活动的经验进行总结。

一、通过大型活动的形式，将“卡酷少儿，我们一起成长”的理念传递出去

在大主题中体现孩子的元素。在案名策划中，导演组没有单从卡酷自身出发，而更多地突出体现了“我的卡酷 我的七年”，就是想通过孩子的视角、孩子节日的概念，使活动更加贴近孩子本身，意为卡酷陪着孩子们度过的快乐7年，而不仅仅是卡酷自己的节日。这7年没有孩子们的陪伴，是不会创造卡酷如此辉煌和荣耀的7年时光的。这是“孩子的节日、

家庭的盛会、大家的狂欢”。事实证明，在宣传过程中，“我的卡酷　我的七年”这个口号让孩子们非常有参与感和认同感。品牌对于卡酷十分重要，体现孩子主题，对这个品牌的保护和塑造非常有帮助。

二、通过走出去的战略，让孩子感受到，卡酷就在他们身边

孩子的世界远远简单于成人的世界，我们曾经做过一项调查，在孩子的眼中卡酷少儿的主持人能和成龙、周杰伦这样的明星一起并列为他们心中最喜欢的偶像。但是在此次活动之前，外地的小朋友们是很难有机会接触到卡酷少儿的主持人和工作人员的。

为了能切实实现7大城市的小朋友都能参与和感受到卡酷7周年的活动，导演组在7大城市提前进行卡酷7周年地面活动选拔，每个城市挑选一位小朋友代表该城市来到北京演播室，参与“七星七转”的互动，获胜者将为该城市的观众送去一个大礼。全国各大城市的小朋友们也在整点时分为卡酷7岁生日送来各自特殊的祝福，使各地的小朋友都能有机会在卡酷的舞台上展示自己的能力和才华。除了7大城市代表，在“七星七转”中，导演组还特别加入了7大城市孩子为卡酷送祝福的环节，由两位编导历时两周，采访了7大城市的近400名各个年龄段的孩子，通过镜头，记录下他们对卡酷的真情实感，也正是通过这次走近孩子们倾听心声的活动，让整个团队感到了这次走进基层走进孩子们的想法是正确的，得到了超出预想的珍贵反馈素材。

有的孩子说，卡酷是他们家庭的“调味剂”，通过卡酷的节目，能够在家人不开心的时候，缓和家里的气氛，看过节目后，全家的开心指数又会升高很多倍。编导组还特意走访了一些不同年龄段的孩子，他们看卡酷的时间长短不同，情感却是同样的真切。重庆一位10岁的小朋友表示，他是从卡酷开播第一天起就开始关注卡酷，在7年中，他通过看卡酷的节目得到很多成长，也收获了很多快乐，他真心地祝福卡酷生日快乐，并且节目能够越办越好。这一点也给了我很多启示。平常节目中，有时候并不能经常听到孩子们对节目的反馈和意见，通过对孩子的走访，能够真实地了解孩子们的想法，对做节目其实也是有很大帮助的。让卡酷的品牌以阶段形式出现，在孩子心中从小树立卡酷的品牌对频道来说是一件十分重要的

建设。

三、以孩子为本，建立首善媒体、大美品质的媒体形象

完成心愿，树立大美频道形象。在采访过程中，导演组了解到很多孩子们的真实想法，并把这些想法通过电视手段最终呈现出来。例如，孩子们对《七色光》暑期特别节目去往香港迪士尼的内容非常好奇，尤其是与史迪仔实时对话的环节，这次在“七星七转”节目中，导演组也把这个设计加入其中，通过和卡酷特有的动漫人物年和小朋友非常喜欢的动漫人物喜羊羊的实时对话，不仅满足了孩子们的好奇心，更创作了孩子们喜闻乐见的新的表现形式。在演员明星的邀请和挖掘上，也充分听取了孩子们的意见。很多小朋友对卡酷著名的主持人彩虹和瘦不了都非常好奇，很想知道他们的成长环境和幕后小故事。

编导们特别为彩虹和瘦不了量身定做了专题节目，讲述两个人的成长故事，由他们的父母、朋友和老师等身边人，更细致、更立体地为孩子们呈现了完全不同的彩虹姐姐和瘦不了哥哥。孩子们看完节目后纷纷表示更加深了对他们的喜爱，有一位小朋友甚至用十几条微博留言来表达自己对主持人们的喜爱。当然，这个策划让小朋友们更了解了卡酷这些著名主持人的成长经历，有的小朋友把他们当作榜样，希望自己长大以后也能像他们一样成为大家喜欢的儿童节目主持人。这在小朋友们当中树立主持人健康向上的形象起到了非常重要的作用。明星方面，晚会也邀请了小朋友们非常喜欢的尚雯婕、王野等青春偶像，并创新地让他们演绎耳熟能详的动漫歌曲，拉近和孩子们之间的距离。在节目的选择上，更是贯彻了新、奇、特的想法，希望为孩子们呈现梦想中的生日大聚会。如泡泡秀、马戏演出、玩偶特色舞蹈，甚至是主持人精心编排的开场舞蹈，都让孩子们惊喜连连。从一系列的节目内容策划上，做孩子们喜欢的节目，倾听孩子们的心声，站在孩子们的角度进行策划，才能够真正做出孩子们满意的作品。

四、以城市为主题设立城市专场，打造全国性概念

《我的卡酷　我的七年》以城市为主题设立城市专场，北京、重庆、

上海、天津、武汉、广州、沈阳这7个城市分别代表了华北、西南、华东、华中、华南、西北等地区，以这样的概念真正树立全国性少儿卫视的形象。同时在北京找到了学生观众团成为这7个城市的代表团。这些学生团队观众成为节目原动力和节目实际参与者。在观众选拔和节目录制过程中，人员统筹的工作上也充分体现了以孩子为本的原则。

导演组在节目策划中，对节目观众也有独特设计，希望每座城市除了能有代表自己城市的小朋友参与比拼，还能有一个强大的后援团为该地区的小朋友加油。最后落实为每个在现场参与比拼的城市代表队，都会有一个对应的北京小学做后援团。这些孩子在比赛结束后，都对卡酷7年的特别节目给予了很高的评价，他们纷纷表示不仅在活动中通过“移动森林”、跳绳等团队游戏增强了同学间的交流，还通过这个难得的机会和同龄的不同学校的伙伴一起比赛游戏，让他们真正感觉到卡酷的7岁生日像自己的节日一样快乐开心。孩子们的反馈也给了我很多思考，作为儿童媒体的工作人员，应该更多地从孩子自身出发，给他们创造更多的机会更好地参与节目，让节目真正成为孩子们的节目。

这一活动只是2011年以来卡酷少儿卫视大型活动的一部分，通过这次活动我们发现，卡酷少儿的品牌影响力得到了切实的扩大，原来不了解卡酷、不熟悉卡酷的小朋友通过区域互动和地面活动推广了解了卡酷的相关情况，而原来卡酷频道的小“粉丝”们更是通过这次机会了解了很多有关频道的节目和主持人，从内容丰富的节目中将近几年优秀的动画作品一网打尽，堪称少儿动画的“饕餮盛宴”，获得了极大的满足。在这阶段卡酷还实时地推出了“我们一起成长”的口号，通过这次活动，也让这一口号得以迅速被小朋友们熟知，它的推广本身就能加深孩子们与频道之间的情感交流，使“我的卡酷 我的七年”深入童心，变成八年、九年，一直到更长的未来岁月。

（作者单位：北京电视台）

论“中国民族动画”独特的水墨之美

韩 葭

现今，中国动画在世界上获得一席之地，与中国水墨动画曾经的璀璨密不可分。历年来，中国动画作品就在世界上屡获荣誉：水墨动画代表作《小蝌蚪找妈妈》曾获得1964年第十七届法国戛纳国际电影节荣誉奖；《牧笛》曾获得1978年第三届南斯拉夫萨格勒布国际动画电影节一等奖；《山水情》曾获得1990年加拿大第十四届蒙特利尔国际电影节最佳短片奖等。

中国水墨动画的诞生源自1961年一部叫《小蝌蚪找妈妈》的动画片，它的出现可以称得上中国动画的一大创举，作为中国动画学派的典型代表之一，水墨动画横跨动画与传统水墨艺术两个学科，在视觉、听觉和精神上都是一次升华。但曾经美丽耀眼独特的“水墨动画”因为种种原因，现在几乎快消失了。

当下中国动画表面蓬勃发展，动画片数量不断攀升（年产量从20世纪80年代4000分钟到2005年4万分钟），但中国动画质量整体不高，艺术风格受到美国、日本严重影响，甚至大部分动画片与艺术严重脱离。此时此刻我们回望和探寻60年前水墨动画的艺术美显得尤为重要，从中或许我们能找到将动画艺术美传承的希望。下面我将从意境美和色彩美两个方面来阐述所谓“水墨之美”。

一、水墨动画独特的意境美

意境作为艺术创作的最高境界，自古就是艺术家们奋力追求的。中国画的要求，不仅要描绘出对象的外形，而且要表现出它的精神。人物有精神，山水、花鸟鱼虫也有精神，写意水墨画作为中国画中最具特色的画种，它对笔墨情趣的追求，对描写对象在“似与不似之间”的辩证理解，以及墨分五色的神奇效果，有一种意境的美感。

水墨画的意境感，不仅仅是一种技法，更是一种对自然的关照和审美。齐白石说：“我画实物，并不一味地可以求似，能在不求似中得似，方得现出神韵。”这样一种在似与不似之间的境界构成了水墨画卷的精髓。

将水墨画的形式搬上银幕，如何保存住原来绘画中的“形”和“意”的味道，是一个重要的命题。此时的“形”不仅仅是一个诉诸笔墨的形象，还包括动作、声音因素，是一个立体化的“全形”。在影片中保留中国传统绘画的意境并不是轻而易举的事情，而必须在中国式的意象和审美上下功夫。我们耳熟能详的3部优秀的水墨动画：《小蝌蚪找妈妈》《牧笛》《山水情》就是最好的范例。

(一) 恬静简单的环境与角色

所谓恬静简单的环境与角色，指的是中国传统水墨画中，把淡泊、飘逸、虚无、清雅、恬静、空灵发挥到极致的水墨动画角色场景设计。水墨动画的美术风格来源于传统水墨画，水墨画技法作为人物造型和环境空间造型的表现手段，运用动画拍摄的特殊处理技术把水墨画形象和构图逐一拍摄，动画没有边线，水墨在宣纸上自然渲染，每一个场景都是一幅优美的水墨画，也是一首流水潺潺的抒情诗。比如大家熟知的水墨画代表作《小蝌蚪找妈妈》取自齐白石先生的画《蛙声十里出山泉》。其中的小蝌蚪尾巴线条虚实有致；虾须的细线柔中带刚，甚至可以感觉到水的阻力；虾身的墨色浓淡相宜。就是这些美妙绝伦、恬静简单的环境与角色营造出了水墨动画独特的意境美。

再有《牧笛》，它的环境背景是中国江南景色：小桥流水、杨柳成行、竹林幽深、田野风光，加上国画大师李可染笔下的牧童和老牛，中国山水画中常见的崇山峻岭、飞流千尺的气象，让整个影片充满诗情画意，像一

幅清丽淡雅的放牧图，像一首质朴隽永的田园诗，又像一曲娓娓动听的交响乐。

《山水情》全篇讲述了一位文士渡河后昏倒，被渡河的少女救起，在少女的茅屋养病的同时，教会她弹琴然后离开的故事。人物非常简单，一位老师一位学生，他们关系简单内容留白，让人有更多的时间完全陶醉在水墨制成的山水之间。它对意境的营造已经趋于完美，无论是静景还是活物都完全融入水墨画的写意之中，让人心旷神怡。

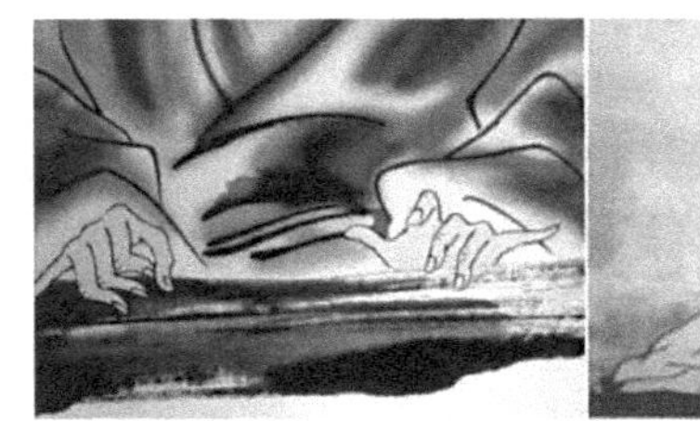

（二）灵活单纯的故事与结构

所谓灵活单纯的故事与结构，指的是我们按形式来分类动画片：一类倾向于电影叙事，一类倾向于艺术，而水墨动画属于后者。其实第一部水墨动画片《小蝌蚪找妈妈》，叙事相对复杂些，它原先讲池塘里的小蝌蚪寻找妈妈的故事，好在后来全篇使用对白（解说词和旁白来代替）来结构，影片在景色方面的处理和中国式的亲情比较好地为它添加了特殊的一种韵味，灵活单纯的故事结构才能构出全篇的意境美。

在《小蝌蚪找妈妈》的教训之后，动画师们便发现了复杂的叙事不适合表现水墨动画的意境，所以后来片子的故事结构都极其简单，《牧笛》主角仅仅是一个孩子和一头牛，整部影片中甚至没有使用语言，但是十分自然。《山水情》同样没有语言，故事只发生在师徒之间。只要有了简单的故事，意境才能在留白处任意发挥。

影片《牧笛》不仅仅是讲述了一个牧童失牛的故事，画面上的牛其实

表现得非常完美有趣：比如牛在水中的那些镜头，我们可以看到托着牧童的牛走入“水”中，然后将头埋入“水”中吹气泡，从而引来了一群小鱼。之所以要将“水”字打上个引号，就是所谓的“水”在影片的画面中仅是留白，不着笔墨。所有同水有关的行为，都是靠牛和鱼的动作来表现的。在无所谓“形”的地方，“意”便油然而生了。我认为，这样一种水墨画形式带来的意味，是水墨动画片带给我们的最重要的东西。

《山水情》师徒山上惜别，弃舟登岸，只见山色空蒙，悬瀑流云，树声风啸交织在一起的场景。侧背身影——少女跪在老人身前，老人赠以心爱的古琴。老师走了，少女犹在远眺，目送归舟。老人立舟回首。此时，天外琴声轻轻飘荡。雨丝、瀑布、激流，景色变幻而童子凝然不动。画面上激流喷雪，云烟齐飞，人与自然、情与景观得到诗化的交融，意境深远，韵味无穷。只有让观者的思绪走动于艺术家的主观精神意象之中，观者自身的感情才会与艺术家笔墨图像中的情感合一，形成心灵共振，从而遨游于意境之美中。

（三）丰富多彩的民族音乐

所谓丰富多彩的民族音乐，指的是中国水墨动画制造意境最大撒手锏，即民族音乐的充分运用，丰富多彩的民族音乐折射出中国传统文化的方方面面，成为中国传统文化的重要载体。中国传统的世界观即“天人合一”，崇仰创造万物的大自然，又重视人的内心体验，而音乐的产生正是源于人对大自然的感悟。中国传统音乐在拨动人心弦的同时，丰富多彩的民族音乐升华意境美。

水墨动画中的音乐都是传统音乐，如《小蝌蚪找妈妈》中古琴和琵琶乐曲，《牧笛》里贯穿全片的笛声，《山水情》中的古琴，除了《小蝌蚪找妈妈》里有对白以外，其余两部水墨动画都没有对白，贯穿始终的是可以表情达意的音乐，如《山水情》中情节的高潮部分便是用音乐来渲染的，如此美的画面、如此深远的理念，是如何借助如此美的音乐完美地融为一体的，并如此不动声色地传播给受众，传播给大众？

在《小蝌蚪找妈妈》中，素雅幽静的河塘画面衬以古琴，乐声悠扬，共同勾画出优美抒情的水墨世界。如果对古琴稍加研究，便会发现道家对古琴美学思想影响深远。古琴是中国传统音乐文化中具有代表性的乐器，因其特有的音质和品格，集中体现了传统文化追求的清、微、淡、远的审美意境和艺术精神。

音乐和声音是成就水墨动画片的关键环节。在幽幽恬静的山谷里，隐约传来了清脆的“牧笛”声，让人在诗情画意的黄昏中，嗅到了自然的芬芳，感受到了人与大自然的“山水情”缘。这其中，能听到风声、雨声、雷声、水声、牛叫声、牧笛声、古琴声，声声入耳；能听到鸟鸣、蛙鸣、蝉鸣、虫鸣，在和谐统一的情景里，唱着自然之音。每一个情节都与音乐交相辉映，使得琴声与自然之声和谐统一，从中我们可感觉到作者的匠心独具，把中国特有的笔墨情趣与古琴、琵琶、笛箫等古代乐器，在动画片中运用得顺畅得当。从水墨动画片《牧笛》到《山水情》中，我们就能够领略到水墨画面与音乐旋律，是多么的美妙与和谐，能够深切地感受到声画的统一给人们带来的震撼。

（四）民族动画深厚的精神与文化

所谓民族动画深厚的精神文化，指的是水墨画是在中国文化背景、中国绘画体系及审美观念下生成的“中国特色的绘画”，它具有鲜明的民族文化特征。据《辞海》载：“水墨画——中国画中纯用水墨的画体。始于唐，成于宋，盛于元，明清以来续有发展。以笔法为主导，充分发挥墨法的功能，取得‘水晕墨章’‘如兼五彩’的艺术效果。在中国画史上占重要地位。”可见，水墨动画深厚的民族精神与文化烘托着水墨动画独特的意境美。

动画片《山水情》将中国文人长久以来的追求“先天下之忧而忧，后天下之乐而乐”，“路曼曼其修远兮，吾将上下而求索”用中国的方式表现，客观上展现了文化的传承精神，更是体现了传统的人文精神。文士出场的时候没有任何道具，除了那张琴。甚至在他晕倒在地时，他也抱着那张琴，我想我们可以认为，那把琴是文士某种精神品质的物化，而最后他将它赠送给徒弟，是表达了一种传承关系：通过教导弹琴，文士将自己的精神品质传给了徒弟。文士在渡河后，在最后离开走向茫茫前途时，除了水墨画出的重重山峦，还有呼呼的风响彻耳际，这也是非常明显的比喻，象征着文士所要面对的处境，反衬了文士的品质。至于翱翔天空的飞鹰，“有志比天高”正是其本体。看完片子，有点辨别能力的观众都能很清楚地明白，导演想要让片子里每一样东西都有一个具体的中国式的比喻、指代，而他也做到了，并且这些指代一点也不生硬，非常自然，只要是中国人，都熟悉这些指代对象所表达的意思，这正是我认为片子高明的地方。在这里我不得不谈到中国传统文化主要由儒、佛、道 3 家学说组成，儒学文化给中国人带来的是伦理道德规范，佛、道两家文化则使人们进入了一种超凡脱俗的境界。

1．儒学文化对中国水墨动画发展的影响

“人品即画品，画品即人品”，不但表现出动画师对动画的态度，也证实了中国的艺术家深受孔孟学说的影响，进而形成了对动画作品的评价标准。

2．佛学文化对中国水墨动画发展的影响

佛学理论中“色空、中道、圆融”思想对中国水墨动画发展影响深远。中国古代和近代画家受佛学影响，对创作更加注重作品中表现的内涵和深度。唐代画家以佛学《唯识宗》主张的“心境相依”的理论，创立了中国画“意境”之说，将中国艺术推向一个讲求内涵、讲求深度、空灵、无我的艺术境界。

3．道学文化对中国水墨动画发展的影响

道家学说主张天、地、人合一的思想。老、庄把“自然”“虚无”视为万象的源泉、万物的根本。万象皆从空虚中来，向空虚中去。中国画技法及构图理论中提到的“师法自然”“气韵生动”都出自道家之理。

中国水墨画历史悠久，处处表现出外在形式与内在精神的统一，是中国传统观文化思想的载体，同时具有中国特色的形式语言，体现出中华民族深厚的文化底蕴与宏伟气魄。水墨动画的意境衍生离不开中国传统文化，没有中国传统文化也不可能产生出具有独特艺术表现形式与艺术风格的中国水墨动画。

二、水墨动画独特的色彩美

水墨画是中国绘画艺术的灵魂，起源于水墨画的水墨动画片也称得上中国动画的一大创举。水墨动画将传统的中国水墨画引入到动画制作中，动画师们突破了传统动画片线条结构惯用的“单线平涂”，将水墨画艺术与动画艺术相结合，形成了最有中国特色的艺术风格，那种虚虚实实的意境和轻灵幽雅的画面不但使动画片的艺术格调有了重大的突破，更开拓了中国动画界新的审美领域，创造了动画艺术新品种，那种黑、白、灰三色独特的色彩美、构图美和线条美给予了水墨形体的鲜明质感，使深浅、明暗的墨容，在动起来以后达到均衡统一又写意传神的艺术效果。

（一）虚实结合独特的构图美

所谓虚实结合独特的构图美，指的是水墨动画在构图方面与其他动画完全不同的一大特点。中国传统绘画称“构图”为营造位置、置陈布局，中国画构图中讲究的是高度概括，用以少胜多的含蓄意境来表达作者的主观意趣，它不受时空限制，甚至不受知觉限制，因此水墨动画中常常会出现大量虚实相生、疏密有致的空白，俗称“留白”。首先国画传统不加底色，在画面上留下相对于墨色的空白，体现虚实变化的韵味，而疏、密、聚、散称为留白的布局。

 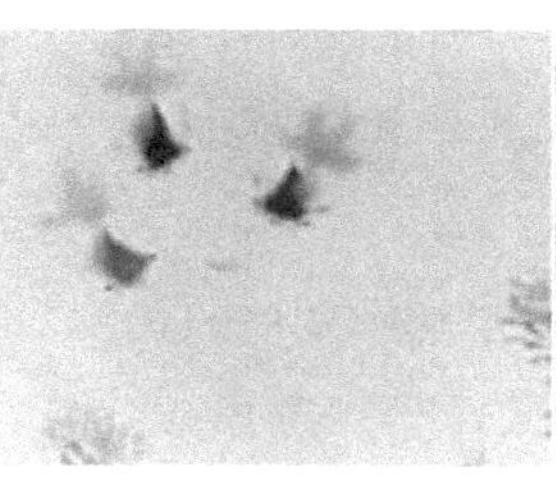 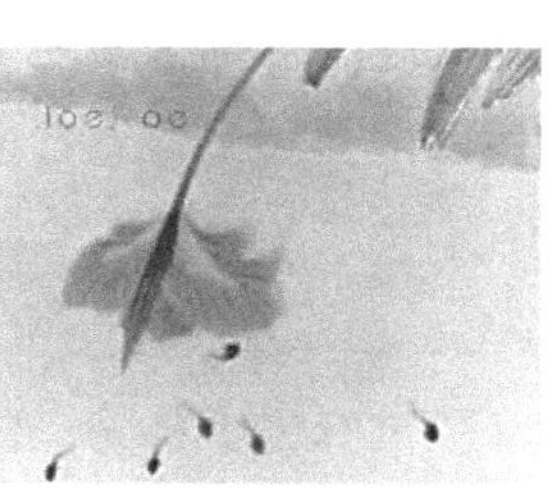

其次，传统水墨画的表现空间是由墨的浓淡来体现的，通常来说越远就越淡。比如《牧笛》中那具有无限诗意的竹林、一步一景的山路、飞流

直下的瀑布，每一幅画面都如此优美，深入浅出，具有国画中典型的宁静淡泊、意境深远的风格，达到借景抒情、情景交融的意境，给观众绝美的享受。整个影片充满诗情画意，是一幅清丽淡雅的放牧图，也是一首质朴隽永的田园诗，又是一曲娓娓动听的交响乐。

再如《山水情》中那身着白袍的老琴师、荡舟而至的渔家少女的形象，还有那云气缭绕的山、那烟雾蒙蒙的水，虚中有实，实中带虚，将中国诗画的意境和笔墨情趣融进了每一个画面里，诗情画意的画面配上古朴优美的古琴，仿佛神仙所处的仙境，整个影片格调清新、洒脱、空灵、飘逸，具有意境美，这是中国式的美。

《山水情》中用“半边”构图和空处留白展现烟云水气的甜润灵秀、清新飘逸；用“梅花点瓣”式的笔触浓浓地刻画出苍茫山色，水的“白润”与墨的“黑韵”交融在流动的画面中，虚中带实，实中带虚，从而形成一个意中之境的艺术空间。

（二）黑白灰色独特的色彩美

水墨语言是高雅而灵动的表现语言，它不同于其他的表现方法，它没有五光十色，虽只有黑、白、灰三色，但墨色层次丰富多彩、千变万化，空灵中透着生命的律动，传达出的境界是高于自然物象的，是一种带有浓郁东方文化色彩的艺术境界。动画片《小蝌蚪找妈妈》中，那些荷叶被画成了淡墨色，然而不影响荷叶的表现，反而克服了红花绿叶的简单对比效果。荷叶在笔墨的表现下，墨的层次丰富而富于自然的变化，使得荷叶舒展而富于生命的灵动。

3 种颜色的笔墨是无穷的，在动画片《牧笛》中瀑布、山泉的表现上更为突出。影片中并没有刻意去刻画泉水的形象，而是着重刻画水边的山石。浓墨湿笔，勾皴并用表现近水边的山石，随着山泉渐远而墨色变淡，运笔变简，运用空白法使泉水流动的感觉更加突出生动。

（三）水墨笔触独特的线条美

中国画在笔墨上受到书法影响比较深，继承了书法的优势，也展示了它特有的用笔魅力，如前人所讲“一波三折，不断之气”等，都是对笔法的概括。比如《山水情》的背景用到了大写意的笔墨结构，其中的人物造型更加洒脱，几根线条、几抹淡墨就塑造了一位仙风道骨的老者。

水墨画中水墨三色黑、白、灰要展现出来，水墨的线条作出了最大的贡献，在中国水墨画中，水墨的勾、皴、擦、染、点等表现形式，与烘、染、泼、积、破等墨法相结合，增强了形象的动感和质感，传神地描绘出艺术形象的生动状态。

水墨画中笔墨的抽象性因素及其特征，主要体现在笔墨形态、笔墨结构、笔墨情趣等方面。运笔有粗细、方圆等变化，墨遇水有浓、淡、干、湿、焦诸种不同的层次。以笔蘸墨，由此而产生多种线型及点画，是笔墨形态。水墨动画在绘画线条使用方面很有创新，它不再使用那些优美甜俗的曲线，而是将有形式变化的墨线和色块带进影片的人物和背景中，令人叹为观止。

综上所述，水墨动画以其丰富多彩的民族音乐之美、深厚的民族精神文化之美、灵活单纯的故事结构之美、恬静简单的环境人物之美打造出了自身独特的意境“水墨之美”，而水墨艺术是人的艺术，其实简单的水墨只是水墨动画的一种表面现象，真正让人们感动的是水墨动画中那迷人的传统文化的内涵和人文思想。只有将中国传统文化、艺术表现特征与现代动画的技术手法相结合，才能制作出具有独特民族特征的动画片。

中国动画大师万氏兄弟制作的我国第一部动画长篇《铁扇公主》选用的就是中国传统的神话故事，从根本上体现了中国风格的民族化。有中国特色的人物、山水、树林、楼宇和气氛也是中国动画所特有的。就拿迪士尼照搬我们的《花木兰》来说，它的花木兰纯粹就是个在美国长大的中国女孩，完全不具备中国人的个性魅力。

开发符合自身创作环境的动画软件，势在必行。现在的水墨动画处于非常尴尬的境地，其制作过程烦琐又耗时间，并不是人们所理解的动画作业都在宣纸上完成。我们虽然在荧幕上看到活动的水墨滃染（一种绘画技巧）的效果，但是只有在静止的背景画面中才能找到真正的水墨笔触。画在动画纸上的每一张人物或者动物，到了着色部分都必须分层上色，即同样一头水牛，必须分出四五种颜色，有大块的浅灰、深灰或者只是牛角和眼睛边框线中的焦墨颜色，分别涂在好几张透明的赛璐珞片上。每一张赛璐珞片都由动画摄影师分开重复拍摄，最后再重合在一起用摄影方法处理成水墨渲染的效果，工序如此繁复，光是用在拍摄一部水墨动画片的时间，就足够拍成四五部同样长度的普通动画片。因此本国的动漫艺术要有所创新与发展必须提高自己的软件开发能力，有效提高制作速度。

只有将中国特有的传统艺术与现代动画手法相结合，才能制作出具有独特中国民族个性，并受观众欢迎的国产动画影片。水墨动画创作在当前不应该衰退，这种中国特有的艺术形式应该被继承与发扬。

（作者单位：北京电视台）

创新之举　融合之作
——《BTV2012 新年环球大直播》创作体会

沈　澜

《BTV2012 新年环球大直播》（以下简称《大直播》）历时半年筹备，在新年时刻作为我台的跨年节目隆重推出，由于节目的全球化的视角、独辟蹊径的创意和丰富的人文情怀，在国内各大电视台跨年节目的激烈竞争中独树一帜。节目播出后，各方反馈非常积极。《人民日报》撰文称赞该节目是诸多跨年节目中的亮点之作；光明网刊载长篇介绍文章，并总结出 5 大节目亮点；新华网、中国新闻网、新浪网等各大网站，《北京日报》《北京晨报》《北京晚报》《京华时报》《新京报》等诸多报刊也对该节目进行了推介。在广电系统内部，节目也多次受到国家广电总局和北京市广电局阅评员的表扬。市广电局还专门委托中国传媒大学“北京广电节目专家评议研究”课题组对节目进行收看并提交了近 6000 字的节目评析，梳理亮点特色，提出对策建议。

作为《大直播》总导演，这次特别的经历让我收获了成长，对于电视节目创作有了更深的思考和感悟，总结出 3 点创作体会，涉及节目立意、呈现内容和执行操作三方面。

一、赢在立意

1. 创新与引领

2011 年有 11 家卫视举办跨年晚会，2012 年有 16 家卫视推出跨年晚会，都是歌舞晚会，节目同质化日趋严重，恶性竞争苗头初现。跨年节目，除了体现快乐与祝福，更应该兼顾价值的引领与文明的对话。我们把目标锁定在打造一档更具文化内蕴的跨年节目，在众多看似恢宏奢华、实则内容简单苍白的浮躁节目中，真正实现差异化竞争，使我们的节目能够打动观众的内心，让观众能有所思有所想，从而才能通过节目影响、塑造和引领主流价值观。我们抓住了新年的特殊时刻，关注全球各国迎新时刻，展现世界各地人民新年时刻美好的祝福和憧憬，激发观众积极正面的情绪和热情，使他们自然而然生发出关注世界的大爱，更因为中华民族今日之风采而产生骄傲自豪之情。

其实很多节目都在努力尝试塑造核心价值观，比如一些“感动”系列、先进人物的评选、好人好事的讲述等，但都因题材本身不具有太强的吸引力，或太过于正，或形式不够丰富，所以节目影响力有限，而对跨年节目的创新，就是要让它赢在立意，借助普天同庆的新年时刻，呈现、传递、弘扬这样一种核心价值观，应时应景，自然贴切。

2. 文化与品位

没有了歌舞晚会跨年，我们用什么跨年？答案是文化。《大直播》力求站在文化、文明的高度，在辞旧迎新的时刻，凸显全球一家的人文胸怀。节目始终贯彻“文化”这一主线，从世界各地新年习俗、新年时尚、新年大餐到音乐会、歌剧和狂欢庆祝，都把世界各地的特色文化与其历史结合起来，呈现出这一跨年文化精彩盛事。

而且，我台确立了“首善媒体、大美品质”战略目标，对品质的追求提到了前所未有的高度。《大直播》不仅讲品质，还要讲品位。除了迎新的狂欢庆典，节目还呈现了多姿多彩、世界顶级艺术团体的艺术盛宴：伦敦西区剧院的音乐剧、纽约百老汇的音乐剧、维也纳的皇家盛装马术表演、维也纳爱乐乐团和童声合唱团的表演、萨尔斯堡的歌剧，等等，特别是对世界音乐剧作曲大师韦伯的独家专访，使节目的品位提升了一个档次。正是这份文化品位，塑造出节目的厚重感，与其他歌舞晚会类跨年节目相比，孰轻孰重，一目了然。

3. 内宣与外宣

《大直播》的原型是十几年前的《新年时钟驿站》，当时的辉煌缘于独一无二的环球视野，这也非常契合 20 世纪 90 年代人们对于外面世界的好奇和渴求。2012 年重启《新年时钟驿站》的概念，来做《大直播》，新形势又提出了新要求——正处于文化大发展、大繁荣的中国，文化事业正在以前所未有的速度与力度快速发展。我们已经逐渐了解国外，不再是单纯的好奇和渴望，而学习文化的同时，如何增强我们自己的文化自觉、文化自信，已经成为一种共识。在这样的背景下，《大直播》在树立环球视野的同时，更注重兼顾传播中国文化，抓住新年这一契机，做好对外传播工作。

“推动中华文化走向世界，创新对外宣传方式方法。”这是十七届六中全会对外宣工作提出的新要求，而北京台的外宣节目不仅要立足首善，更要放眼世界。《大直播》主创团队积极开动脑筋，在节目的国际传播力上下功夫，诚邀中央级外宣媒体中国国际广播电台加盟，《大直播》在国际电台的网络台同步播出，并通过61种语言广播、38种外文报纸、互联网电视、视频网站、手机视频等全媒体资源进行了多渠道传播，显示了强大的国际传播力。2012年迎新之夜，北京首次举办官方大型新年倒计时庆典活动，借助《大直播》的平台，北京天坛的3D灯光秀传播到了世界各地。在新年时刻，普天同庆的欢乐氛围中，中国精神、北京形象都得到了非常好的诠释和宣传。

《大直播》特别着力表达了中国与世界的融合。节目的一大亮点就是独家发布了在纽约时报广场新年活动中首次出现的中国元素，这是国家实力的体现，更是我们媒体人努力提高国际传播力的迫切要求。节目还注意点面结合，深入挖掘、全面烘托全球华人的家国情怀。在非洲津巴布韦和尼日利亚的两个中国医疗队送上的新年祝福，全英中国留学生会的新年会演等，都让中国观众感受到了一种广阔的世界情怀。瑞典著名摇滚钢琴家罗伯特·威尔斯、加拿大八彩虹乐团等国际级艺术家和团体，也通过这台节目，展现了他们专门为中国观众奉献的精彩演出。

中外交融，兼顾内宣和外宣，这也是《大直播》赢在立意的有力说明。十七届六中全会精神中还明确指出：开展多渠道、多形式、多层次对外文化交流，广泛参与世界文明对话，促进文化相互借鉴，增强中华文化在世界上的感召力和影响力。《大直播》无疑是这一精神在电视领域的一次成功实践。

二、比拼内容

1. 独家报道和海量信息

《大直播》的筹备工作历时半年，共组织了 6 个境外摄制组（含境外直播组）、两个北京直播团队、4 个北京报道小组，以及 20 多个国际台境外记者站和 10 多个境外媒体合作伙伴参与直播工作。近 200 个在海外拍摄的小片和几十个现场直播段落创造了多项第一：独家报道中国元素首次亮相纽约时报广场；首次获赠澳大利亚悉尼新年焰火表演官方直播信号；首次获准进入维也纳金色大厅拍摄；首次获准拍摄百老汇音乐剧《歌剧魅影》现场演出；第一个到达南非老虎谷拍摄的中国媒体……此外，各种特色新年报道，涵盖焰火、狂欢、游行、运动、美食、时装；从城市建筑到乡村葡萄园，直至海港、海角；从火车之旅、水上之旅到空中俯瞰；从冰天雪地到夏日风情——上天入地，穿越纵横，感受南北半球不同的新年温度。

2012 年东方卫视的跨年盛典《梦圆东方》也是一档以歌舞晚会为主基调的跨年节目，主场设在梅赛德斯奔驰中心，在这里上演跨年演唱会，还设立了外滩分会场，转播外滩 3D 灯光秀，与此同时从悉尼、东京、伦敦、纽约等发回焰火表演，日本 NHK 红白歌会等插播报道，貌似与我台的跨年直播有相同的设计，实际两者有着本质的区别。《梦圆东方》依然是以娱乐、歌唱为跨年主基调的，上述内容充其量也只是插播，借以进行概念上的炒作，而我们的《大直播》是实实在在跨越千山万水，收集、挖掘第一手素材，最终奉献给观众海量的信息和珍贵的独家，基于这些真材实料，节目才能真正实现中外文化的交融和文明的对话。广电局《专题评议》中指出，不仅报道最盛大、最引人注目的悉尼焰火晚会，还揭秘悉尼市政府的筹备工作；不仅报道伦敦新年大游行，还采访到了游行喊话人，一一揭秘这些盛大活动的一些幕后故事，使观众身临其境。这就是跨年节目的比拼：我有的，你是否有？都有的，我能否做得更好更深入？

2. 6 大板块巧妙设计，话题编排递进有序

海量信息是好，但如果编排不当，必然带来眼花缭乱之感。如何把这一盘大小不一的珍珠穿成造型美丽的项链？第一是确定主线和主题；第二

是确定板块和功能；第三是确定各板块的前后顺序、连接方式，并辅以递进有序的话题编排。

主线必然是天然的时间线，再将“新年主题”分拆到各个小时里。《大直播》就像一幅《清明上河图》，每个局部是细节、是故事，合在一起就是一幅宏大的图景。不论是世界五大洲的新年活动，还是北京的迎新盛典，以及多米诺的精彩助兴，都是采用推进式报道营造倒计时的紧张节奏，通过预热、设计兴趣点、制造悬念、引导期待、揭晓结果等环节，吸引观众，保持关注度。根据时间线对实时新年盛会、狂欢庆典、演出活动等内容轮番进行深度报道，反复交替呈现。在此基础上，再分层次、分角度、成系列地聚焦全球时尚购物、年夜大餐、新年集市和异域文化等不同特色内容。

《大直播》设计了6大节目板块：外采成片、直播信号、演播室嘉宾访谈、演播室虚拟系统播报、演播室表演互动、分享新年祝福和现场抽奖环节。各个板块承载不同功能，既独立存在又相互呼应，凸显主题，使观众轻松又有节奏地享受这一宏大的视觉盛宴。

6大板块的设计结合递进有序的话题编排，节目的整体感跃然而出，《大直播》特别组合了一批具有内容针对性的主持人和嘉宾阵容，主持人由我台主力担当，还邀请了金小鱼、朱利安、爱华、马兰等外籍嘉宾，张颐武、萨苏、黑剑等学者型嘉宾，以及谭晶、戴玉强、盛中国、苗圃等演艺明星倾情加盟，12小时内，20位来自社会各界嘉宾轮番上阵，更增加了节目的深度与厚度。

3．演播室灵动起来，视觉呈现再突破

《大直播》的演播室设计可圈可点，借鉴学习了国外最新的演播室设计，策划之初，主创团队就与天脉、奥威等公司充分学习、沟通，掌握设计新理念和新技术手段。《大直播》一体式的演播室设计突出整体感，合理的功能分区配合节目内容调度，大屏的使用既达到舞美效果，又与每个主题相呼应。

在这样的舞台上，主持人之间可以接力，访谈主持人和播报主持人互相递送话题，完成节目转场。同时突破了以往的访谈形式，引入了更多的互动与现场演出环节，演播室时而成为中外模特的时装秀场，时而成为世界各地餐厅，时而成为“花式篮球”的竹林场景。

此次《大直播》还创新地采用实景大屏结合虚拟植入技术，实现实景与虚拟相结合，打造亦真亦幻的演播室效果，在节目气质上体现国际感和时尚感，在节目功能上满足多路信号切换、多时空转换的需求。当有多路信号进入时，在主持人身旁升起的虚拟大屏或是虚拟地球，以新颖的形式衔接了演播室访谈和播放外采小片，而且《大直播》有近200个小片要播放，逐一播出势必非常零散，通过虚拟播报实现5～6个成组小片的播放，达到集纳效果，也更好地实现成组、成系列的编排思想。而且，虚拟大屏、虚拟地球和虚拟沙盘的使用在功能上也非常契合节目内容，地点位置明确，烘托环球概念。此外，虚拟Logo的植入也使演播室的呈现手段更为丰富，符号感更强。

三、融合协作

1. 全台一盘棋

在全台层面上，《大直播》体现了台内各部门深度融合。台总工办、播出部、转传部、制作部、网络信息管理部、技术设备管理部等技术部门大力支持。而且，这不是一般性的直播节目，比如解决一个声画对位的技术问题，我们就要考虑诸多因素：首先，直播信号来自境内外，信号来源复杂；其次，传输方式上也涉及卫星、光缆、网络等不同途径；最后，国外N制的节目素材要转制，所以在计算画面加减帧时候，就需要通盘考虑上述所有原因，缜密计算，反复调试，才能保证声画的同步。

仅是一个声画同步问题就如此周折，可以想见要落实环球大直播无技术差错，节目部门与技术部门通力合作，攻克了多少困难，解决了多少难题，而且不断拓展技术手段实现视觉新突破是这次《大直播》全台一盘棋的具体体现，比如我们首次实现了在我台大型直播节目中连续12小时以上应用虚拟摄像机，为配合这一技术需求，制作部与虚拟技术公司充分沟通，反复测试，在600平方米演播室进行了复杂的系统改造，仅铺设视音频、网络、虚拟系统相关线材就达到2000米。

刘云山部长2011年来我台调研时，提出“创新制胜”：科技创新，技术不能落后。《大直播》高端的技术要求，促成了节目部门和技术部门的充分合作和沟通，探索更多技术前沿，实现更好的技术手段。比如制作部尝试的“项目制”，按照特别节目的需求，设置相应制作团队，配备技术骨干，极大地汇集资源，一方面促进节目部门的策划和创作，另一方面确保项目实施的可操作性，保证和提高主创团队的执行力。《大直播》既是“项目制”的受益者，也是“项目制”的推动者，推动着全台一盘棋的融合精神，进而实现“节目创新促使技术创新、技术创新保证节目创新”，可谓“双轮驱动”下的全面创新。

2. 精细化管理

在青少·海外节目中心内部，《大直播》也是一次大集结、大练兵。半年时间里，前前后后共有100多名来自各个栏目的同志分期、分批参与到直播工作中。

所谓谋定而动，成功的直播背后是队伍的建设、人员的布局和推进的部署。2011年岁末，青少·海外节目面临频道更名、新栏目上马、日常节目改版等很多繁重工作，再加上《大直播》，中心面对的是多项工作齐头并进的局面，我们别无选择，只能展开一场与时间的赛跑——多条战线、立体布局。在中心领导的主持下，栏目组多次论证人员方案，深入思考怎样的排兵布阵能尽可能发挥每位同志的特长，如何兼顾日常栏目，如何科学分工、协同作战，如何更有效使用时间，等等，《大直播》的团队建设向精细化管理迈进了一大步，这里集结了全中心各个栏目的智慧和资源，建立了一支敢打硬仗、敢于担当的队伍。团队中的每位成员带来了日常节目所积累的经验，在大直播中得到了进一步历练，然后回到日常栏目，这样就带动了一种良性循环，真正推动精细化管理。

3. 提升“心气”，凝聚“人气”

《大直播》无疑是一个举全台之力、融全台之智的典范，还体现在空前的凝聚力和战斗力上。我台多年没有做过如此规模的直播节目，而直播节目恰恰是一个大台实力的体现。《大直播》主创团队的老同志们都是怀着一个情结、一份执着和一种追求来投入节目的。而团队中众多第一次参与直播工作的“80后”们，在工作中表现出了极大的热情、朝气和活力，这是《大直播》自身的魅力所激发出来的，而且，被一同激活的有责任心、上进心和自信心，以及大大增强的集体感、归属感和荣誉感。《大直播》工作岁月可以用争分夺秒来形容，但即使在最艰难的时刻，也不见畏惧，也没有怨言，反而能明显看到大家各方面能力的提高，比如面对复杂问题的分析能力、遇到不同意见的沟通能力、处理突发情况的应变能力等，潜移默化中，《大直播》正在逐步培养新闻工作者的专业精神和职业素养。

四、期待超越

跨年节目竞争激烈，2012 年我台的《大直播》是出奇制胜，但“奇招”只能用一次，求新求变迫在眉睫。

1. 主题化编排问题

如何构架一个极具吸引力的直播节目，仅以时间为主线还是略显单薄，应该提炼一个主题，凝练一种精神，使节目自始至终都紧紧围绕主题，才能“抓”住观众，因为主题才是一个节目传播价值的灵魂。那么再做《大直播》，策划好主题，实现主题化编排非常关键。

2. 国际节目引进版权问题

2012 年的“格莱美”盛典，上海就有 3 家电视台和 1 家电台派出特派小组赴美国报道，而电视台花在购买电视转播版权上的费用接近 50 万元人民币，北京只有北京音乐广播做了转播。《大直播》要创新，就要在内容上获得更给力的资源，希望考虑引进一些有亮点、有特色的境外直播节目版权。当然，这项工作需要胆识，需要魄力，更需要独具慧眼。

3. 国际视野更需接地气

《大直播》是否有些稳重有余、活泼不足？因为《大直播》致力于以创新的方式传播主流价值观，所以一定要避免曲高和寡，唯有与时俱进地探索内容与形式的高度融合才是解决之道。“雅”的东西不见得只能“正襟危坐”地表现，如何让国际视野更接地气，如何处理好文化和娱乐的关系，值得我们深入思考。

4. 增强品牌节目的商业价值意识

《大直播》作为具有一定品牌影响力的电视节目，其品牌的商业价值更应该获得兑现。在今天，传统电视广告正受到前所未有的挑战，像《大直播》这样的品牌项目更应精确瞄准市场，就节目每个环节制订商务方案，比如多米诺活动潜在的场地、服装、饮料赞助等，市场是资源的推手，要利用市场价值盘活资源，才能进一步塑造品牌，才有兑现品牌商业价值的可能。

《大直播》首度亮相，以其独特性在跨年节目中备受青睐，虽然获得了很多赞誉，但未来的路如何能走得更好，能否进一步开创跨年节目新风尚，引领主流价值观，创新传播方式，还需要我们电视人以探索的精神、刻苦的态度和百倍的努力不断前行。

（作者单位：北京电视台）

北京广播影视发展研究

首都广电新媒体发展战略研究

刘志远　蒋　虎　石群峰　孙　玥　邓忠猛

随着“三网融合”进程的深化，广电机构面临的市场环境将更为开放，竞争将更为激烈。认真思考广电机构应对竞争和破解难题的思路、对策已是当务之急。同时，由于首都的特殊地位，北京广电新媒体发展备受关注，如何按照北京市第十一次党代会提出的“推动首都科学发展，建设中国特色世界城市”的新要求，找准首都广电新媒体的发展定位？明确怎样的思路？提出哪些发展策略和保障措施？这些问题，值得思考，也急需回答。

在此背景下，作为发展首都广电新媒体的主力军，北京广播电视台既需要深刻领会中央和北京市加强首都新媒体建设的战略构想，认真落实北京市委宣传部的相关部署，也要及时关注国内外新媒体的发展趋势，深入分析首都广电新媒体发展中的优势、不足、机遇和挑战，总结规律、研究规律、运用规律，以科学的理论、方法和手段，推动首都广电新媒体规模壮大、质量升级。

一、首都广电新媒体发展战略研究的定位

在首都广电新媒体发展战略研究中，有3个关键词：首都、广电新媒体、发展战略。首都强调研究的区位特征，这是由北京作为全国的政治中心、文化中心决定的；广电新媒体强调广电特色，这是由广电具有的体制机制、规模结构和发展阶段决定的；发展战略强调研究的侧重点，这是由北京广播电视台所属各新媒体多处于培育期的实际情况决定的。

（一）研究对象

研究对象包括3个层次：新媒体、广电新媒体、首都广电新媒体。对

于每个层次的研究对象均从内涵和外延两个方面进行界定。

1. 新媒体

关于新媒体的定义很多。从媒体发展角度出发，有人将新媒体定义为“继报刊、广播和电视三大传统媒体之后产生的所有新兴媒体”。从传播技术角度出发，也有人将新媒体定义为“依托现代网络通信技术和数字技术而产生的新的传播载体”。从传播主体角度出发，还有人将新媒体定义为“能够实现所有人面向所有人传播的媒体”。

从最广义的内涵出发，新媒体的外延囊括了报刊、广播、电视之外所有新出现的媒体，有网络报纸、电子期刊、网络广播电视、户外数字媒体、手机报等20余种。

2. 广电新媒体

据目前所掌握的文献资料，“广电新媒体”一词最早出现在2008年，专指广电机构开办的各种新媒体，包括但不限于网络广播电视、高清交互数字电视、户外数字电视、IPTV、互联网电视、手机电视等。虽然专业用词的形成时间较晚，但广电机构对新媒体的探索始于20世纪末，至今已超过12年时间。

值得注意的是，广电新媒体不同于视听新媒体。视听新媒体是基于媒体形态对新媒体的一个类别的界定，是指基于互联网的各种视听业务形态，或近10年中出现的、在传播空间上发生重大变化的视听业务形态。视听新媒体不仅包括广电机构开办的新型视听业务形态，而且包括非广电机构开办的各类新型视听业务形态。

3. 首都广电新媒体

首都不同于其他省、自治区、直辖市，地位重要、责任重大。北京市委书记郭金龙在市十一次党代会上提出，“模范贯彻执行中央的一系列大政方针和决策部署，带头维护中央权威，保证中央政令在北京畅通”，“不断增强做好‘四个服务’的自觉性，始终牢记首都的服务责任，在搞好服务中实现首都的新发展”。因此，首都广电新媒体是指符合首都的国家地位与责任要求的广电新媒体，要做到内容与服务导向正确，播控“可管可控、双向交流、绿色安全”，“创新制胜”，充满活力。在具体业态上，首都广电新媒体与一般意义上的广电新媒体没有差别。

（二）研究意义

当前，关于新媒体的研究很多，但从广电机构主体出发对自身新媒体发展进行的战略性研究不多。首都的特殊性决定了首都广电新媒体研究可资借鉴的研究成果更加匮乏。开展首都广电新媒体发展战略研究具有重要的开创意义和实践指导意义。

一是深化对首都广电新媒体的认识。广电新媒体是广电传统媒体的未来，是关系到广电传统媒体生死存亡的全局性战略。这一认识的形成与传播，将促进首都广电新媒体的融合发展思考与实践。

二是探索首都广电新媒体的发展战略。以广电现有的内容、政策、资本、人才和技术等资源要素，如何应对挑战、参与竞争、谋求突破？问题的解答有助于正确引导首都广电新媒体发展。

三是助推首都传统广电媒体的新媒体化。形成与未来新媒体环境相适应的内容与服务提供能力，是传统广电媒体新媒体化的本质要求。这既需要向新媒体拓展，更需要对传统媒体进行改造。对首都广电新媒体发展战略的研究有助于推动相关工作的开展。

二、广电新媒体发展情况

广电新媒体是国内新媒体研究中的特有词汇，在国外文献中找不到直接对应的单词，但不能因此否认国外广电机构发展新媒体的特殊性。事实上，由于传播特性、受众习惯和运营模式的差异，国外广电机构在新媒体发展上与互联网、电信公司多有不同。

（一）国外广电机构新媒体的发展情况

近些年，世界范围内宽带网络发展迅猛，为音视频的网络传播、服务创新与普及提供了有利条件。相较于互联网公司，各国广电机构新媒体的探索起步稍晚，但发展潜力巨大。目前，国外广电新媒体发展体现出以下4点特征。

一是数字化转换和宽带提速进展迅速。模拟变数字，是全球广电面临的共同挑战。2001年英国启动“数字电视转换计划”，2012年年底所有地区的转换将全面完成。在向数字化进军的同时，各国广电的宽带提速步伐在加快。美国自由媒体集团的有线网络通过常规同轴电缆创造了同类最快网速达1.37Gbps的纪录，证明了有线电视网络将拥有广阔的发展前景。

二是网络融合型业务广泛商用。2009年，美国时代华纳公司和康卡斯特公司共同宣布，推出“电视无处不在”（TV Everywhere）服务项目，能让用户通过电脑、手机及其他终端随时随地收看和点播有线电视、卫星电视和电信电视（telco－TV）的节目。之后，这一融合业务模式在整个有线电视领域迅速推开。2010年，康卡斯特公司推出了在线点播平台XfinityTV.Com和XfinityTV应用程序，向用户提供15万个在线视频点播节目、在线视频内容搜索与点播以及社交网站接入等服务。

三是传统业务转型创新再获生机。2007年12月英国广播公司（BBC）的在线回看平台iPlayer正式上线，为传统广电媒体的网络转型开辟了新路。在美国，成立于1997年的美国影视光盘租赁公司奈飞（Netflix）于2007年正式推出流媒体服务，成为一个付费网络视频服务平台。截至2011年6月，奈飞独立用户达到2020万人，成为最大的在线视频网站。

四是广泛合作开拓新兴市场空间。由于目标受众或用户规模有限，国外广电新媒体多通过面向业内外的合作方式开发新业务，以分担成本和风险。2009年8月19日，时代华纳和YouTube网站达成协议，允许YouTube网站提供时代华纳的电影、电视节目和新闻报道等短片视频；英国第四频道同YouTube建立战略合作协议，第四频道将在英国免费为YouTube提供全长度的电视节目，与YouTube共同分享广告收入。

（二）国内广电新媒体发展情况

从20世纪末国内广电机构开办网站算起，国内广电新媒体发展先后经历了以下3个阶段。

一是功能拓展阶段（1996—2000年）。这一阶段始于1996年前后的文化体制改革高潮期，以央视网、中国广播网、国际在线等为代表的重点新闻网站开始起步。当时，广电机构网站突出信息服务功能，以图文为主，少有音视频，主要为后续发展打基础、做准备。

二是市场化探索阶段（2001—2007年）。2001年4月，苏州有线数字电视开始商业运营，拉开了国内广电新媒体市场化探索的序幕。2003年，国家广电总局发布有线电视数字化过渡时间表。此后，陆续出现了“青岛模式”“佛山模式”“苏州模式”等数字化整转模式。与此同时，车载移动电视、网络视频、手机电视新型媒体形式开始出现。国家广电总局开始在新媒体管理上推行许可证制度，各地多采用公司制方式开展新媒体运营。

三是融合创新阶段（2008 年至今）。这一时期，各地网络广播电视台相继成立开播；IPTV 在政策主导和市场实践中逐步形成中央、地方两级平台与电信三方合作的基本模式；基于电视机终端的互联网电视开始出现，基于移动互联网的手机视频业务逐渐兴起，以 iPad 为代表的平台化终端进入市场广受追捧。

目前，国内广电新媒体业态多样，发展势头强劲。截至 2011 年年底，全国有线数字电视用户为 1. 1 亿户，渗透率达 55%，双向网覆盖用户超 5700 万户，开通双向业务用户超过 1300 万户；全国 IPTV 用户超过 1300 万户；CMMB 终端用户超过 3500 万户，付费用户达 1600 万户；全国获批开办的网络广播电视台达 17 家。此外，截至 2011 年年底，中国网民规模达 5. 13 亿，其中网络音乐、网络视频用户规模分别为 3. 86 亿和 3. 25 亿，使用率分别达 75. 2% 和 63. 4%，分居互联网网络应用的第三位和第五位；全国手机网民规模达到 3. 56 亿，同比增长 17. 5%。

（三）首都广电新媒体发展情况

自 1999 年启动北京电视台网站（www. btv. com. cn）以来，首都广电新媒体由无到有、由少到多、由小到大，现已形成了包括音视频网站、高清交互数字电视、户外数字电视、IPTV、CMMB、DAB 等在内的全媒体传播体系。

在平台搭建方面，北京广播电视台现已拥有高清交互数字电视平台、全国性有线数字电视付费频道集成平台、户外数字电视集成播控平台、IPTV 集成播控北京分平台、网络音视频平台等面向不同终端、传播不同内容的多个广电新媒体平台。目前，歌华有线高清交互数字电视平台建设处于全国领先水平，开通了网上营业厅、短信客服、银行自助终端缴费等项服务；鼎视数字电视集成传输标清频道 33 套、高清频道 5 套；户外数字电视集成播控平台播出移动电视、楼宇电视、地铁电视和户外大屏幕电视等多套节目；IPTV 集成播控北京分平台已于 2010 年 9 月完成与中央平台对接；北京广播网（www. rbc. cn）发展迅猛，近年来 Alexa 综合排名在全国地方广播媒体网站中始终名列第一。

在渠道拓展方面，歌华有线现已成为全国高清交互数字电视用户最多的省级有线网络，截至2012年5月底，高清交互用户累计超过286万户，非居民用户数字化终端达2.3万个，个人宽带用户数量突破16万；鼎视集成平台实现了全国落地覆盖，落地地区达195个，覆盖用户数占全国现有数字电视用户的76%；无线数字单频网有效覆盖北京市六环以内区域，户外数字电视终端总量过5万块；DAB数字多媒体广播于2006年开播，信号现已基本覆盖北京城区和各郊区县，推出了1039新媒体机和“听立方”等接收终端；建成了CMMB的北京覆盖网络，在网用户25.9万户。

在内容创新方面，2005年12月15日，北广传媒移动电视推出了一档与北京市交管局合办的交通节目《出行导航》，在国内率先开始了移动电视交通节目的制作尝试。此后，北京户外数字电视与政府委、办、局及其他社会服务单位合办节目数量不断增多，形式更为多样，现已累计制作播出十余档合办栏目。近几年，活动类节目逐渐成为户外数字电视的热点，北广传媒移动电视《盛夏节拍》《饭饭团》和《悠悠团》已在出行人群中形成一定知名度。北京人民广播电台开办了网络外语广播、青檬网络电台，丰富了北京广播网的专属音频内容。北京广播网还开通了视频专区，播出部分专业广播的视频内容。2010年，北京电视台制作播出了全国第一台网络春晚，广获赞誉。高清交互平台的内容建设初具规模，截至2012年6月，高清交互平台收转数字电视节目167套、数字广播节目16套、3D试播频道1套，在线视频超过1.4万小时（高清节目近3000小时）。

在应用服务方面，截至2012年6月，高清交互平台应用总量已达33项，包括“交通违法罚款”“电视图书馆”“数字文化社区”等；2011年推出了面向智能终端的“歌华飞视”业务，截至2011年5月，已上线75套广播电视节目，安装了240个公共热点，发展家庭业务客户3.4万户；2011年推出的北京广播网菠萝台（bolo.rbc.cn），成为全国首个支持多路广播节目混排、自定义各节目播放时间、节目内容时时更新的网络电台，目前，移动客户端软件已在苹果和安卓应用软件市场上线。

在市场经营方面，总体来看，北京广播电视台的新媒体赢利模式有3类：一是以广告经营为主，以节目制作、活动营销为辅，主要包括户外数字电视媒体、音视频网站；二是向订购用户收费，主要包括高清交互数字电视、CMMB；三是以终端销售为主，包括 DAB 数字广播等。户外数字电视凭借多年积累现已形成一定的市场优势，2011 年，移动电视、楼宇电视、地铁电视和户外大屏幕电视 4 类媒体的营业收入总额达 2 亿元；鼎视数字电视集成平台自 2010 年营业收入突破亿元以来，发展迅速，2011 年收入增幅达 33%；DAB 数字广播加大终端产品开发、销售力度，2010 年营业收入超过千万元；北京中广传播公司成立以来不断探索赢利模式，年营业收入正向千万元迈进。

三、首都广电新媒体发展形势分析

英国贝特福德大学传媒艺术与制作学院教授盖文·斯提厄特博士说："作为传统媒体，过去我们是一条在池塘里的大鱼，但现在我们是在海洋里。这个时代给我们更大的空间，但也有更大的挑战。"在越来越开放的传媒生态中，广电新媒体必须学会适应才能求得生存和发展。这既需要敏锐地感触到面前的机遇和挑战，也需要客观地认识自身的优势与不足。

（一）面临的机遇

近些年，随着数字化、网络化和"三网融合"进程的深入，从中央到北京市对广电新媒体的发展都给予高度重视。中共十七届六中全会明确提出，要建设国家新媒体集成播控平台，创新业务形态，支持重点新闻网站加快发展。2012 年全国广播影视工作会议提出，要立足新技术加强新业务开发，重点抓好发展高清电视、3D 电视内容和技术、移动多媒体广播等工作。《北京市"十二五"时期文化创意产业发展规划》将"大力发展战略性新兴文化行业"列为一项主要任务，要"大力发展网络新媒体和公共视听载体，打造网络电视台"。这些为首都广电新媒体的发展确定了战略方位，提供了难得的政策机遇。

当前，国内新媒体发展与国际基本同步，国际先进的媒体形态和运营模式不断引入国内市场，国内广电机构可以深入挖掘内容资源，加强新媒体平台与传统媒体平台的互动，加强与社交媒体的合作，培养新型媒体使用习惯。这些为广电新媒体充分分享国际、国内新媒体受众和市场提供了机遇。

作为新兴行业，广电新媒体日益受到资本的青睐。2011 年 12 月 29 日，百视通新媒体股份有限公司正式在上海证券交易所挂牌上市，开创了广电新媒体机构上市融资的先例。把握住资本脉搏，加快推进广电新媒体机构的资本运作工作，将令广电新媒体在资本助推下实现快速发展。

（二）面临的挑战

首都广电新媒体发展面临的挑战主要来自以下两个方面。

一是融合化趋势加剧了竞争强度，对广电新媒体的市场经营能力提出了更高要求。“三网融合”试点方案虽然在一定程度向广电有线网络倾斜，但实际中电信企业凭借体制机制灵活、网络互联互通覆盖广泛、市场运营经验丰富和掌握宽带出口流量等优势，获得了 IPTV 等合作业务谈判的隐形筹码，迫使广电企业处于弱势和被动地位。在户外数字电视领域，受报纸、手机等异质媒介的冲击和影响，移动电视、地铁电视等对广告主的吸引力面临削弱的危险。在户外大屏幕市场，也面临着优质点位日益稀缺、多方资本竞相进入角逐的严峻形势。

二是受众和用户需求越来越多样，对广电新媒体的创新能力提出了更高要求。智能终端的大量出现和无线互联网的普及，改变了受众和用户的媒体消费习惯，智能化、移动化和社交化趋势日益明显。据预测，未来两三年将是电视机更新换代期，互联网电视将成为继个人计算机终端互联网、移动互联网之后的第三大网络新兴产业。尼尔森发布的数据显示，超过 75% 的活跃网民使用社交网络和博客，“社交电视”很可能成为未来的一个新兴产业。在这种情况下，广电创新的压力很大。

（三）具备的优势

广电机构发展新媒体要依托于自身的传统优势，对接社会资源，培育和积累与数字化时代社会需求相适应的新型优势。具体而言，首都广电新媒体的优势主要有以下 4 点。

一是区位人口优势。据北京市 2010 年第六次全国人口普查主要数据公报，北京市常住人口为 1961. 2 万，具有初中以上文化程度的人口占常住人口的 84. 1% 。《第 29 次中国互联网络发展状况统计报告》显示，2011 年年底北京市整体网民数量接近 1400 万人，普及率达到 70. 3% ，位列全国第一。2011 年，北京市城镇居民人均可支配收入 32903 元，位列全国第二。规模庞大、受教育程度较高、收入支配能力较强的区位人口，为首都广电新媒体的发展提供了强有力的潜在受众与用户基础。

二是基础资源优势。北京广播电视台具有强大的内容生产能力。目前，全台自制广播节目200余个、自制电视节目100余个，年产电视剧10余部、电影数部。这些内容经过拆条、编目、重组等项工作，可以成为各新媒体平台内容库的重要组成部分。同时，北京广播电视台多方位、多通道、多终端的新媒体布局，为开展全媒体整合运营提供了技术平台基础和终端基础。

三是市场经营优势。经过多年市场经营，北京广播电视台在付费数字电视、户外数字电视等方面已积累了丰富的经验和广泛的业缘关系。这为北京广播电视台开展相关市场资源的协同开发提供了基础。

四是资本平台优势。目前，歌华有线已是国内较有代表性的有线网络上市公司之一。有线网络具备投资经营广电新媒体的业务基础。借助歌华有线的融资平台，进一步拓展广电新媒体业务不仅具有概念优势，更有助于开拓融合创新业务。

（四）存在的不足

目前，首都广电新媒体发展存在以下不足：新媒体单位大多业务单一、规模较小；新媒体内容生产环节仍相对薄弱；地方性在一定程度上限制了其外向型发展的空间；宣传部门和其他部门对新媒体宣传属性与广告属性认识上的差异，客观上造成新媒体单位处于多重监管状态；新媒体业务刚性成本较高，但赢利模式单一或尚未形成稳定的赢利模式；新媒体业务创新动力不足，难以满足受众交流、互动及多元化的需求；新媒体单位的市场主体特征较弱，市场运营经验不足。

这些问题是站在现有广电基础上发展新媒体必然遇到的问题。有些问题会随着新媒体技术应用、资本运作和市场拓展的逐步深入而得到解决，有些问题则需要在更高更广的层面上寻求破解的办法。

四、首都广电新媒体发展战略探讨

北京市第十一次党代会提出，“加大首都文化改革发展力度，加快建设具有世界影响力的文化中心城市和中国特色社会主义先进文化之都”。

这要求首都广电新媒体必须牢牢把握正确舆论导向，不断增强舆论引导的有效性，同时，充分利用广电系统内外资源，加强科技研发、新业务开发和市场经营，构建符合新媒体发展趋势，具有持续发展潜力，富有活力、实力和竞争力的传播体系和业态格局。

当前，媒介融合发展是大势所趋，广电新媒体融合发展的深度和广度将逐步加强。未来，首都广电新媒体在战略路径上要不断推进和深化新媒体与传统媒体、事业与产业之间多方面、多层次的融合发展，发挥不同平台的优势，进行传统媒体平台的流程再造，促进定位不同的传统媒体和新媒体运营平台之间各种形式的合作，开拓首都广电新媒体的广阔发展空间，提高首都广电新媒体的传播价值和市场价值，增强首都广电新媒体的市场议价能力和品牌影响力。

具体而言，应从战略高度出发谋划和推进以下6个方面的工作。

（一）坚持正确导向，确保安全播出

做好新闻宣传，确保安全播出，巩固、拓展和完善宣传阵地是首都广电新媒体的第一要务。

参考传统广电媒体的节目评价体系，加紧研究制定适于新媒体传播特性的、科学的节目评价标准和体系。围绕重大活动的宣传报道，建立和完善多媒体、多平台的协调配合机制，提升网络宣传质量，增强整体宣传效果。提高广电新媒体对网络热点的延伸报道能力，强化对网络舆论的引导。利用社交媒体，加强与受众和用户的互动，增强首都广电新媒体的贴近性。

结合首都广电新媒体的传播特征和发展实际，建立和完善覆盖全流程、各环节、每个岗位、每位员工的多层次、标准化、流程化、可控化的安全播出防控体系；加强各新媒体单位的安全播出传输法规制度、技术措施和实务实例的培训教育工作；根据各新媒体播出传输的风险等级，确立主体目标、接口、流程、责任人，建立问责倒逼机制。

（二）加强基础建设，优化网络终端

搭建网络技术平台和运营支撑系统，推进机房、播控前端、媒资中心等硬件设施的建设，扩大终端规模，优化终端布局，是实现首都广电新媒体快速发展的前提基础。

要继续推进远郊区县的双向网改造，加快高清交互系统和综合业务运营支撑平台建设，分阶段分区域实施宽带升级；建设有线数字电视集成播控新平台和户外数字电视制播平台；推进无线数字单频网的国标转换与北京市行政区的全覆盖工作，进一步优化 CMMB 和 DAB 的网络覆盖；加快网络广播电视台演播区、展示区和机房控制区等基础设施建设与技术运行系统搭建。稳步推进高清交互数字电视推广工作，完善户外数字电视终端维护和点位调整工作，提高 CMMB 终端的市场保有量，丰富 DAB 终端产品线。

在推进上述工作的过程中，应注意两点：一是要关注信息技术和网络技术的未来发展趋势，增强网络平台建设和终端开发生产的前瞻性，在技术、功能和业务上预留足够的拓展空间，尽量延长相关设施、设备和系统的运行周期，降低折旧成本；二是要结合未来业务发展需要，加强对网络平台建设和终端开发生产的统筹协调，避免重复投资和“多、小、散”造成的资源浪费，提高各新媒体网络、平台和终端的业务承载量。

（三）树立精品意识，提高内容质量

加快传统媒体内容向新媒体的迁移转化，建立集约化、精细化的媒资生产管理体系，丰富新媒体内容，增强新媒体内容策划、制作和编排的能力，努力提升首都广电新媒体内容质量。

加大广播电视节目向高清交互数字电视、户外数字电视、CMMB、DAB 和网络广播电视台的迁移转化工作力度，探索广播电视节目版权价值的多渠道实现模式。促进影视制作单位与高清交互数字电视、户外数字电视、CMMB、DAB 和网络广播电视台之间的合作，拓展自有版权内容的新媒体传播平台，丰富广电新媒体内容库。

在内容创作生产过程中，彰显价值导向，提高艺术水准和科技水平，打造新媒体的精品力作；加强创作生产引导，改进管理方式和机制，实现对新媒体内容生产管理和引导水平的全面提升；开展广播音视频同步制播、户外数字电视互动活动类节目等新媒体内容自制探索，向受众提供更为切合媒体特性和受众需求的内容。

（四）拓展市场空间，增强营收能力

充分利用体制内外、行业内外等多方面资源，积极拓展广电新媒体产

品市场、业务市场和资本市场，开发增值业务，探索赢利模式，促进首都广电新媒体形成“自我造血”能力。

加大点播类业务市场推广力度，推出城区街道资讯、数字文化社区和数字学校等项应用服务，增大高清交互数字电视的创收点数量；加强与移动通信运营商的合作，策划营销套餐产品，推广高清交互数字电视、CMMB等业务；加强与外省市在有线网络、户外数字电视等方面的合作，实现首都广电新媒体特色产品和服务的区域性输出；推进鼎视传媒等首都广电新媒体品牌市场主体的资本运营工作。

加强户外数字电视、付费数字电视频道互动活动类业务的开发与运营；探索有线网络频点团购模式，增强付费数字电视频道集成、传输与发行的营收能力；深化与网络视频公司的合作，建立付费数字电视在宽带网和移动互联网上的传播通道；加强对北京广播网和网络广播电视台的经营问题的分析研究，促进其尽快形成清晰、可持续的赢利模式。

（五）加大研发投入，培育新兴项目

统筹协调科技、内容、市场和战略投资等多方面力量，开展联合调查和协作研究，优选创新项目，配置优势资源，提供适宜机制，培育未来发展重点，使研发真正成为推进首都广电新媒体发展的先导性工作。

积极拓展与广播、电视、互联网适配的新型业务，完成歌华飞视对多系统智能移动终端的支持，争取尽早商用；探索基于有线、无线的物联网应用，以城市安全生产为对象，搭建基于物联网的城市综合管理公共服务平台；推进“智能交通信息云媒体”项目；加快对户外数字电视终端的播存改造与WIFI升级，搭建基于户外数字电视终端点位的移动互联网；推进网络广播电视台的发展，加大针对移动终端的技术开发力度；建立基于互联网、3G/4G和DAB结合的推送式广播服务体系，为“三网融合”时代提供全新的广播服务奠定基础。

（六）提升综合素质，建设新型队伍

以内容生产和网络传输两大领域为重点，加强新技术、新应用和新模式的全员教育培训，增强各方面员工运用新媒体的创新意识、传播素养和工作技能，努力造就与首都地位相称、与事业产业发展相适应的新媒体专业业务人才和经营管理人才两支队伍。

借鉴国内部分广电机构在打造全媒体记者过程中的经验，培养与全媒体发展相适应的跨媒体、复合型的采编播制人才，推动广播、电视和平面媒体采编人员在北京广播电视台内的岗位交流，提高编辑、记者的采编、摄录、写作、制作综合技能；加大对兼具内容、技术和市场经验的复合型经营管理人才的培养力度，选拔一批青年骨干力量，实施个性化轮岗交流和业务能力培养计划。

随着科技创新、产业融合、受众用户需求多样和政策体系日趋完善，未来的媒体生态从外部表象到内部机制将发生一系列的重大转变。传统广电媒体只有及早完成向新媒体转型升级，才能获得新的生机，才能拥有在更高平台展开竞争的实力。首都广电新媒体已形成较为完备的技术业务基础，拥有了规模可观和潜力巨大的用户市场，只要抓住机遇、突出优势，沿着融合发展的道路，切实推进各项战略性工作，一定可以在“三网融合”进程中完成更大跨越，开拓出新的发展空间。

（作者单位：北京广播电视台）

蓄势谋定　后发制胜
——对北京电视台发展网络新媒体的几点思考

秦新春

2010 年 1 月 21 日，国务院正式下发《推进“三网融合”总体方案》，以国家意志平衡多年来广电、电信之间的争论，准许电信和广电两大行业互相进入，并且首次明确提出实现的时间表，标志着我国“三网融合”正式破局。2011 年 10 月 18 日，十七届六中全会通过的《中共中央关于深化文化体制改革，推动社会主义文化大发展、大繁荣若干重大问题的决定》提出，整合有线电视网络，组合国家级广播电视网络公司。推进电信网、广电网、互联网“三网融合”，建设国家新媒体集成播控平台，创新业务形态，发挥各类信息网络设施的文化传播作用，实现互联互通、有序运行。至此，“三网融合”逐渐提速，传统广电媒体紧追新技术潮流、发展新媒体业务的步伐加快，并且呈现出诸多特征。2011 年 12 月 31 日，北京网络广播电视台经总局批准，成为第 17 个获得牌照的省级网络广播电视台。本文借鉴兄弟电视台发展新媒体的有益经验，以期为我所用，谋定而动，后发制胜。

广电人头脑中一直有这样一个共识：网络传播是当代进步的火车头，由“三网融合”而致“三屏合一”，及其在新的融合、新的分化基础上的新融合，是现代媒介发展的必然趋势。要想占领未来传播的制高点，就必须拥有新技术、联手新媒体，未雨绸缪，及早布局。但是，广电人手上没有一张完全清晰的路线图——如何既担负“主阵地”“主力军”的责任和使命，又能拓展渠道，占领市场，寻找到一条主营业务明确、赢利模式清晰的台网融合发展路径？本文从以下几个方面谈些粗浅思考。

一、把握广电新媒体优势

1. 公信力优势

作为以“喉舌、公益”为重要特征的传统广电媒体，应把握宽带通信网、数字电视网、下一代互联网“三网融合”演进的宏观背景和进程节点，掌握网络互联互通、资源共享的重要特性，将传统媒体所具有的公信力、权威性特点发挥到极致，开辟新媒体公共服务的新渠道、新形式，同时通过增值产品开发和商业模式创新，实现整个商业应用平台的统一品牌经营，在高度市场化的竞争中办出广电新媒体的独有特色。

2. 内容版权优势

北京电视台拥有30多年积累的上百万小时的视频内容和众多精品栏目，在实现所有播出版权节目数字化存储的基础上，可进行适合新媒体特点的“碎片化”传播。因此，着眼于目前和未来的“使用”，应加速推进媒资系统和信息化平台建设，同时，集纳全国高品质节目资源，构建开放与封闭结合的“私有云”媒资系统，形成涵盖音频、视频、文稿、表格、图片等内容的全域化媒资管理体系，通过推送式、入驻式、互动式等服务形式，建成面向多屏应用的媒资管理服务体系，开掘传统媒体独具的内容版权特色。

除此之外，传统媒体发展新媒体具备商业媒体所不具备的资源和政策优势。

二、明确当下主营业务

在“一云多屏”的技术支撑总框架下，无论从公共宣传角度还是从产业经营角度考量，网络视频、手机终端、IPTV、电子商务都应成为当下广电发展新媒体的主营业务。

1. 网络视频

近年来，大视频格局风云变幻，网络视频影响力日增，Apple TV、Google TV升级换代，互联网电视牌照商渐次将一些视频网站纳入自身平台。而网络视频，无疑应成为传统媒体布局新媒体的首选业务。从市场上看，网络视频是一个烧钱的行当，高额的带宽成本、内容版权成本一直让视频网站备受煎熬。而传统媒体拥有内容版权优势和政策优势，无论从公共宣传角度还是产业经营角度，我台都应高度重视网络视频业务的开展，北京电视台的网络新媒体应努力开发各种内容资源，发展成为覆盖正版内容、点播、分享等各种视频模式的“全能型”视频集成者。另一方面，由于电视内容的数字格式转化是电视媒体开展新媒体业务的基础工作，无论是视频网站还是手机视频、IPTV，都是流媒体文件通过电信网或互联网传输的，因此，BTV 网络新媒体应率先开展网络视频业务，完成数字转化，以利于进一步开展其他新媒体业务，同时便于向外部的互联网或电信运营商出售内容版权，获得收益。在这方面，我们可以学习 HuLu 网站的模式。由 NBC 和新闻集团合资成立的 HuLu，拥有超过 400 家广告客户，其中包括麦当劳、美国银行和百思买等大品牌。这种成功，一方面源自于版权内容资源的充沛，更来源于其对门户网站的视频分销，客户（门户）可以在 HuLu 的平台上进行灵活定制，这种营销模式成为 HuLu 网站扩大市场影响力的基础，也成为许多国内商业网站竞相模仿学习的典范。

2. IPTV 业务

IPTV 发展已进入快速增长的普及期。北京电视台网络新媒体应借助北京电视台强大的视频内容资源，以自有节目资源和内容合作方 CNTV 下发内容为基础，以聚合、分拆等创新模式，通过多个渠道，深度挖掘视频内容资源价值，以形成北京地区极具影响力的媒体；未来以直播、点播、轮播、专题为基础内容，开发各类增值业务，构建电子商务平台，并以用户数据分析系统为支撑，全方位开发 IPTV 价值。

3. 移动终端业务

BTV 网络新媒体应努力探索实施“一云多屏”的新媒体思路，积极发展手机等移动终端业务。除短信手机报、信息下载外，大力发展手机视频和电子阅读等业务。例如，发布免费下载的手机客户端，使音频、视频、文字、图片等信息全面登陆手机平台，将传统电视目标观众扩展到规模庞大的手机用户。

4. 电子商务

在 20 世纪 90 年代和 21 世纪头 10 年的两轮电视购物发展浪潮中，不少有实力的电视媒体紧紧抓住电视媒体传播与零售业的跨界结合点，大力发展“现代家庭电视购物”模式，成功拓展出广告之外电视业新的经济增长点。而在电视、网络等全媒体融合发展的当下，电子商务无疑成为集技术平台优势、销售成本优势、市场优势等于一体的网络主营业务。北京电视台网络新媒体应紧紧抓住这一赢利模式清晰、市场预期良好的重要业务，创造“三网融合”下新媒体平台与电子商务相结合的购物模式，并不断开拓、细分特色产品市场。

三、探索实施市场化运行机制

传统广电媒体采用公司化机制运营新媒体业务有如下优点：以公司为主体参与市场活动，身份灵活，便于市场运作；采用公司化机制可以建立灵活的激励约束机制，提高组织效率，符合新媒体产业开放和高度竞争的特点；财务独立核算，能够厘清与母体的权责关系，明确利益分配机制和风险承担机制，有利于外部资本的引入，为未来独立上市打下基础。

目前传统广电媒体的新媒体业务大多采用公司化运营，即由电视台的全资或控股子公司作为市场主体运营新媒体业务。例如，中国网络电视台由中央电视台旗下的央视国际网络有限公司运营，湖南芒果 TV 由湖南广电旗下的快乐阳光互动娱乐传媒有限公司运营。上海文广的新媒体业务原本分散经营，2009 年上海文广借制播分离改革之机，将手机电视、东方宽频、IPTV 3 块业务全部并入百视通公司统一运营，目前百视通公司成为上海东方传媒集团旗下全面负责新媒体开发和运营的子公司，并在努力发展成为拥有品牌影响力的大型公司。

北京网络广播电视台筹备过程中，实行的是事业机制，但在运行中，应努力探索企业化经营，最终应走一条市场主体地位突出、运行机制灵活，能够充分发挥资源优势、平台优势的新媒体发展道路。

四、努力开展战略合作

由于传统广电媒体的体制特点，长期以来，广电行业与外界难以开展深度合作。而新媒体行业的一大特点就是关联性高。也就是说，新媒体行业与电信行业、广播电视行业、互联网行业、电子技术行业和金融行业都有一定的关系，任何一个企业都不可能垄断或主导甚至单独存在。因此，北京网络广播电视台应当采取与强者结盟的捆绑式经营战略。潜在的战略合作伙伴国内有中国电信、中国移动、中国联通、新华社、百度、新浪、搜狐、腾讯等，境外有谷歌、微软、苹果公司等。合作的领域、方式、期限可以多样，如市场合作、项目合作、资本合作、技术合作等，但总的原则有一个：不失自我，为我所用。

五、适时谋求融资发展

新媒体业务的开展为广电媒体的对外合作和资本开放打开了新的局面。近年来，民营资本甚至海外资本对广电新媒体的渗入悄然进行，诸如清华同方增资持有上海文广旗下百视通公司；腾讯公司、鼎辉创投基金与广东电视台合资成立天迈互动公司；美国德丰杰基金与广东电视台合资成立金视互动传媒；淘宝网与湖南广电合资成立快乐淘宝公司。尽管与风险资本、私募基金对民营视频网站的狂热投入相比，外部资本对广电新媒体的介入声势较弱，但是，由于新媒体行业高度竞争和高度开放的特征，这种资本介入会不断增加。广电媒体的新媒体业务最终目标大多定位于上市，这一定位相对于广电媒体长期以来谋求整体上市的目标而言更具现实可行性。2010 年上海 SMG 百视通公司借壳上市成功，为我们提供了一个范例。

首先，新媒体不同于传统媒体，政治属性较弱，市场属性较强，适合独立运营，广电主管部门和宣传部门方面的阻力较小；其次，新媒体业务有广告、收费等稳定的收入来源，虽然内容方面可能依赖广电媒体，但是可以通过建立收入分账模式解决收益分配，易于通过证券主管部门的审核；另外，新媒体业务与互联网、电信等业务紧密相关，历来是市场和公众关注的热点，有可能获得资本市场的认可。因此，应积极通过资本市场融资成功，为后续发展提供资金保障。

六、积极延揽新媒体人才

1. 由体制内部人员做主导

广电媒体发展新媒体业务，大多由体制内的人员来规划和主导，这主要是基于两点原因：第一，广电媒体是属于国家所有，具有很强的政治属性；而新媒体业务是伴随着广电媒体的产业化而产生的。在这一过程中，意识形态的主导权、国有资产的控制权等问题异常敏感，因此，需要体制内的人员来主导才能确保安全。第二，发展新媒体是事关广电媒体发展方向和资源配置的战略行为，涉及体制内部的利益纠葛和关系梳理，必须由体制内的人来主导方能灵活处理种种复杂形势和问题。

2. 积极延揽外部人才

由于新媒体对于传统广电人来说是新生事物，市场环境竞争激烈而瞬息万变，仅靠传统体制内的人员显然无法完全驾驭新媒体业务，熟悉市场的人才显得至关重要。因此，应积极延聘互联网运营、网络技术、投资融资、市场运营等各方面专业人才。从兄弟电视媒体的新媒体运营我们可以看到，有不少来自市场的人士参与广电新媒体发展，未来这一群体可能会进一步增加，并且更多地进入管理层。对于北京电视台网络新媒体来说，要充分利用北京的科技人才资源优势，开门办台、外向合作，延聘精通电信、互联网、广电新技术的专业人士，为新媒体业务发展提供有力支持。

七、实现网台联动

在媒体融合发展趋势中，网台联动是拓展传播手段、提升传播能力的重要途径。网台联动主要体现在两方面，一种是建立保障网台互动的机制，优化网台互动流程，实现内容、资源、品牌的共享（这其中典型的范例是凤凰新媒体，凤凰新媒体成功建立了一个内容资源平台——“章鱼”平台，实现了内容素材在凤凰电视台和凤凰网站的共享）。另一方面是与商业网站开展全方位、多层次的跨媒体活动，比如联合购买内容、联合宣传等。

1. 建立台网深度融合的保障机制

台网融合是一个多部门协调、多方位联动的过程，应通过创建保障机制、理顺工作流程，加大资金投入、加强技术支持方式，保障台网融合的实施等加强资源整合，开发内外网络资源，实现网台联动，是北京电视台应采取的重要策略。例如，重大报道中台网合力，品牌活动台网并举，实现传播的聚合效应，构筑强大互动体系。

2. 整合北京电视台互联网资源

形成统一的互联网经营运作平台，开展基于互联网的增值业务、互动业务，使北京电视台的互联网业务成为北京电视台的网上传播平台，与传统电视媒体相互促进，提升北京电视台的跨媒体影响力，同时利用这个平台开展网络视频、网络广告等经营性业务。BTV 互联网门户应突出北京电视台唯一官方网站的功能，向全球传播中国文化、北京文化，实现传播效果的最优化，实现品牌和影响力的延伸。

结　语

内功不足，竞争乏力，自我整合难，参与融合难，进而谋求发展难，是广电业发展新媒体的一个顽疾。新生的北京网络广播电视台应充分把握促进文化发展繁荣的时代机遇，充分利用传统媒体优势和广电发展新媒体的特点，立足高起点、高站位，应用主流成熟技术模块，结合自身优势，力避不足，后发制胜，一步到位，发展成为北京电视台拓展舆论影响力和产业价值的新平台、新机构、新领域。

（作者单位：北京电视台）

网络时代对外中文电视发展探析

石群峰

2011 年 1 月 26 日，BBC 国际台对外宣布，定于 2011 年 3 月底前停止所有中文普通话广播节目，同时停止的有俄语、土耳其语、越南语、乌克兰语、阿塞拜疆语以及面向古巴的西班牙语 6 个语种的广播。其后不久，2 月 14 日，美国之音也对外宣布，从 2011 年 10 月 1 日起，美国之音将全面停止中文短波、中波以及卫星电视广播。然而，在取消中文广播的同时，BBC 和美国之音未削减中文网络平台的预算，美国之音还加大资金投入，加强针对移动通信设备的报道，增加对突破网络封锁的技术支持。

西方国家两大国际传播媒体对新旧媒体采取的两种截然相反的策略表明，数字时代的国际传播，竞争重点已开始由传统媒体平台转向网络媒体平台，一个更为复杂的国际传播战场正在逐步形成。面对这一形势，如何在网络时代应对新挑战、把握新机遇、开拓新空间，是对外中文电视发展中面临的紧迫而艰巨的课题。

一、网络时代的国际传播特征

与传统媒体相比，网络媒体受地域和国别限制较小，这在很大程度上削弱了内宣与外宣之间的差别。因此，在网络时代，对外中文电视已不再是海外华侨华人获得国内信息和影视内容的专属性媒体，借助于网络手段向国内受众传播各类视频内容的新兴网络媒体也开始分流对外中文电视的海外受众。一个完全不同于卫星电视时代的国际传播时代正在到来，表现出一些值得关注的新特征。

1. 国际传播主体的多元化

目前，虽然由西方国家政府主导的传统媒体依然在国际传播中占据着重要地位，但不可否认近些年出现的视频网站、播客、博客、推客等网络媒体已日益成为国际传播领域迅猛发展的新兴力量。以 YouTube 为代表的社会化视频媒体开始在国际传播中崭露头角。2008 年年末，以色列军队首次在 YouTube 上开设频道实施“铸铅行动”战时新闻发布，传播效果反响强烈。此外，以 Wiki 等为代表的公民媒体，则不断助推国际传播中受众地位的上升，促生了兼有“传—受”身份的信息“生产—消费者”（prosumer）或“专业—业余者”（proamateur）。因网络而生的社会化媒体和公民媒体，将国际传播主体由各国政府扩展至包括意见领袖和社会名流在内的民间个人和组织，在丰富了国际传播信息源的同时，扩大了国际传播的受众范围，特别是加深了对年轻人群的渗透。

2. 国际传播方式的多样化

网络时代，国际传播不再是报纸、广播、电视等相互隔离的单向道传播状态，而是各类媒体与网络媒体共融共生的交联互动状态。一方面，传统媒体向网络伸展，形成与传统媒体相伴而生的“网络版”“网络平台”和“网络媒体”，从而大大提高了传统媒体信息在国际范围内的传播广度和深度。另一方面，传统媒体借助各种新技术手段，实现国际传播网上与网下的融合，其中最主要的就是手机与互联网的结合，以 Twitter 为代表。Twitter 融合了手机短信与互联网，使小规模的短信传播可以借助互联网形成大众传播，有移动的“个人通讯社”的别称。

3. 国际传播效果的复合化

传播效果的预测和检验是个复杂的问题，在国际传播方面更是如此。因传播主体和受众不在同一国家，信息的传播不仅要消除地理距离的影响，还要突破意识形态和民族文化的障碍。网络媒体的出现，极大地缩小了空间距离，“地球村”由设想变成了现实，但意识形态和民族文化的差别未减小，反而在特定领域和时段内变得更为强烈。多元的传播主体、多样的传播方式，增大了国际传播的信息量和信息通道，但也带来了信息冗余、真实性受质疑等问题。在这个不断变化的国际传播媒介生态中，传统媒体的官方立场和新兴媒体的草根呼声交互影响、相互叠加，传播效果的复合化程度和不可预见性进一步增强。

4. 国际传播控制的复杂化

在西方国家的新闻理念中，传播是一个可控制的过程。议程设置是这一理念在现实中最直接的应用。在传统媒体时代，由于政府在国际传播中占据着主导地位，国际传播从议程设置到效果反馈的整个过程是相对清晰和可控的。然而，在网络媒体时代，普通民众已进入国际传播领域且地位日益提升，国际传播的各个环节都存在很多意想不到的变数，政府一方的控制策略难以确保国际传播形成理想的传播效果。因此，采取何种策略对国际传播施以控制，甚至是否应该放弃控制思维改由其他策略促成理想的传播效果，成为网络时代国际传播中不得不思考的问题。

二、网络时代发展对外中文电视的关键点

目前，对外中文电视是我国国际传播的重要载体，在向海外华人提供新闻信息和影视娱乐等中文电视服务的同时，一方面发挥着联系和加深祖国与海外华人感情的作用；另一方面肩负着增强我国国际传播能力的重任。网络时代，对外中文电视仍是我国国际传播中文媒体方面的主平台、主阵地。壮大和发展对外中文电视，需要把握好以下 4 个关键点。

1. 以倡导主流价值为出发点

网络时代意味着开放，但开放不意味着导向多样、主流价值多元。无论是内宣还是外宣，始终把握正确的宣传导向、倡导主流价值，都是壮大和发展媒体的首要任务。在国际传播中，倡导主流价值一方面要大力弘扬中华民族优秀的传统文化，展示中华文化的精髓；另一方面要重点推介中国现代文化中的优秀代表，表现现代中国的风貌。实践中，与面向国内的电视频道相比，对外中文电视可能会更多地涉及台湾问题、计划生育问题等国际社会对中国较为关注的敏感话题。在信息对等程度不断提高的网络时代，从正确的立场出发就敏感话题向海外观众传递真实信息、反映现实生活，是对外中文电视要努力思考并认真完成的重要工作。

2. 参与国际舆论议程设置

长期以来，西方媒体一直把持着国际舆论的议程设置，形成了对包括中国在内的发展中国家不利的国际舆论环境。网络时代，传播的时效性变得更为明显，议程设置对于舆论向背的决定作用更为突出。若未能及时参

与议程设置，将变得更加被动。可以说，抓住时效性就抓住了国际传播的制高点。对外中文电视的报道速度近年来逐年提高，这为参与国际舆论议程设置奠定了基础。在求快的同时，应注意到，议程设置的话题选择也至关重要。关注全球化的普世话题，比如儿童健康、养老、教育和生态环境等。结合特定的国际性活动，对这些话题积极策划、精心报道，制造热点效应。这一方面有利于特定的国内信息真实准确地向外传播，另一方面有利于提升对外中文电视的影响力，有助于形成长期持久的国际传播能力。

3．用鲜活生动的事实说话

事实最有说服力，胜于雄辩，胜于论战。李长春在谈到国际传播问题时曾强调，“要不断创新对外传播的方式方法，多用事实说话、用数字说话、用专家说话、用当事人说话，把我们的立场和观点寓于对事实的客观报道之中，通过事实本身的力量说服人、引导人。”对外中文电视具有较强的直观性、画面感和感染力，拥有“用事实说话”的先天优势，既可以将事实以鲜活生动的方式叙述出来，又可以做到全面且深入的评论性分析。虽然图文并茂的网络媒体也具有讲述事实的突出特色，但就事实叙述的话题组织以及相关信息的延展关联和深入透析而言存在很多不足。

4．贴近海外华人现实生活

考虑到国外受众的阅读习惯和接受心理的不同，我国对外传播提出了“内外有别”原则，提倡“中国立场、国际表达”。虽然海外华人仍在一定程度上保留着中国的文化传统和生活习惯，但出于生存和发展的需要他们已在更大程度上融入所在国的政治、宗教和文化氛围中，形成与当地居民相近的思维模式和文化消费心理。因此，在发展对外中文电视的过程中，必须认真调查和分析海外华人的现实生活状态，下功夫了解海外华人的思维习惯、表述方式和话语体系，重视海外华人与国内观众之间的差异。只有认识和尊重了这些差异，才能作出适当的表达，并在媒介技术上采取相应的对策，对外中文电视的国际传播才可能具有影响力和渗透力。尤其在网络时代，就媒介使用习惯而言，海外华人新生代与所在国年轻人之间的差别越来越小，表现出明显的移动化、互动化特征。以 iPhone 为代表的智能手机成为海外华人新生代接触最为频繁的媒体终端，在这种情况下，将对外中文电视的内容加载于移动互联网平台，显然是确保未来影响力的关键所在。

三、网络时代发展对外中文电视的重点策略

网络的交互性、开放性、广泛性和多适用性为人们提供了更多选择，也逐步改变了人们的媒介消费习惯。新型媒介生态的形成和受众需求偏好的转变，促使对外中文电视要适应性地调整自身的生存方式、应变方式和创新方式。如果说上述4个关键点指明了网络时代对外中文电视发展的基本原则和努力方向，那么，现期结合实际发展对外中文电视，则需要大力推行以下4点策略。

1．借助先进技术手段增强传受互动

从某种角度上来说，网络为对外中文电视提供了一个与观众互动的平台，受众可以为对外中文电视提供新闻线索、节目话题以及多元的观点和看法；与此同时，带有网民印迹的电视节目能比单纯提供一种信息、一种意见的报道、展示和评论更易为受众所接受。更为重要的是，网络手段的应用突破了对外中文电视传受双方的地理空间限制问题，令传受双方的交流更为迅捷和通畅。从传播者的角度出发，目前对外中文电视应重点搭建和完善网络交流平台，创造更多的网络互动应用方式。具体而言，主要包括以下4类：一是结合网络受众的浏览式观看习惯，对部分精品节目进行精编并加配英文字幕分版制作网络版；二是定期策划网络受众观看调查活动，在精品节目中发布网络调查信息，提高受众参与网络调查的热度；三是借助网络平台聚拢的人气，广泛征集节目选题建议、改版建议和新创节目建议，提高采编队伍的博客写作和播客应用能力，努力构建采编播人员与受众之间充分互动的网络社区；四是探索开发反映海外华人真实生活状态的民间影像类节目，借助网络平台上传节目素材，经专业编辑和严格审看，再通过电视频道和网络平台进行传播，从而进一步拉近与海外华人受众的距离。

2．发挥网络平台优势拓宽海外合作

虽然网络平台促进了传受互动，但不可否认，意识形态和文化环境之间的差异仍在很大程度上影响着对外中文电视与海外华人的沟通。形成这一问题的主要原因在于，内容的采编队伍并非来自于目标受众，无法切身

体会和完全理解目标受众的媒介消费心理和需求偏好。受目前的体制所限，聘用海外华人担任对外中文电视的采编职务并不现实。如何在现行的体制要求下真正深入海外华人社区获取最鲜活的信息，制作最受他们欢迎的节目？借助网络平台拓宽与海外华文媒体的合作，为破解这一难题提供了出路。目前，海外华文媒体的整体规模相对较小，且力量较为分散，虽然这在一定程度上增加了组织协作的难度，但另一面为合作提供了更多的选择。通过与特定地区较有影响力的爱国华文媒体合作，共享新闻信息和影视资料，可以丰富对外中文电视的选题资源和节目内容。随着合作和互信的深入，对外中文电视还可以探索与海外华文媒体记者和华侨学者的网络连线，在节目中适时适度创造和增加他们的露面机会。在条件足够成熟的情况下，对外中文电视还可以与海外华文媒体合作创办本地化的节目，在对外中文电视的卫星频道或网络平台上播出。与海外华文媒体的合作相对敏感，需要慎重对待和推进，在尚未具备卫星频道直接播出合作内容的情况下，将网络作为卫星频道的试验田，将合作内容先行在网络上试播。

3. 挖掘网络资源价值推进品牌建设

对外中文电视的品牌建设涉及两个方面：一个是覆盖落地问题，另一个是定位推广问题。网络时代，对外中文电视的覆盖落地，不再局限于卫星电视一种方式。IPTV、网络电视台、网络视频、播客等各种方式，都有可能将对外中文电视的内容传送至地球的某一角落。目前，相比于覆盖落地，对外中文电视的定位和推广显得更为重要。频道的定位离不开节目的阐释和支撑。通过网络平台不断地挖掘新的关注点，结合频道的定位，调整和创新节目才能不断丰富和发展频道定位的内涵。同时，受众对品牌的认知和理解，也离不开节目的宣传和推介。通过博客、论坛和社区等网络平台宣传节目，不仅可以提前为新一期节目预热，还有可能吸引一部分网络受众转向卫星电视频道，进一步提高对外中文电视的辐射力和复合影响力。而且，网络宣传手段的应用，为对外中文电视的品牌注入了青春的活力气息，也能在一定程度上改变海外华人新生代对对外中文电视的传统认知。此外，对外中文电视可以策划网络活动，构建一个整合频道优势、延伸节目空间的活跃平台，通过卫星电视频道和网络平台的互动“炒作”活动，为对外中文电视的可持续发展注入新的生机。

4. 利用海外华文网站提升传播能力

目前，对外中文电视的节目制作人员集中在国内，对海外华人社会的接触较为有限。这在一定程度上影响了节目内容的贴近性和亲和力，也制约着对外中文电视传播能力的提升。充分利用网络平台，尤其是海外华文网站，了解海外华人社会新闻和热点问题，可以有效解决制作人员无法亲近海外华人的问题。海外华文网站多由海外华人创办和运营，内容充分反映了海外华人的生活状态、关注重点和现实需求。通过对海外华文网站的日常性访问和定期总结，可以在一定程度上弥补对外中文电视受众调查不足的问题，对做好对外中文电视节目策划具有指导意义。同时，应注意到，网络的开放性、多元化传播是一把"双刃剑"。由于伪信息、垃圾信息等的杂陈泛滥，作为信息采集及传播者，必须在发现和快速报道信息时更加注重甄别信息的真伪、确定信息的重要程度及核定信息的来源。因此，在应用海外华文网站的过程中，必须长期坚持开展针对海外华人舆情的培训交流活动，重点培养和提高对海外华文网站信息的筛选、鉴别、分析和评论能力。

上述 4 点策略是网络时代发展对外中文电视较易于实施的直接策略。而促进对外中文电视长期可持续发展，仍有两项长期任务不容忽视，一是体制机制问题，二是效果评价问题。当前，对外中文电视在用人机制、市场运营机制等方面还有待调整完善。只有在人力资源和运营资金上为整频道的运转提供基础保障，对外中文电视才能具备持续发展的根基和动力。能否在网络平台上先行开展内容合作的运营尝试，值得探讨。在效果评价方面，目前，以国内收视率数据作为传播效果评价主要依据的做法，虽然是不得已而为之，但长此以往的负面影响会不断强化，非常不利于对外中文电视的持续发展。能否借助于网络手段"感测与响应"海外华人受众的媒体消费意愿和倾向，既是一个技术问题，更是一个理念问题。总之，面对一个网络化不断渗入全球华人社会各个层面的时代，对外中文电视需要的不只是迎接挑战的信心和勇气，更需要游刃有余的智慧和切实有效的行动。

（作者单位：北京广播电视台）

维基时代的广播
——广播与新媒体融合再思考

李秀磊

纵观人类传媒发展史，无数经验教训告诉我们，传媒技术的发展永远是一把“双刃剑”，新技术利大于弊还是弊大于利最终取决于人们的使用方式，新媒体之于广播也不例外。

一、机遇大于挑战，融合已成趋势

在注意力经济时代，移动广播所具有的社会效益和商业价值不容小觑。移动广播具有信息达到率高、传播时间持久、目标受众定位清晰等特点。在交通工具上，相对封闭的环境下，利用移动广播对特定目标受众传递信息，往往可以收到较好的传播效果，而且使用移动广播获取信息的受众特征较为明显，以上班族、外地旅游者居多，利用这种传播方式针对目标客户投放广播，所获收益可见一斑。广播未来可发展的余地更大，竞争优势更明显。

互联网、手机短信、互动电视、卫星广播、新技术的不断涌现，对传统广播媒体而言，受众市场受到了分流。新媒介的即时性、交互性和信息可反复利用的特性，使得新媒介的使用者数量不断增多，而随着移动互联网和3G不断普及和推进，手机上网的人数还在急剧上升。这意味着网络媒体、手机媒体等新兴媒体的受众数量在逐年增加，对传统广播媒体的受众市场造成分流。但机遇与挑战显然是并存的，网络广播、广播网站等的发展也得到了互联网网民的不少青睐。与此同时，以数字化和网络化为标志的新媒体技术的发展大大拓展了广播收听渠道。广播牵手网络变成了必然，网络以其独有的媒体优势获得了极高的渗透率。拥有4亿多网民的中国，网络是一个潜力无限的市场，如果能够充分利用先进的网络资源和技术，广播显然能够在网络领域开拓出一片新的天地。并且，我国的手机用户现已突破8亿，手机媒体已经成为大众的贴身媒体。随着《手机报》、手机网络等手机媒体属性的认可和开发，电信产业牵手广电行业为广播注入一股新的活力。“手机广播”使人们可以利用同时具有收音和上网功能的智能手机收听广播，实现了跨媒体信息共享、多向互动方式和个性化广播。据国家统计局发布的《2010年国民经济和社会发展统计公报》，2010年全国移动电话用户总数已达8.59亿，其中3G用户为4705万户，手机网民将达到1.55亿人。媒体在将来会实现广电网、电信网、互联网“三网合一”的大融合。正如英国学者尚克尔曼所预言：“广播行业正经历着一场喧嚣的、前所未有的变革。”

由此可知，传统广播媒体在与新媒体的激烈竞争中，市场被分化，但是与新媒体的联合运营给广播媒体带来新的发展契机和市场，充分利用和整合新媒体是广播媒体突破重围、拓展市场的最好途径。

二、广播与新媒体的融合策略

媒体的新与旧总是相对而言的，对于广播而言，电视曾经是一个来势汹汹的新媒体。而我们现在所说的新媒体主要指互联网，当然包括北京电台正下大力推广的数字广播等其他的媒体形态。

（一）广播与互联网

毋庸置疑，广播与网络的关系正变得日益密切。一方面，中国互联网由于没有独立的新闻采集权力而不得不依赖于包括广播在内的传统媒体的新闻供给；另一方面，广播由于线性传播的特点带来自身的短板也使得广播人对利用互联网兴致盎然。从广播的角度看，广播与互联网融合主要有以下几种形式。

1. 广播节目在线收听

在线收听又分为两种方式，一是和电台的播出同步收听，另一种是选择自己方便的时间、喜欢的内容延时收听。受众在线同步收听是广播人最喜欢的消息，因为这和普通的听广播一样，听众并不能主动过滤掉自己不喜欢的内容，所不同的只是他们采用了一种新的接收终端，而这个终端既弥补了传统广播频率资源的不足，又解决了广播无法跨地域传播的难题。应该说这种收听方式让广播以更加清晰的声音质量覆盖了更大范围的听众。再加上网络极强的交互性，听众可以边听广播边和主持人互动，甚至可以就广播内容在线彼此交流。广播电台在播出节目的同时就可以得到听众的反馈，不但节目更加鲜活，对听众的黏性大大增强，节目的评价体系也因此更加完善。

延时收听是互联网的海量存储功能给广播听众带来的福音，听众可以在自己方便的时候随心所欲地选择自己需要的内容，当然可以过滤自己不喜欢的内容，包括大部分广告。这时候的广播节目既没有线性播出的时间表限制，也没有强制让听众无法选择收听的能力，从某种意义上说，它已经变成了互联网上的音频文件或者作品。当然，这样的收听对电台来说仍然是有意义的，因为这些音频作品依然是电台的节目，频率呼号、栏目名称和节目内容包括制作播出人员都是无法忽略的符号。这种收听行为即使无法为电台的经济效益作出直接贡献，但在提升社会效益、吸引年轻受众方面的作用还是不能小觑的。

前面说的两种情形都是理想状态，但有一种担心还是不无道理的，那就是由于互联网带来的选择收听的便利，使得一些广播的拥趸放弃了对时间表的追逐。尽管他们还会收听自己喜欢的节目，但他们很可能跳过广告，这种情况多了以后就可能减低客户对广播广告传播效果的预判，进而影响电台的创收。要解决这个问题，我们有必要回过头来看看广播节目本身。尽管我们说广播节目可以有多种分类标准，比如按内容分为新闻、文艺、体育等，按播出方式又分为直播或者录播，但我想按照广播节目和现实生活的关系我们或者还可以有一种分法，那就是是否与现实生活同步。有些节目就像是实际生活的同期声，比如交通广播实时播出的路况信息、记者在现场报道的突发事件、刚刚发生甚至是正在进行的新闻，还有直播节目中主持人为听众提供的周到体贴很有现场感的服务以及与听众情真意切的即时互动。这些内容延时收听时感觉就会大打折扣甚至完全不同，而这些正是广播最擅长的。用最大的努力把这些内容做到极致，广播本体的吸引力就会强化，人们对纯粹意义上的广播就会保有持续的热情。这是目前状态下广播人最重要的工作。当人们对实时广播的热情不减甚至因为错过直播节目而觉得遗憾进而追随这些节目的时候，延时收听就真的变成了广播听众不得已时拾遗补缺的手段和争取新的听众的桥梁了。对那些与现实生活有一定距离的节目，比如一些文艺、音乐欣赏或者人物访谈等，最重要的是把它们转化成适合网络表现的样态。

2. 广播内容的网络再现

除了那些吸引听众同步收听的节目内容一定要强化以外，对那些时效性、现场感都不强的内容比如一些赏析类节目，因为可以过滤掉广告等内容，在网络上呈现的时候就需要明确我们的目的——是单纯地服务听众以扩大电台的知名度、美誉度、吸引力，还是希望广播广告创收不受影响甚至多一条创收渠道，不同的目的下网络再现的策略应该是不同的。既可以选择和其他节目一样简单地落户网络，也可以对在线收听的时间、方式加以限制，进而达到音频、视频节目内容直接创收的目的，都是值得明确探讨的问题。

此外，对于那些听众喜欢、需要的节目内容的二次甚至是多次利用问题应该引起我们的足够重视，经济学中的“长尾理论”同样适用于广播内容的传播。互联网让稍纵即逝的广播节目得以留存，其中很多内容值得再次利用。广播节目动辄几十分钟，在获取信息的渠道、途径十分丰富的今天，如果只对其中的部分内容感兴趣，人们往往很难有耐心从头到尾听下来而不转向其他信息渠道。广播节目在完成了对自己听众的首次服务后，完全可以把这些内容转化成适合网络传播的样态提供给更多的用户。比如把音频节目转换成一目了然的文字，比如把几十分钟的音频、视频内容切割成几分钟的小片段，然后和大的门户网站合作供其转发。由于这些网站拥有大量的用户，我们在不大量增加成本的情况下至少让自己的影响力得以扩大。久而久之，很可能把一些网民吸引到广播中来。

3. 广播利用网络的新渠道——博客、微博

博客、微博的优势不用多说，特别是微博，因为兼有即时传播和延时传播的双重特性，以及病毒扩散式的传播方式，非常容易形成信息的飓风，所以受到人们的强烈追捧，我们的记者、主持人也都在利用这些新的信息分享工具。但这里同样有一个策略问题，或者说我们同样要明确利用它们的目的，提升记者、主持人的知名度，扩大频率和节目的传播范围和

影响力才是广播微博的使命所在。微博和博客所承载的内容应该是节目的补充或者是节目的广告和索引，它们就像一个个充满诱惑力的路标，把大家的注意力引向广播本体——不管是节目还是做节目的人。直接把广播内容放在博客或微博里的做法是不可取的，为了抢时效把新闻放在微博、博客里首发也是不值得鼓励的，因为广播传播方式的便捷性使广播随时可以接入记者的报道，时效性完全可以得到保证。

当然除了使用策略，作为实名博客或微博，因为是职务行为的一部分，理应遵循相关的职业纪律和要求。

微博的爆发式发展除给我们提供了一个重要的分享工具，更带给我们一个重要启示，当前的社会已经进入了一个众生喧哗的时代，每个人都想表达，每个人都希望自己说的话被人听到、被人回应，单纯的你说我听的传播方式无法吸引人们的注意力。广播在传统媒体中本来就有互动的优势，现在更可以借助新媒体的力量实现从双向互动到多向互动的转变。维基经济学是一门新的学科，它的得名，缘于维基百科全书网站的巨大成功，它向世界证明：如果有一种方法能够充分利用组织里每一个人的智慧，它的能量将无比惊人。运用维基经济学的原理，广播的受众不仅可以收听广播，而且可以全程参与广播流程，将自己的智慧通过网络等众多的新媒体平台聚合在一起，在广播内容生产的前期策划阶段、传播实施阶段以及后期反馈和再次传播阶段发挥自己的能动性。从某种意义上来说，广播进入维基时代才会更加绚烂。

（二）传统广播升级版——数字广播

如果说广播与互联网结合是两种媒介形态的互相渗透，数字广播则是传统广播的发展方向，虽然它资源更丰富、音质更清晰、有视频、能存储、通过自己的数据通道可以推送大量的图文信息、和电信运营模式结合后能实现即时的信息交互，但说到底它仍然是广播，是广播在技术升级后的新阶段，也有人说它是继调幅和调频之后的第三代广播，被称作广播的“第三次革命”。目前很多国家的广播电视都已经停止使用模拟信号，全部改为数字广播。一些知名的汽车生产商也将数字广播收音机作为标配引入汽车的生产消费领域，我们国家由于先试点 DAB，后又推出 CMMB，标准不统一使得终端厂商不敢贸然批量生产，终端问题一旦解决，中国广播的发展必然又会迎来一番新的气象。

有人曾经预言，“广播将永存，永存于它不可替代的广泛性和便利性”。尽管媒体的竞争日益激烈，但广播固有的优势依然存在，新媒体给广播带来冲击的同时更有弥补与机遇，我们有理由相信，借力新媒体，广播仍将获得长足的发展。

（作者单位：北京人民广播电台）

广播与新媒体融合

——在竞与合中寻求共赢的融合之路

唐 琼

一、广播与新媒体：竞与合

传统媒体可能会有两种命运：一种是像蒸汽机之于内燃机，内燃机发明后，蒸汽机就被取代了，进了博物馆；一种是像戏剧之于电影，当电影这种新技术、新艺术样式诞生后，戏剧衰败，但是戏剧没有很快消亡，依然以自己的独特魅力存在了 100 多年，占据一小块市场，近年来还有越来越活跃的势头。如果是前一种命运，那么广播将不再是那个广播，传统的单一形态媒体不再存在，可能很快会成为多种数字播放终端的音频内容提供者。如果是后一种，那意味着在相当长一段时间，广播、电视、报纸等传统媒体还将与新媒体共存，作为相对独立的媒介系统各自运行，期间既竞争，又互动、融合、渗透，有一个逐渐增量、减量的演变过程。

这两种情况的最终结果只有一个，即传统媒体终将老去，新媒体终将取而代之，但过程可能大相径庭，对策也截然不同。首先应该对形势有个基本的研究和判断，媒介形态变化、融合的速度有多快？目前这种还算不错的局面能维持多久？哪些东西应该研究先行？哪些东西可以边研究边推进？这些战略性的研究和判断从北京电台系列台层面去做会比较困难。

从专业广播层面来讲，目前广播与新媒体是既竞争又合作的态势，在汪台长提出的“广播为体、新媒为用”的指导思想下，探讨广播怎样在新的竞争环境中调整思路、精耕细作、增强实力，并积极用好新媒体，打造自己的品牌。

二、广播与新媒体的"竞"——在竞争中保持自己的独立性

做强自己是广播在新媒体时代的首要任务，增强自身实力才是竞争的根本。这需要根据新媒体时代的传播特点调整广播内容和形式。

1．从信息传播到信息整合传播

多媒体时代人们并不缺信息，缺的是选择。多种终端的密集竞争，考验的是媒体的送达效率。传递信息不再是传统媒体的强项，更应该做的是帮助人们选择信息。把信息打碎、切片、归纳、重新包装……通过编辑手段使信息从复杂到简单，从海量传播到有效传播；对现代人来说最昂贵的成本是时间，因此传统媒体要在信息传播上学会做减量，帮助人们节省时间，让人们便利地接收经过整理的信息。

2．从信息载体到观点载体

不仅要有信息，还要有解释、有观点、有立场、有结果，提升耐听性、必听性。在众声喧哗、人人发言的时代，独到的意见、观点是稀缺资源。传统媒体要努力做意见领袖，引导受众形成自己的独立判断（"旅游热力榜"，即做旅游风向标；《演艺群英会》的"芭其乐舞台剧龙虎榜"，即做观剧风向标）。

3．从受众时代到用户时代

"受众"和"用户"的概念有所不同，受众是模糊的，用户要求是清晰和精准的。面对受众，媒体更多体现的是传播和宣教的功能，而把受众当用户就需要服务至上。新媒体时代是用户时代，第一要对受众做更精确的定位和分析；第二要更多强调服务，化宣教于服务中。对文艺广播来讲，就是服务于都市人的文化娱乐休闲生活，满足他们的需求，尽可能地做精准的服务和营销。

4．坚持公信力

在各种渠道来的信息鱼龙混杂的今天，传统媒体的竞争法宝是公信力。既要适应新舆论场要求的开放的心态、平民的视角、多样性的表达方式、多方信息的均衡，又要始终坚持客观、公正、权威，始终做有社会责任感的媒体。

5. 坚持品牌打造

品牌意味着受众的忠诚度、宽容度和习惯性收听。媒体追求的是影响力，品牌则是影响力的保证。

总之，在新媒体环境下，广播要审时度势、随需应变，在新思维中进一步精耕细作，在精耕细作中谋求生产力的再提高。谈到精耕细作，目前广播的发展还稍显粗放，与电视、报纸相比，广播市场的竞争并不够充分；与外地兄弟台相比，也还有做得不如它们的地方。

三、广播与新媒体的“合”——寻求与新媒体共赢的合作模式

我们把融合理解为“合作”，你中有我、我中有你、互惠互利、共同发展。合作前提是共赢。只有广播赢，这是不可能的；但只是新媒体赢，广播在合作中不断被削弱、被“折寿”，那就失去了“合”的意义。目前“合”主要有以下几种方式。

1. 向新媒体无偿提供音频内容

把传统媒体内容平移到网上，如电子版报纸、电子版杂志、在线收听、广播回放，是传统媒体内容在新媒体上的简单的展示和转化。电子版报纸并没有阻拦住纸质报纸的颓势。报纸介入新媒体领域一般都是从办报纸网站开始的，时至今日，几乎所有的报纸都有自己办的网站。但是，这么多网站，几乎没有赢利的。报纸在网站方面的产出远不能和投入相对应。北京的报纸网站，也只有《北京青年报》的北青网和《新京报》的京报网实现了微利。但这两个网站的赢利模式也不是做内容平移，有它们自己的营销方式。

就现阶段而言，一味地向新媒体开放音频资源，肯定增加了点击率、强大了新媒体，但回过头是否为广播赢得更多的受众？在多大程度上扩大了广播品牌影响力？或是音频内容在网上能否赢利？这是需要好好分析研究的问题。对文艺广播而言，把作品类节目放到网上，有两个现实的问题。一是版权问题，小说、评书、相声类节目挂到网上很受欢迎，但其中大部分东西实际是没有拿到网络传播权的。人们对版权价值的认知越来越清醒，越优秀、越热门的作品越难拿到网络传播权。二是把作品放到网上对广播收听是有实际影响的，可以到网上去听不带广告的节目，谁还愿意

听前、后、中都夹带广告的开路广播？如果网上收听付费、分成，吸引广告客户投放，广播内容二次售卖，那另当别论，否则得不偿失。

2．音视频共做：这是一种有益的尝试，有效果，但不具普遍意义

《演艺群英会》节目从开播就定位在网台互动、音视频共做，现在是北京台仅有的几个音视频共做节目的试点之一。这个节目明星多、受众关注高、资源共享，又不用额外投入太多精力和资金，网台都能取得较好的效果。但这样的合作模式对广播节目是有选择的，不是所有节目都适合音视频共做。

评书《侠义英雄传》的音视频共做：2010年首次联手北京广播网，对王玥波播讲的评书《侠义英雄传》进行演播室的音视频录制，通过网络征集王玥波的铁杆听众来现场观看，这一方面增加了演播者的现场表演感，同时增强了实时互动感，这部书在《评书演义》播出后，听众反映广播中听出了剧场效果，确实比王玥波自己一人在录音间播讲生动些。据说这部评书的视频在广播网上的点击率也不错，这些都是有益的尝试，2011年条件成熟，还准备继续做。

3．以广播为核心，在节目和活动中综合利用新媒体平台的诸多功能

弥补在互动、精确定位、聚拢人气、精准营销等方面的不足，和新媒体一起打造一个传播力的包。这是更具普遍意义的合作方式。现在凡重大品牌活动，从策划开始就考虑和网络的密切合作，平时的节目、主持人也是通过论坛、博客、微博等渠道宣传自己。

举例一：北京文艺广播共有3个旅游节目，其中《环球旅行家》自2010年年底开通微博、建立微群以来，网上良好的互动、人气的聚集，给节目带来明显的影响。

《环球旅行家》从2010年年底开通微博微群以来，通过发布微博、微博话题互动、组织微博线上活动等方式聚拢人气。节目有专人来维护微博微群，共计发布1000多条和节目、旅游话题相关的微博（旅游资讯、旅游攻略、小贴士、节目预告、主持人花絮等）；配合节目举办了几次微博协同活动，像春节期间的“到世界各地过春节”微博微群与节目同步“微直播”，以及“环球旅游热力榜”线上推介活动，环球旅游广播联盟线上话题征集活动，等等。

通过精心维护，目前有“粉丝”15.6万人，每天以500人次的速度递增。其中加入微群参与互动的成员达到1700名左右，参与微群的所有网友都需通过审核，都是具有一定旅游经验的准“驴友”。相对于庞大的“粉丝”量，我们更看重这1700名微群成员，这是真正具有忠诚度和活跃度的听众。他们关注节目，并且享受从单方面收听变为时时互动的这种模式。

在关注网友的同时，微博关注境内外旅游局、旅行社、旅游景点、旅游媒体、知名旅游达人以及环球旅游广播联盟各地台。

总之，《环球旅行家》通过微博微群聚拢了和旅游相关的各个层面的人群、组织，以“旅游”为核心，从节目延伸到网络，相互间良好互动，为实施信息联通、资源共享、推广节目品牌、提升主持人人气提供了很好的平台。这档节目2011年以来收听率提升明显，微博微群上的努力也许是个间接的原因。

举例二：“2011我最想去的地方——环球旅游热力榜”活动与网络的互动。

“环球旅游热力榜”通过环球旅游广播联盟（105家电台）、网络、电视、平面等媒体的多维互动，票选中国人心目中最想去的10个境外旅游地。这个活动和传统品牌活动——新春祝福短信大赛一样，以广播为核心，整合多媒体力量，达到一定的影响力。但在这个多媒体当中，平面甚至电视媒体都不是最关键的合作伙伴（可缺席），唯独网络媒体不可缺席。

活动的几个关键环节：①68个参选旅游地的报名、展示需依托新浪旅游频道和北京广播网专题页面（立体展示：文字、图片等）；②群众票选依托网络投票，票选统计依托网络统计；③投票期间，每周六《环球旅行家》请境外旅游局来介绍自己的候选旅游地，全国15家电台同步直播，音视频共做，即15地的听众在同时听广播，更多的网友同步看视频直播（有图片、实物展示）；④对投票网友还有个人评选，入围网友分布在全国各地，通过上传旅游博文、博文展示等进行评选，最后10名脱颖而出；⑤最后的颁奖晚会设置微直播，观看活动现场的人通过微博实时发布晚会的进展、自己的感想，微博内容在现场的大屏幕上滚动，成为展现活动进程的一个直播平台。

以上两个例子，一个节目的微博微群，一个大型活动和网络的合作，总结心得体会如下：

（1）利用新媒体突破地域限制：环球广播旅游联盟本身就是跨地域的全国广播联盟，利用新媒体做大跨地域联合的事。

（2）利用网络技术手段完成比较复杂的活动流程，如网络投票及统计、多媒体展示等，而微博微群等丰富了活动的即时互动手段。

（3）在新媒体中找我们的受众：以前可选媒体不多的时候，是人找媒体去获取信息，现在是媒体在茫茫人海中寻找属于自己的传播对象。和新浪旅游合作，是看中其拥有的庞大的专业网民数量，《环球旅行家》微群中的1700名准驴友、热力榜中参与投票的旅游爱好者（据对获奖网友的分析，平均年龄31岁，来自全国各大城市，80%受教育程度大学以上，收入中等以上），这些人群，都是通过与网络的互动找到的目标受众，他们也是专业旅游机构感兴趣的用户人群，针对这样的人群，做推送式的传播，这样的传播、营销是比较精准的。

所以说广播和网络的这种合作，是双赢。网络获得了更丰富的内容，聚拢了更多人气，增加了更多流量，但广播始终是核心，无论是节目还是品牌活动，核心资源在广播手里，借整合各种力量壮大自己。

四、希望进一步研究的问题

希望总台能组织力量既加强对广播自身规律的研究，也加快对广播与新媒体关系的研究，可以做些更细、更深入的分题研究。

1．对广播自身的研究

北京市场广播受众从前些年的600万左右降到现在的400万左右是事实，那么期间受众结构发生了怎样的变化？是高品质受众更集中、结构更优化了，还是各阶层听众同比例下降？这个变化对经营产生了多大的影响？

2．对广播与新媒体关系的研究

融合是趋势，融合中要进行资源整合，如何整合？哪些资源可以尽可能地放到新媒体中去二次、三次利用？哪些资源暂时还是放在广播中，保持广播一定的独家性、垄断性？比如一些优秀高端的杂志就很少在网站上公开所有的内容，《新周刊》的电子阅读只限10页（其中一多半是广告页），之后要注册、付费；大多杂志的文章在网上只有导读，继续读就要付费。一些原创性较强的、投入比较大的、具有资源垄断性的东西还是要保护。所以，建议能否不同频率、不同类型节目，采取不同的与新媒体融合的步骤，探索共赢的融合之路。

（作者单位：北京人民广播电台）

整合资源　扬长避短

——推动广播与新媒体融合深入健康发展

边　建

一、体育广播与新媒体结合的情况

1. 在线收听

据统计，平均每周约有13000多人次通过北京广播网收听体育广播，在全台17套开路和有线频率中排列第八名。每周收听时长近6000小时。但是平均收听时长不多（见表1）。在日常节目的互动中，我们了解到有很多出差到外地或者当时不方便收听的听众通过北京广播网在线收听节目。

表1　北京广播网数据（2011年1月1日至2011年6月30日）

排名	频率	时长（分）	页面数	平均时长（分）	IP数
8	FM102.5体育广播	155453小时16分	461496	20.2	348429

2. 广播回放

体育广播点播回放量在全台17套开路和有线频率中排名第四。《体坛夜话》《雄鸡唱晓》等是网上回听较多的栏目，排列在北京广播网广播回放排名的前10位之内（见表2）。在北广论坛上经常可以看到忠实的网友将《雄鸡唱晓》等栏目的收听链接贴到论坛上，方便其他网友收听。以数据总体感觉，广播回放前列的栏目绝大部分是夜间播出的栏目，体现出网络广播回放对于传统广播的有效补充。这也说明，网络回听的听众，对栏目的忠诚度较高。

表 2　北京广播网数据（2011 年 1 月 1 日至 2011 年 6 月 30 日）

栏目	点播量	体育台台内排名	全台排名
体坛夜话	222165	1	8
雄鸡唱晓	210224	2	10
百姓健康大讲堂	168539	3	12
今夜私语时	107003	4	25
金戈铁马	60884	5	39

3．音视频共做节目

体育广播日常的音视频共做栏目不多，比较有代表性的是《今夜私语时》。据统计，截至 2011 年 7 月 6 日，《今夜私语时》在北京广播网上传的视频个数为 1549 个，播放次数为 9163980 次。在播播视频的最热视频排行中，前几位总有《今夜私语时》的节目；在 DAB 移动终端 RBC 综合频道，《今夜私语时》也是受欢迎的栏目。以两性心理、情感、健康为主要内容的《今夜私语时》也是互联网等新媒体吸引受众眼球的重点内容之一。如今，网上视频直播已经成为《今夜私语时》必备的形式，此前，因各种原因停止视频直播，都对节目产生了影响。

4．与腾讯微博的合作

2011 年 4 月中旬开始，体育广播与腾讯微博合作，开设了官方微博、3 个栏目微博和全体编播人员的个人微博。与腾讯微博的合作除去经济收益的考虑，更重要的就是腾讯微博重点经营体育资源的战略与我们的契合。在 2011 年的大运会、2012 年的伦敦奥运会等大型赛事中，以及体育广播推出的大型活动“京都球侠”评选中，双方还开展了多种形式的合作。从实际运行的效果看，使用微博的好处：首先，体育广播多了一个与听众互动的渠道，而且是全天候的互动；其次，通过腾讯微博的推广，扩大了体育广播的影响；最后，获得了更多的采访资源和信息渠道，丰富了节目内容。比如，在 2011 年 5 月 29 日的欧洲冠军杯特别节目“欧冠不眠夜”中，我们就是通过腾讯微博联系到了一些到现场看球并使用腾讯微博的名人如毕淑敏、麦家等人现场连线参与了广播节目。需要评估的是，通过合作，腾讯微博从我们的听众中获得了很多新的用户，而广播从他们的用户中获得了多少听众不得而知，感觉并不多。

5. 特别节目使用新媒体情况

体育广播特别策划的大型节目必须与新媒体结合，如“欧冠不眠夜”、“与老帕聊国安”等，既丰富了信息渠道，也借此扩大了节目影响。如“欧冠不眠夜”特别节目，通过电波和互联网直播，融看球、听球、聊球于一体，署名“体育广播听众老马”的网友在微博中说：我坐在沙发上，看着静音的电视，戴着耳机听 102.5，抱着上网本打字。刚才媳妇起床看了我一眼，饱含深情地说了 3 个字：神经病。署名“零柒”的网友说：不行了，不能听你们的了，我这网上看速度慢了好几分钟，看着不够过瘾啊！不过真的很支持你们，因为你们的解说，第一次在网吧看球看得这么有意思！在比赛前和比赛中，体育广播与腾讯微博设置了互动话题，据不完全统计，共有 85500 多条评论和转发。“与老帕聊国安”是音视频同步直播的特别节目，在微博和短信的互动中，我们可以发现，由于嘉宾和主持人的影响力，很多听众都通过网络观看了直播，他们对嘉宾和主持人的相貌、衣着品头论足。

通过以上例子我们可以发现，我们的受众不在乎我们是通过什么渠道传递信息、与之互动的，大环境的改变和北京电台多年的经营使得受众心理和接触习惯发生了很多变化。也许在他们心目中，传统的电台概念已经不那么清晰了。

6. 使用广播网与节目的其他互动

包括北京广播网论坛、博客等。《雄鸡唱晓》论坛是活跃度比较高的论坛，主要体现在它已经是网友自发讨论体育和广播节目的园地。记者博客的使用参差不齐。这方面的主要体会是，论坛和博客的活跃程度取决于编播人员的认识和自觉程度。

综上所述，按照总台领导“广播为体、新媒为用”的指导方针，体育广播与新媒体融合取得了实际的效果。这种融合改变了广播传统的传播方式和互动方式，增加了获得信息的渠道，扩大了影响。但是，目前这种结合的方式还是初步的，很多工作形象地说是“捎带手”的，如何推进融合走向深入，在编播人员的积极性方面，鼓励、激励机制的建立方面，博客、微博的监督管理方面，以及加强这种融合的领导方面，还需要不断探索和投入精力。

二、关于广播与新媒体融合的思考

1. 资源的意识

“内容为王”在新旧媒体融合的环境下，更具备了重要的含义。传统媒体要有强烈的资源意识，而这些资源正是新媒体稀缺的。我们赖以生存和与新媒体合作的砝码是我们的优质资源，包括广播的品牌栏目、优质节目内容以及优秀的节目主持人。我们还需要认真分析和区别我们的资源，从内容看，哪些是好吃不贵的，哪些是我们需要精耕细作的，把资源用足用好。

2. 互补的意识

事实证明，在新媒体风起云涌的时代，广播还有其不可替代的特性。我们需要不断借鉴新媒体的经验，借用它的优势，在互动和传播方式的改进、获得更广泛信息源和营销推广等方面，力求与新媒体互补，共同发展。在媒体的信誉方面，传统媒体还有着很强的优势，因此，我们更要珍视客观、真实的新闻原则，从传统媒体生存、发展的高度教育我们的编播人员，恪守原则，不能随波逐流、虚夸浮躁。

3. 新媒体规律的意识

正如广播、电视、报纸的传播各有特点，不同的新媒体也有不同的传播特点：互联网的海量信息；移动媒体占据了人们的碎片时间；微博有融合人际传播、群体传播和大众传播的特点。我们自己的新媒体，以及我们在与新媒体合作的过程中应该明确认识它们的这些特点，除了要有明确的保护意识，我们还要不断生产既符合广播需要，又能够稍加加工，或者不需加工就可以为新媒体所用的内容。

4. 加强对新媒体的监管

从广播内容变为新媒体的内容，在导向方面不会出现大的问题。但是，博客、微博等个人开办、关联到单位、带有自媒体性质的新媒体，存在很大的隐患。对于这样的媒体，很多编播人员头脑中存在着模糊甚至错误的认识，他们不加区分、不加筛选地传播不当言论，有的完全与导向、大局对立，形成了广播里一套，微博、博客里另一套的怪象。一些实名认证的博客、微博公开发表“三俗”的内容，损害媒体从业人员的形象，进而损害广播电台的形象；发表带有个人好恶色彩的错误言论，引起网友对媒体公正性的质疑；发表对单位集体、对国家、对党的牢骚，造成了恶劣的影响。总之，加强对此类媒体的监督管理，需要提早采取有效措施。

在大环境变化的情况下，广播从被动到自觉，与新媒体的融合正逐渐进入新的阶段，我们需要整合资源，扬长避短，借用新媒体的优势，获得更大的传播效果和更广泛的影响。

（作者单位：北京人民广播电台）

我国视频网站广告研究

谷　千

一、研究目的

进入21世纪以来，随着互联网技术的不断发展，人们不再仅仅满足于从网络获得文字和图片形式的信息，这使得视频网站应运而生，并且在近年来取得了很快发展。所谓视频网站，是指以制作、集成、播出音视频节目或为网民提供音视频上传、下载分享服务的网站。目前，网络视频已经成为网民最喜爱的网络服务之一，视频网站本身也在不断地发展壮大和资源整合中，扮演着文化产业里越来越重要的角色。

广告是视频网站经营中不可或缺的一部分，一方面视频网站与所有的媒体一样，需要广告收入以维持业务运营，实现赢利目的。另一方面，视频网站本身特有的属性赋予了它的广告更加丰富的内涵。因此，研究视频网站广告对于视频网站未来的生存发展，具有举足轻重的意义。

二、现状概括

视频网站一般可以分为综合性视频网站（以央视网、凤凰网为代表），视频分享和点播类网站（以优酷网、土豆网为代表）、影视节目论坛（以人人影视论坛、迅雷影视论坛、影视帝国论坛为代表）、手机视听网站（以3G门户、空中网为代表）等。在经历了行业的深度整合后，视频网站在用户数和广告资源的占有上也呈现了两极分化，即少数资金雄厚、管理较成熟的网站占有了大部分的市场资源，而大多数良莠不齐的中小视频网站运营举步维艰，逐渐被市场淘汰。

近年来视频网站在广告市场上出现了急剧膨胀。根据易观国际的统计数据，2009 年的广告收入仅 5.8 亿元，2010 年迅速达到了 21.7 亿元，2011 年第三季度为 14.8 亿元，预计全年 45.48 亿元，2013 年或将飙升至 148.32 亿元。这一组数字变化的规律也与近几年整个互联广告发展趋势相吻合，2009 年互联网广告总量为 207.4 亿元，2010 年增长到 321.2 亿元，2011 年继续保持良好增长达到468.8 亿元，预计2012 年可以达到676.1 亿元。但相比近千亿级别的传统电视广告收入来说，还具有不小的差距。呈现出了“总量仍然偏小、增长潜力巨大”的态势。

三、广告形式分析

从广告形式上，视频网站可谓相当丰富，但无论其形态如何千变万化，笔者认为都可以从性质上分为两种，一种是传统互联网广告，例如文字链、通栏、Banner（网页横幅广告）、角标、弹出窗口等；另一种是视频类型的广告，如贴片广告、内容植入等。前者基本为占位式的广告，内容有限、形式呆板，不能有效吸引眼球，曝光率虽然高，但是点击率较低，有效转化率更是不理想。而后者本质是多媒体广告，具有以下 3 个特点：① 可看性。视频广告声画合一，能够更为有效地表现广告内容，宣传推广产品。② 强制收视。用户必须在视频开始前后或缓冲中观看广告，不需点击也不能转台。③ 时间可拓展性。传统电视广告只能在特定时间播放特定次数，而视频广告不受时间和总量的限制。

因此看来，视频网站广告既可以做到对传统互联网广告的保留，又可以像电视广告一样线性投放，同时具有许多电视广告不可比拟的优势。广告形式的新颖和全面成为了视频网站广告的最大亮点。

四、广告价格分析

在广告成本价格上，目前视频网站上还是偏低的，相较于动辄百万元的电视广告价格，视频网站广告显得更为经济。造成视频网站广告价位不高的原因是多方面的，首先在覆盖率上，单个视频网站的用户数还是弱于中央电视台等上星频道。其次广告主对视频网站广告的投放信心还需要一个培育期，传统的电视广告可以取得不俗的销售回报和品牌提升，而视频网站广告效果还需要更多时间的检验。最后，广告效果必须要建立在媒体本身的内容之上，目前视频网站最大的短板在于自产内容能力差，广告主更愿意将广告投放在内容丰富、有深度的传统媒体平台上。

五、广告受众分析

视频网站广告的受众表现出年轻化、高学历化、高收入化。根据优酷网2010年受众统计数据表明，优酷网用户中年龄在25～40岁的人群占53%，19～24岁人群占29%；本科以上学历的占67%；月收入2000元人民币以上的占43%。地理分布上则以大城市和华东、华南地区为主。在使用习惯上，摆脱了传统电视广告的“黄金时间”概念，取而代之的是较为均匀地分布在人们的起居时间中。更为重要的是，视频网站覆盖到了年轻人中“不看或很少看电视”的群体，据优酷网统计显示，我国目前大约有1亿人口“不看或很少看电视”，他们接受广告的形式主要来源于包括视频网站在内的互联网以及户外等其他广告形式。

从上面的数据我们不难看出，视频网站广告主要的受众是新生代力量，具有较高的文化素质，消费能力更强，是大部分广告主更为青睐的目标人群。

六、优势分析

广告效果更佳。视频网站广告的优势是十分明显的，首先在于它既可以像门户网站或者垂直门户网站一样经营WEB形式的广告，又可以像电视台一样经营视频形式广告，虽然单个网站的覆盖率不是十分大，但是广告不受时间的限制，只要用户点击视频，就可以反复多次地曝光，用户期间也不可以转台或跳过广告。随着时间的推移，越来越多的人会接受选择视频网站收视，广告价值还有一个长期上涨的空间。

政策壁垒更少。与此同时我们要注意到，随着电视台“限播令”“限娱令”“限广令”的相继出台，电视广告的时间段会越来越少，毫无疑问未来只有涨价一条路，逐渐会变成“茅台酒”般的奢侈品，这无形中增加了广告主的投放成本，将许多中小广告主和广告公司挡在了门外。而视频网站作为国家支持鼓励发展的新媒体，政策上有着更为宽松的环境，政府监管的重点是内容传播而非广告行为，这对它的广告发展是十分有利的。

目标受众更明确。正如我们之前所分析的，视频网站用户主要是中青年群体，受教育程度高，消费欲望和能力比较强。因此广告主可以更有针对性地投放广告。从目前来看，选择视频网站投放广告最多的行业分别是日化产品、食品饮料、电子信息技术、电信运营商、汽车、服饰等。这些行业选择视频网站投放广告，可以最大程度上发挥广告资源的作用。

七、创新模式与未来发展

精准与个性化投放。交互性是互联网最大的特点之一，视频网站的广告不仅可以像传统媒体广告一样“广播”，更可以通过数据库与交互式实现广告的精准投放和个性化投放，进而产生更为深度的互动传播营销。未来可以进一步通过对用户数据和行为方式的分析，得到用户的年龄、性别、教育层次、经济水平、收视习惯、消费习惯、偏好性格等信息，以此为基础细分受众，做到更加精准和有目的性的投放。同时可以尝试根据用户意愿，选择观看感兴趣类别产品的广告，降低了用户对无关广告的反感抵触，起到了很好的广告效果。

提高自身形象，规范经营行为。广告主对投放平台的选择，不仅来自于收视率、曝光率、点击率等“硬指标”，更来自于媒体形象、自身定位、权威力公信力等“软指标”。报纸、电视等传统媒体内容规范、形象健康，这无形中提升了广告产品的形象，满足了广告主的诉求。目前实事求是地说，一部分视频网站还存在传播内容低俗、经营行为不规范、自身形象定位不明确的现象，这无疑降低了广告主的信心，不甚愿意将自己的产品放在这样一个环境中展示。因此，未来视频网站的长远战略必须做到规范网站内容，遵守相关法律，重视知识产权，保障用户利益，建设品牌形象，从而提升广告主的投放信心。

总体来说，视频网站在中国正处在一个发展的关键时期，它的广告经营也必然会在市场经济大潮中不断探索创新，最终走向成熟。

（作者单位：北京市广播电影电视局）

论手机媒体的编辑思维创新

陈早霞　刘　静

随着“三网融合”的推进，手机日益成为信息传播的重要载体。手机凭借其移动性、便携性、即时性、互动性和多媒体性等优势，迅速成为继互联网之后的又一新兴媒体。手机媒体的迅速发展为手机编辑提出了更高的要求，手机媒体编辑只有不断创新思维，研究手机媒体的传播特点，才能开发出特色内容产品，满足用户个性化需求。

一、手机媒体的定义及传播特点

手机媒体是指以移动通信网络和广播电视网络为技术服务平台，以手机为传播载体和功能主体，以个人、组织或团体为不确定传播者，对手机用户进行生产、生活、娱乐信息传播，并能及时、自主、迅速进行反馈的媒体。手机媒体包括《手机报》、手机音频广播、手机视频、手机电视和手机小说等。

手机媒体具有移动性、便携性、即时性、互动性、多媒体性和跨地域传播等特色。手机的移动性、便携性使编辑可以将新闻第一时间发送到用户，用户不受媒体传播时间的限制，可根据需要随时接收和使用。手机媒体的更新速度快且成本低，特别是遇到突发事件，手机媒体可以像网站一样实现新闻的即时传播，用户不仅可以时刻关注新闻的动态发展过程，而且可以发表评论，参与在线调查、投票，上传相关新闻的背景资料和视频，与编辑互动。手机媒体可以通过文字、图片、音频、视频、动画等多种形式展现新闻，用户可以通过手机下载音乐、电影、电视剧、电子书等，享受到丰富的多媒体体验。手机媒体不受时空限制，其跨地域传播特色极大地扩展了媒体的传播范围。

二、手机媒体发展中存在的问题

中国互联网络信息中心发布的《第29次中国互联网络发展状况统计报告》显示，截至2011年12月底，中国网民规模达到5.13亿，位居世界首位，其中手机网民数量高达3.56亿，同比增长17.5%。迅速增长的用户为手机媒体的发展提供了广阔的市场空间和受众群体，报纸、广播、电视、网站，乃至移动运营商、手机制造商纷纷调动自身优势资源，积极布局手机媒体。手机媒体在发展过程中出现的问题也不容忽视。

第一，内容同质化导致内容负消费。

手机媒体受众定位和目标市场定位趋同，导致了内容同质化，出现了内容的负消费，造成受众不但会拒绝为内容付费，还会花成本逃避内容的结果。目前，我国手机媒体提供的内容多是传统媒体新闻的简单复制，或对视频资源进行片段截取、上传等，缺乏公共服务信息、个人原创内容和适合手机平台传播的内容形式，千篇一律、标准化生产的信息与手机用户真正需要的个性化、定制化信息相距甚远。

第二，运营模式制约利润增长空间。

手机媒体的运营涉及传统媒体的编辑部门、技术服务提供商、移动运营商3个主要环节。媒体的编辑部门负责内容制作，相当于完成传统媒体的采编环节；服务提供商负责技术处理，把内容转换成手机可以接收的信息并发布出去；移动运营商提供信息传输渠道，信息通过该渠道最终到达手机终端。

目前，我国手机媒体收入来源主要依靠包月定制费和WAP网站浏览费。由于付费订户数量有限，再加上市场拓展的大量费用，手机媒体的利润空间十分有限。而有限的订阅收入，还要由移动运营商、技术服务提供商和传统媒体3家分享。依照目前的收益分配情况，移动运营商和技术服务提供商分享了大部分收益，作为内容提供商的传统媒体只能得到整个收益的20%左右。移动运营商一家独大、居于垄断地位的现实，致使传统媒体原创动力不足，难以吸引用户对产品给予持久关注并付费。

三、手机媒体编辑应具备的能力

手机媒体内容同质化及运营模式的制约，给手机媒体编辑的业务素质提出了更高的要求。将传统媒体的新闻简单复制、移动到手机媒体平台上并不能引发用户的持久关注，因此需要手机媒体编辑具备创新思维，根据手机媒体的传播特点，开发符合用户个性化需求，创造独特消费体验的阅读模式，真正吸引并留住用户。

第一，寻找差异，形成特色产品的能力。

手机媒体克服内容同质化，需要向内容生产的差异化转型，即通过原创进行内容产品的差异化生产以满足受众不断变化的需求。差异化有两个实现途径：一种是内容元素生产的差异化，即在内容的生产阶段进行不同于竞争对手的选题策划；另一种是内容进行差异化组合，通过不同内容的排列组合形成新的价值。同一内容对不同的受众具有不同的价值，但用户作为消费者，更倾向于能给自身带来最大效用的产品付费。因此，手机媒体编辑应在细分用户的基础上，针对差别化的需求进行内容组合，推出满足不同用户消费需求的特色产品。

手机的移动性和屏幕的限制，使手机阅读多停留在快速、浅显阅读的层面，这并不意味着通过手机传播的新闻不需要观点和深度。与传统媒体互补，做到观点的差异化，突出手机媒体特点的特色评论往往是增强用户黏性的法宝。如果传统媒体的评论风格属于严肃、保守，手机媒体的评论就应该倾向于轻松、活泼。做到差异化，才能保证用户对手机媒体保持新鲜感。

第二，拼接碎片，形成议题的聚合能力。

当今社会，信息传播的渠道和手段日益丰富，人们每天都处于海量信息的包围中，简单地推送信息已经不能满足用户的个性化需求，还有可能导致用户重复接收同质化的信息，引起用户的反感。因此，有效地整合、会聚信息，进一步解释信息就成为竞争的关键。

手机作为个性化的新媒体，不同用户的需求不同，上传的内容也千差万别，互动平台上每时每刻都会出现用户提供的新线索、新内容，这些内容来源丰富却往往缺乏深度，需要手机媒体编辑具有强大的内容聚合能力，将这些浅层次的、断裂的信息碎片，通过组合、拼接、补充、延展，使具有联系的内容聚合于同一主题之下，从而方便用户按主题检索。

第三，提供搜索，形成多次传播的能力。

手机媒体编辑通过正确设置关键词，提供内容搜索服务，可以让用户轻松找到自己喜欢又从来没有机会接触的新内容。比如，同一档新闻节目，可以根据用户的实际需要，进行压缩，只保留观点鲜明、新闻价值突出的新闻片段，或将整个节目按照不同主题分割成若干个子视频，为其拟定小标题并设置不同的关键词，用户可以根据关键词在视频库中搜索到自己感兴趣的内容。

设计用户友好的界面，首页最大限度地提供新闻标题目录和关键词搜索，尽量减少用户翻页的次数，实现信息量的最大化和信息质的最大关注度。积累并精选一批具有权威性的新闻网站，通过使用新闻采编器等新闻采集软件，定时抓取最新的图文资讯和视频节目。根据用户的点击量在服务器后台实时调整新闻排行，增加首屏对用户的吸引力。

第四，开展互动，形成立体营销的能力。

单纯依靠移动运营商对手机媒体进行推广，已难以满足手机用户日益增长的个性化需求。手机具备的录音、拍照和摄像等多媒体功能，极大地提高了用户主动生产内容的积极性，手机用户已经从受众转向兼具内容生产者的双重身份，编辑应该根据用户群体的特点，开展有针对性的营销活动，与用户、广告客户形成互动、互需、互求的关系。

手机媒体编辑可以设计互动，鼓励、调动用户通过自身的社交网络采集内容，并在第一时间上传到手机编辑平台。用户真正参与内容生产，将为手机媒体编辑提供大量原创内容资源。比如，亲子板块的目标受众以妈妈为主，编辑可以策划专题活动，号召妈妈上传孩子的照片、视频和故事，在手机媒体上展示、分享；联合儿童医院、儿童早教、心理机构共同举办“亲子沙龙”，邀请专家为妈妈答疑解惑，为妈妈们提供线下交流平台；联系儿童照相馆、儿童用品店等为热心用户提供奖品、赞助等。

（作者单位：北京市大兴区广播电视中心）